Asia-Pacific Human Rights Review 2000
アジア・太平洋人権レビュー2000
Implementation of the International Covenant on Economic, Social and Cultural Rights in the Asia-Pacific Region
アジア・太平洋地域における社会権規約の履行と課題

㈶アジア・太平洋人権情報センター(ヒューライツ大阪)編

はじめに——なぜ今、社会権か

　人権の普遍性そして自由権と社会権さらには発展の権利を含むすべての人権が、その本質において不可分であり、相互に依存し補完するものであることが、人権文書の中で確認され人権をめぐる議論の中でも繰り返し主張され確認されてきた、いわば自明の理であると理解されている。しかし、人権は、時と場所を超え古今東西にわたって、人であるかぎりすべて享有すべき権利であるという理論もしくは概念においては普遍的であるが、人権の具体的保障と享有は、特定の人が存在する国＝場所と時代＝時を離れて理解できないことは否定しようがない。人権の歴史性、政治的イデオロギー性そして相対性が主張される理由でもある。

　すべての国家と人民が達成すべき共通の基準として採択された世界人権宣言と国際人権規約両規約は、国際人権章典として戦後の国際社会が発展させた国際人権法の基本文書として位置づけられてきた。ところが、国家にその履行もしくは実施について直接的に法的義務を課さない世界人権宣言と違って、法的に履行義務を課している国際人権規約は、その制定過程と履行・実施過程において、社会権規約の実施についての締約国義務が国家の裁量と努力に委ねられるものであるとする理解と姿勢が主流になり続けている。しかも、人権と基本的自由の尊重と保障をめざした過去の人権闘争が政治的自由と市民的権利の確立を目標としてきたことから、社会権とりわけ食料と住居などいわゆるベーシック・ニーズの確保が人権闘争の対象とならなかったのもその一因であるといえる。そして国内憲法規定が保障する「健康で文化的な生活を営む権利」を含む生存権の法的性質を消極的に捉える姿勢は、国際人権規約の社会権規約の実施にそのまま反映され、とくに社会権規約自ら、締約国の履行義務を「漸進的に達成する」ものと定めて、締約国の努力に委ねられているとする国家の立場を助長さえしている。

　社会権規約の実施を監視する社会権規約委員会の委員から、社会権の尊重と実現に対する締約国の姿勢ばかりでなく、国連機関の消極的対応を嘆く言葉を耳にすること頻繁であるのも十分に理解できる。社会権規約が保障する権利の侵害について個人通報を認める選択議定書の成立をめざす動きが具体化したのも、社会権を法的積極的権利に強化しようとすることの表れである。他方では、こうした社会権の権利性と社会権規約の実施を確保する課題の重要性を直接的に肌で感じさせる社会状況が、発展途上国とりわけアジア諸国には蔓延している実態から目を逸らすことはできない。国民の過半数が貧困と飢えから自由ではなく、多数の女性と子どもが奴隷的労働と虐待の脅威にさらされ人身売買など性的暴力と戦争への参加を強制されている実態、人権教育の重要性が叫ばれながら学校教育どころか識字能力さえ有しない女性と子どもが過半数を占めている国家が存在する現実を見る

につけ、社会権とりわけベーシック・ニーズの確保に対する国家の責任と義務の強化を理論と実践の両面における努力によって促進する必要性を痛感させられる。そして、こうした社会権の確保を阻害するアジア諸国の状況は、高度成長を誇った韓国、タイそしてインドネシアなどを含むアジア全体を襲った経済破綻とIMFの関与によるリストラの強制、さらには市場経済論理のグローバリゼイションによって、失業者の増加と貧富の格差の拡大が、貧困にあえぐ人々の生存権を脅かすなど、経済危機から脱出できたといわれる今日でも変わっていない。

「アジア・太平洋人権レビュー2000」の第1部が、社会権規約の履行と課題をアジア・太平洋地域に焦点を絞って編集したのは右のような社会状況の判断と問題意識によるものである。そのために、まず社会権の権利性をめぐる議論の現状を再確認し、司法的判断基準としての社会権の適用と国内法制による保障の実状の検証を試みた。そして次に、社会権規約が締約国に課している義務の性質と具体的実施もしくは履行の状況と課題を多少とも明らかにして、社会権規約の法的位相を高め、その実施確保に役立てたいとの願いをも込めて、各々の分野において優れた研究と実践に携っている皆さんに登場していただいた。また、社会権の権利性と社会権規約が締約国に課している義務の法的性質と実施状況の検証とあわせて、アジア・太平洋地域諸国が、社会権規約を国内的に実施に必要な立法、行政そして司法上の措置を検討するために、日本、韓国、フィリピン、インドそしてニュージーランドを対象国として選び執筆をお願いした。なお、この「レビュー2000」の編集は、国際人権法を研究課題とする中堅の研究者と大学院生を含む若い研究者が参加して1年間にわたって行った研究会の成果に多くの部分を負っており、報告と討論をとおして研究会に参加した皆さんに心から謝意を表する。

次に、第2部は、既刊のレビューの編集方針に従って、アジア・太平洋地域に人権の伸長と保護を法的・制度的にもしくはメカニズムの確立に向けたさまざまな動きと関連する資料の紹介に当てた。それらは、国際人権条約の実施に関連するものとアジア・太平洋地域の地域的人権保障制度の発展に向けた、諸国政府と国内人権機関のワークショップに見る議論と課題そしてNGOの活動を含むものである。アジア・太平洋地域の人権に関心を有し活躍している皆さんに一助になることを願う。

最後になったが、この「レビュー2000」編集のためにご苦労をかけた米田眞澄さんに、あらためてお礼を申し上げる次第である。

アジア・太平洋人権情報センター　所長　金 東勲

はじめに 2

Part1 Implementation of the International Covenant on Economic, Social and Cultural Rights in the Asia-Pacific Region
アジア・太平洋地域における社会権規約の履行と課題

States Parties' Obligations in the Implementation of the International Covenant on Economic, Social and Cultural Rights: What Do We Mean by Social "Rights" as Human Rights?
- 8 **社会権規約の実施における国家の義務**
  「人権」としての社会権が意味するもの
  申 惠丰

Positive Rights in American Law
- 32 **アメリカ合衆国における社会権の位置づけ**
  釜田泰介

Social Policy in Sweden
- 42 **スウェーデンと社会権**
  竹﨑孜

The Status and Problem of Social Rights in Republic of Korea
- 49 **韓国における社会権の位相と課題**
  金 東勲

Implementation of International Covenant on Economic, Social and Cultural Rights in New Zealand
- 61 **ニュージーランドにおける社会権規約の履行**
  11条および12条を中心に
  中井伊都子

Implementation of International Covenant on Economic, Social and Cultural Rights in Japan
- 67 **日本における社会権規約の履行と課題**
  米田眞澄

Implementation of International Covenant on Economic, Social and Cultural Rights in the Philippines: on the Rights to Housing
- 80 **フィリピンにおける社会権規約の履行**
  住居の権利を中心として
  岡田仁子

The Protection of Social Rights in India
- 87 **インドにおける社会権の保障**
  野沢萌子

Part2 Development of Human Rights Activities in the Asia-Pacific Region
アジア・太平洋地域の人権の動向

Development of Human Rights Activities in United Nations and the Asia-Pacific Region
国連の動向とアジア・太平洋地域の人権

United Nations' Human Rights Activities in 1999
- 98 **1999年の国連の動き**
  田中敦子

- 120 資料1●条約委員会によるアジア・太平洋地域の1999年の国別人権状況審議
  大塚泰寿＋奥田悦子

4

アジア・太平洋地域の政府・NGOの動向
Development of Human Rights Activities among the Governments and NGOs in the Asia-Pacific Region

141 **政府・NGOの動向**
Human Rights Activities in the Asia-Pacific Region
米田眞澄

145 **アジア・太平洋地域における国内人権機関の動向**
Development of National Human Rights Institutions in the Asia-Pacific Region
ジェファーソン・プランティリア　訳：窪 誠

147 **第7回アジア・太平洋地域における人権の伸長と保護の地域的取極に関するニューデリー・ワークショップ**
The 7th Asia-Pacific Regional Workshop on the Regional Arrangement for the Promotion and Protection of Human Rights
金 東勲

151 **アジア・太平洋地域国内人権機関フォーラム第4回年次会合**
The 4th Asia-Pacific Regional Workshop of National Human Rights Institutions
山崎公士

154 資料2●第4回アジア・太平洋地域国内人権機関ワークショップ結論
訳：山崎公士

158 資料3●キャンディー行動計画──国内人権機関とNGOの協力
訳：山崎公士

163 **アジア・太平洋地域における人権教育1999年度の動き**
Development of Human Rights Education in the Asia-Pacific Region in 1999
ジェファーソン・プランティリア　訳：窪 誠

1999年採択の主要国際人権文書
Major International Human Rights Documents adopted in 1999

166 資料4●社会権規約委員会一般的意見11──初等教育に関する行動計画（第14条）
訳：申 惠丰

169 資料5●社会権規約委員会一般的意見12──十分な食料に対する権利（第11条）
訳：藤本俊明

176 資料6●社会権規約委員会一般的意見13──教育への権利（第13条）
訳：荒巻重人＋平野裕二

188 資料7●自由権規約委員会一般的意見27──移動の自由（第12条）
訳：岡本雅享

192 資料8●女性差別撤廃条約選択議定書
訳：国連広報センター

196 資料9●女性差別撤廃委員会一般的勧告24──女性と健康（第12条）
訳：米田眞澄

202 資料10●人種差別撤廃委員会一般的勧告24──異なる人種、民族的／種族的集団または先住民に属する者に関する報告（第1条）
訳：村上正直

203 資料11●子どもの権利委員会が採択した勧告──少年司法の運営
訳：平野裕二

205 資料12●子どもの権利委員会が採択した勧告──武力紛争における子ども
訳：平野裕二

筆者紹介

申 惠丰●しん・へぼん
青山学院大学法学部助教授

釜田泰介●かまた・たいすけ
同志社大学法学部教授

竹﨑 孜●たけさき・つとむ
埼玉大学経済学部教授

金 東勲●キム・ドンフン
龍谷大学法学部教授

中井伊都子●なかい・いつこ
甲南大学法学部助教授

米田眞澄●よねだ・ますみ
京都女子大学短期大学部講師

岡田仁子●おかだ・きみこ
大阪府立大学経済学部講師

野沢萌子●のざわ・もえこ
名古屋大学大学院国際開発研究科博士後期課程

Implementation of the International Covenant on Economic,
Social and Cultural Rights in the Asia-Pacific Region

アジア・太平洋地域における 社会権規約の履行と課題

States Parties' Obligations in the Implementation of the International Covenant on Economic, Social and Cultural Rights: What Do We Mean by Social "Rights" as Human Rights?

社会権規約の実施における国家の義務
「人権」としての社会権が意味するもの

申 惠丰●*Shin Hae Bong*

1.はじめに

　「経済的、社会的および文化的権利は人権である」。経済的、社会的および文化的権利に関する国際規約（以下、便宜的に社会権規約とする）は「国際人権規約」の1つであることは明白であるにもかかわらず、日本がこの規約を批准して20年以上経った今でも、あらためてこのようにいわなければならない理由がある。それは、もう1つの国際人権規約である市民的および政治的権利に関する国際規約（同様に、自由権規約とする）と比べても、国際的・国内的な実施の取組みがきわめて不十分である現実を見れば理解されよう。国際的実施措置である報告制度は長期間無視され続け、社会権規約委員会が1985年に設立されてからじつに初の政府報告書が（過去には、委員会の設立以前に政府間作業部会の下で1度提出されただけ）1998年末にようやく提出されたばかりである。国内的には、規約の実施を意識的に行うための立法・行政措置は実質的に何もないといってよいうえ、いまだかつて、社会権規約上の権利を個人の権利として認め、司法判断に用いた裁判所の判決すら存在しない。最高裁は1989年3月2日の塩見訴訟判決で、国民年金法の国籍条項が社会権規約に反するとの主張に対し、社会権規約は「漸進的達成」義務を課しており、社会権規約9条は「権利の実現に向けて積極的に社会保障政策を推進すべき政治的責任を負うことを宣明したものであって、個人に対し即時に具体的権利を付与すべきことを定めたものではない」としてこれを退けたが、これ以降、下級審の判決も同旨の見解を繰り返している[1]。つまり裁判所は、社会権規約上の権利は個人が裁判所で援用できる権利ではないと、今日に至るまで頑なに言い続けているのである。

　それでは、経済的、社会的および文

化的権利は、本当に個人の「権利」とはいえないのではないか？ そもそも、「権利」があるとはどういうことなのか？「権利」といいつつも、「絶対に裁判所で主張することができない権利」などというものがあるのだろうか？ 社会権規約が「漸進的達成」と言っているから、このように解釈するほかないのだろうか？ そうすると、「漸進的達成」と「権利」であることの関係はどうなるのか？ 現在の日本の状況を見ると、個人の側からはさまざまな疑問が湧いてくるのはあまりにも当然のことである。筆者は、以前、「権利」および「人権」概念の本質を検討し、市民的および政治的権利と経済的、社会的および文化的権利の保障のための国家の義務のあり方を相互にまったく方向性の異なるものとみる従来の考え方の問題性を論じたが[2]、本稿では、その議論を整理したうえで、社会権規約上の権利を実現させるための国家の義務をどのように捉えるべきか、社会権規約委員会の見解や学説の状況なども踏まえながら述べていくこととする。また、あわせて、社会権の保障のための地域的な条約体制であるヨーロッパ社会憲章をめぐる近年の発展に注目し、国連の人権条約システム内での社会権保障の動向と比較考察するとともに、現在模索されているアジア・太平洋地域の人権保障制度における社会権の位置づけに関連して、なんらかの示唆を引き出してみたい。

2.「人権」と「権利」をめぐって

(1) 人権保障と国家の義務をめぐる従来の議論とその問題性

　社会権規約が国家に対して一種の努力義務を課したにすぎないという、日本で現在でも広く見られる理解を支えているのは、第1には、人権の性質をめぐる二分論であり、第2には、「漸進的達成」の義務を課しているとされる社会権規約の文言である。

　そしてじつは、この2つの点は、相互に密接な関係をもっている。すなわち、人権規約を起草する際、国連人権委員会では、人権の性質の相違をめぐって議論がなされ、結局、当時は次のような西欧諸国の意見が多数を占めた。それは、市民的および政治的権利は一般に国家に権力行使の抑制を要求する権利であり、裁判で執行できる権利であるのに対して、経済的、社会的および文化的権利は国家の積極的な措置を要求する権利であり、財政負担も要するので、裁判所での執行にはなじまない、というものである。そのため、人権規約は2つの規約に分けられ、一方の市民的および政治的権利に関する国際規約が国家に

---

1) たとえば、不法滞在の外国人に対する生活保護法の不適用をめぐる事件で、「社会権規約の性格に照らせば……司法裁判所を通じて直接的に実現しようとすることは、社会権規約自体も予定していないところである」とした1996年5月29日の東京地裁判決、在日韓国人に対する援護法の不適用をめぐる事件で、社会権規約は漸進的達成義務を課したものとの理解の下に、社会権規約2条2項の無差別条項の「自動執行力を肯定するのは困難」とした1999年10月15日の大阪高裁判決など。
2)「人権条約上の国家の義務─条約実施における人権二分論の再考(1)(2)」国際法外交雑誌96巻1・2号（1997年）、および、より包括的には、『人権条約上の国家の義務』（日本評論社、1999年）。なお、本稿で要約的に述べている記述の部分は、この拙著ですでに詳細な分析を行ったものであるので、その場合は拙著の該当頁を示し、参考文献・資料についての脚注は省略した。

対して権利の「尊重および確保 (respect and ensure)」を義務づけるのに対して (2条1項)、経済的、社会的および文化的権利に関する国際規約は権利の完全な実現に向けて「措置（行動）をとる (take steps)」と規定するにとどまった (2条1項)。

そして、こうした人権規約の二分化の経緯は結果として、学説においても、2つの規約の解釈をめぐって、「権利の性質の相違」を理由とした両者の義務づけの違いを必要以上に強調する傾向を生むこととなった。国際人権法の分野で多くの著作や論文が輩出されるようになるなかで、1980年代半ば頃までは、欧米の学説でも、自由権規約が直ちに権利の実現義務（「即時的義務」）を課しているのに対して、社会権規約は「漸進的実現」という義務を課すにとどまる、いわば「促進的条約 (promotional convention)」である、そしてそれは社会権規約上の権利の性質からして自然である、というように説明されるのが一般的であった[3]。

その後、後述するとおり、社会権規約上の国家の義務については、社会権規約委員会の活動とそれに前後しての学説の展開によって、今日、国際的に見ればはるかに理解が深まっている。これに対して、規約の採択当初いわれていたような「漸進的実現義務」、「努力義務」、「促進的義務」といった表面的な理解が今でも通用してしまっているのが、現在の日本の状況である。

しかし、国際条約はその趣旨と目的に照らして文言を誠実に解釈する、というのが国際法の一般原則であり、社会権規約の解釈にあたっても、起草当時各国がどう考えていたかということよりも、条約全体としての趣旨と目的に合致した解釈をとることのほうが重要性をもつ。とすれば、社会権規約上の国家の義務をどのように理解すべきかについて、我々がつねに立ち返らなければならない基本的な出発点は、社会権規約は国際人権規約の1つとして、人権の実現を目的としているということである。両規約は上のような経緯から2つの文書に分けられたとはいえ、「漸進的」実現との一律の理解のもとに、社会権規約上の権利はすべて将来的に実現すればよい、と見ることは妥当だろうか。自由権規約上の権利と社会権規約上の権利は、どちらも人権として本来的に密接な相互関係をもっている。最も根本的な人権といえる生命権を見ても、自由権規約6条に規定される生命権が「即時実施」の対象で、社会権規約11条2項に規定される「飢餓からの自由」が「漸進的実施」でよい、という論理はあまりに形式的な解釈論ではないだろうか。自由権規約委員会が一般的意見において、生命権の保護は国家の積極的な措置を要求するとし、「とくに、栄養不良および疫病をなくすための措置をとることによって、乳児死亡率を減少させ平均寿命を伸長させる」べきであるという見解を示していること[4]も、すでに周知のこと

---

3) 以上につき詳しくは、申・前掲書11〜14頁を参照。
4) 以上につき詳しくは、申・前掲書133〜139頁を参照。

なっている。生命権が人間の「固有の権利」（自由権規約6条）であるならば、この権利に実質を与えるためには、社会権規約上も、少なくとも、人間の身体保全に不可欠な権利の保障は優先的に行われなければならない、と見るのが、コモンセンスに合致した解釈であろう[5]。

さらに、社会権規約は「促進的条約」であって締約国に対しなんらかの権利を直ちに実現することを義務づけてはいないという解釈は、「権利」を認めているはずの社会権規約の趣旨とも一致しない。規約は、経済的、社会的および文化的「権利」を認め、その実現に向けて締結された条約であり、経済的、社会的および文化的「政策」とか「福祉」を推進することを掲げているのではない。このことは、社会権規約上の国家の義務を考えるにあたってきわめて重要な点であるので、以下にやや詳しく敷衍しておきたい。

(2) 「権利」と「義務」の相関性

「権利」とは、「利益」とも「福利」とも、「必要」とも異なる、独自の意義をもつ語である。「権利」には確かにその持主の「利益」につながる側面があるとしても、それが他者から尊重され守られるべきという、他者との関係での正当性が含まれなければ、「権利」とはいえない。すなわち、「権利」とは、元来、権利主体と義務主体との規範的関係を含意する概念であって、権利主体が権利の対象を享受できるようにするため、他者（義務主体）に相関的義務（correlative duty）が生ずる点が、権利概念の本質である。

これが「権利」と「義務」の相関性であるが、1つの権利から生ずる義務は初めから1つに決められるわけでなく、具体的な義務の内容は状況によって変わりうる。たとえば、「拷問を受けない権利」に対応する義務は何かといった場合、「拷問をしない義務」は直接的に出てくるとしても、そのほかにも、状況によって、拷問を行っている者がいればそれをやめさせる義務、拷問が起こりそうであればそれを防ぐ義務など、さまざまなかたちの義務が関係者に生じうる。これは、権利というものを名目的でなく本当のもの、つまり実効的なものにする観点からすれば当然に導かれる事理である。警官なり刑務所の係官のなかである者が個人的には拷問を行わないとしても、他の者が拷問を行うのを平然と見ていてやめさせないとすれば、「拷問を受けない権利」は守られたといえるだろうか。「権利」を認めれば、それを守るための規範的要請がさまざまなかたちで他者に生じる。人権条約では、人権を守る義務を負っているのは国家であり、国家は条約上、認められた権利を実効的にするために、自らの権力行使を抑制する義務（消極的義務）も、権利を侵害から守るため措置をとる義務（積極的義務）も、場合に応じて負うことになる。

こうして考えていくと、拷問を受けない権利という市民的権利についても国家の義務は多面的であることがわかるが、経済的、社会的および文化的権利

---

[5] 以上につき詳しくは、申・前掲書43〜47頁を参照。

の場合も、国家の義務は多面的なかたちで生じる。これらの権利は、国家による積極的な措置を要するものとされ、そのことからまた、裁判で執行できない、したがって本当の「権利」とはいえない、という短絡的な議論がしばしば見られるが、市民的および政治的権利とて現実にそれを実効的に保障するためには相当な財政負担を要することは看過されがちである。お金がかかるからできない、というのでなく、「権利」と認められている以上は、その要請を満たす方向に向けて適切な措置をとり、社会の資源をできるかぎり振り向ける義務が生じるというのが、「権利」概念の要請からする自然な筋道ではなかろうか[6]。そしてまた、そうした積極的な施策の側面だけでなく、国家（や私人）は認められた権利を侵害してはならず、侵害があった場合には司法の場で違法との認定を受けうることも、「権利」である以上ありうる帰結のはずである。誰から何をされようと何ひとつ文句を言えない、そのような権利など本当に「権利」といえるだろうか[7]？

社会権規約については、まず、規約が経済的、社会的および文化的「権利」を認め、その実現を目的としている、という基本的な前提を踏まえることが非常に重要である。「自由権」「社会権」という用語は、人権保障に関する国家の役割の歴史的変化（「夜警国家から福祉国家へ」）を表すために用いられる便利な分類であるが、それ以上のものではない。それぞれの規約に含まれる個々の権利が、1種類（消極的か積極的かどちらか）の義務しか要請しない、ということを意味するのではない。それぞれの権利は、守られ実現されるためには状況によりさまざまな義務を生じさせるのであり、重要なのは、社会権規約上の権利も、まぎれもなくそのような「権利」として認められている、ということなのである。

(3) 人権保障における国家の義務の多面性

市民的および政治的権利も、経済的、社会的および文化的権利も、実際にはさまざまなかたちの義務を生じさせるとすれば、人権保障のための国家の義務は、どのように考えればより実質的に捉えることができるだろうか。

この点は近年、経済的、社会的および文化的権利の効果的実現のための国家の義務をめぐる諸研究のめざましい展開によって、ある程度共通の理論的枠組みが形成されているところである。細かい点で論者により相違はあるが[8]、一般化していえばそれは、権利の①尊重、②保

---

6) 以上につき詳しくは、申・前掲書16～25頁を参照。なお、拙著で引用した以外の文献としては、ワイカト大学（ニュージーランド）のHuntの論文が興味深い。Huntは、市民的および政治的権利も経済的、社会的および文化的権利もともに、その実現のためには相当程度の国家の施策と財政支出を要すると論じたなかで、ニュージーランドが市民的および政治的権利の国内的実現のために支出した費用を、国内人権機関（人権委員会やオンブズマンなど）、法律扶助、司法行政に関わるもの、選挙管理、男女平等のための政策、などの各項目に分けて具体的に算出している（P. Hunt, "Reclaiming Economic, Social and Cultural Rights", 1 Waikato Law Review 141 (1993), pp.152-153）。なお彼は、1999年に社会権規約委員会の委員として選出されている。

7) 以上につき詳しくは、申・前掲書16～25頁、368～388頁を参照。参考資料の詳細はそちらに譲るが、日本国憲法25条の生存権に関連して樋口陽一教授が、権利と明記した条項をおよそ裁判で援用できないとするのは適切でないとして、その権利性を問題にする側面をいくつかに整理している（樋口陽一『憲法』（創文社、1992年）262～263頁）のは、社会権規約上の権利の文脈でもまさに求められている視点である。

8) 1980年代半ばのShueの議論に始まり、1990年代にかけて多くの論者によって論じられてきた国家の多面的義務の枠組みについて詳しくは、申・前掲書380～381頁を参照。

護、③充足、④促進の4つの側面で捉えられる。①尊重とは、国家が自ら権利侵害をしないこと、②保護とは、第三者による侵害から権利を守ること（立法・行政措置によって権利侵害を防止することや、権利侵害があった場合に救済措置をとることを含む）、③充足とは、権利が国家の積極的な措置があってはじめて実現される場合に、必要な措置をとること、④促進とは、権利の実現を促すためさまざまな人的・物的条件整備（公務員を教育・訓練すること、市民を対象とした人権教育や広報活動をすること、施設や設備の拡充など権利が現実に行使できるような環境整備をすること、など）である。市民的および政治的権利に分類される権利（たとえば、拷問を受けない権利や公正な裁判を受ける権利）も、経済的、社会的および文化的権利に分類される権利（たとえば、教育を受ける権利や労働の権利）も、それぞれ、このうち唯一ではなく複数の義務を状況に応じて国家に生じさせる、と考えられるのである[9]。

そして、このように国家の義務を多面的に捉えると、国家の義務の「即時」性と「漸進」性も、それぞれの側面によって分けて捉えることができる。自由権規約の下では国家は「即時的義務」を課せられているといわれるが、自由権規約上の権利でも、国家による充足や促進が不可欠な側面においては、国家はできるかぎりの努力をもってそれを行うほかはない。公正な裁判を受ける権利を実効的にするための法律家の養成や法律扶助の整備はその典型例といえるが、同規約上の権利全般に関して、国家機関や一般市民への人権教育（規約の周知徹底を含む）がいかに人権侵害の防止のために肝要であるかは、自由権規約委員会が国家報告審議の際に行っている質疑から明らかである。

他方で、社会権規約は「漸進的実現」義務を課しているといわれるが、規約2条1項は「権利の完全な実現を……漸進的に達成」（傍点は筆者）することとしているのであって、認められた権利をまったく実現しなくてよいといっているわけではない。国家は、規約上認められた権利を自ら侵害してはならないし（尊重の側面）、規約上認められた権利を直接に侵害する第三者の行為に対しては権利を守るべきであって（保護の側面）、これらの側面においては、国家は即時に義務を果たすことが必要になることは十分にありうる。たとえば、社会権規約15条1項には「自己の科学的、文学的又は芸術的作品により生ずる精神的及び物質的利益が保護されることを享受する権利」を認めるという規定があるが、文学作品を出版したことによって著者が私人からあからさまに殺害の脅迫を受けているという場合、国は「漸進的達成」義務ゆえになんらの措置もすぐにとる必要はないといえるだろうか。手をこまねいていれば、著者は暴徒に殺されてしまうのではないだろうか。このような事態があるとすれば、国は直ちに適切な措置をとるべきだと考えるのが、規約上妥当な考え方である（もちろん、脅迫それ

9）以上につき詳しくは、申・前掲書355～360頁を参照。

自体でその国の刑法に触れ、かつ自由権規約上の生命権の問題にもなるかもしれないが、社会権規約に照らして規約上の権利の問題でもある、ということがここでは重要なのである)10)。

3.社会権規約上の国家の義務

(1) 社会権規約委員会による国家の義務の明確化

経済社会理事会の政府間作業部会に代わり報告制度を運用する機関として発足して以来、社会権規約委員会は、沈滞した規約の実施を活性化させるため、規約上の国家の義務を明確にすることに大きなエネルギーを注いできた。委員会は、規約2条1項に基づく締約国の義務に関する一般的意見3において、「利用可能な最大限の資源を用いて……措置をとる」という同条の義務について、権利の「完全な実現」は漸進的に達成されるものであるにせよ、そのために措置をとる義務は国家に直ちに生ずる義務であるとしている11)。その措置とは、権利の実現に向けて「可能な限り明確、意図的、具体的かつターゲットをもったもの」であるべきである12)。この関連でまた委員会は、規約は権利の完全な実現という目標に向けて「可能な限り迅速にかつ効果的に移行する義務を課している」のであり、「この点でいかなる後退的な措置が意図的にとられた場合にも、規約上の権利全体に照らしておよび利用可能な最大限の資源の利用というコンテクストにおいてそれを十分に正当化することが要求される」とし、正当な理由なく権利の実現を意図的に後退させる措置をとることは許されないという見解をも示している13)。

さらに委員会は、同じ一般的意見3において、社会権規約の「存在理由」に関わる義務として、すべての締約国が負う「最低限の中核義務」について見解を明らかにした。それによれば、「最低でも、各権利の最低限のレベルの充足を確保することは各締約国に課された最低限の中核的義務」であり、「したがってたとえば、相当数の個人が不可欠な食料、不可欠な基本的健康保護、基本的な住居または最も基本的な形態の教育を剥奪されている締約国は、規約上の義務の履行を怠っているという推定を受ける」14)。そして、この義務の履行については、規約2条1項が資源の制約に言及していることを考慮する必要があるが、「締約国が少なくともその最低限の中核的義務を履行できないことを利用できる資源の制約に帰するためには、当該国は、これらの最低限の義務を優先事項として充足するためにその利用可能なすべての資源を用いるためあらゆる努力がなされたことを証明しなければならない」15)。以上のよう

10) 以上につき詳しくは、申・前掲書360〜363頁を参照。
11) General Comment No.3 (1990), para.2. E/1991/23, p.83.
12) Ibid.
13) General Comment No.3, op.cit., para.9. E/1991/23, p.85.
14) General Comment No.3, op.cit., para.10. E/1991/23, p.86.
15) Ibid.

な委員会の見解は、総じて、「権利」を認めその実現のために措置をとるという締約国の相関的な法的義務の存在を確認し、かつ、人間の尊厳ある生存にとって最も基本的な諸権利の保障を、「人権」規約である社会権規約上締約国が負う最低限の義務として強調したものと見ることができよう。

規約2条1項の義務に焦点を当てたこの一般的意見3のほか、委員会は、その他の一般的意見および報告制度の運用において、社会権規約上の権利の実現のための国家の義務について、多くの注目すべき見解を明らかにしている。本稿で述べてきた国家の義務の多面性を示すものとしては、委員会が最も重点的に取り上げてきた問題の1つである強制立退きに関する見解が挙げられる。委員会はいくつかの国の報告審議において、締約国の行った強制立退きにより住居に対する権利（11条1項）が尊重されなかったと述べ、住居に対する権利に関する一般的意見4で、強制立退きは原則として規約に合致しないという見解を示した16)。さらに、強制立退きをとくに対象とした一般的意見7では、「国家はそれ自体、強制立退きを行う国家機関または第三者に対して法が執行されることを確保しなければならない」とし、また、この義務は、「恣意的または不法な干渉から家庭を保護される」権利を定めた自由権規約17条1項から生ずる義務と類似のものであって、資源の利用可能性に基づく漸進的実現とは関係がない、と述べているのである17)。ここでは、住居に対する権利の実現のため、国家の義務には尊重（自ら強制退去をしない）および保護（第三者による強制立退きから居住者を保護する）の側面があること、また、これらの義務は即時に履行されるべきことが述べられているといえる。こうして国家の多面的な義務の存在を明確に捉えると、住居に対する権利を単に「住宅を供給してもらう権利」であるかのように捉え、したがって実現不可能、と断じてきた従来の一般的な見方がいかに狭小なものであるかは、明らかであろう。そのような捉え方は少なくとも、権利を現実の具体的な状況で実効化するという視点に立つものではない。個人が現に住んでいる住居から正当な理由なく追い立てられない、ということもまた、住居に対する権利から生ずる重要な帰結であり、規約上の国家の義務がそこに生じうるのである。

(2) 社会権規約違反の司法的救済？

人権保障のための国家の義務が多面的なものとすれば、そこから直ちに導かれる次の重要な点は、社会権規約上の権利についても、状況に応じて、その侵害を司法的に認定して権利を救済することは可能であるということである。

経済的、社会的および文化的権利は司法判断になじまないとされることが多いが、これらの権利が司法判断に服するかどうかは、当該権利が問題となっている状況、加えて当該国の法制度や判

---

16) General Comment No.4 (1991), para.18. E/1992/23, p.118.
17) General Comment No.7 (1997), para.9. E/C.12/1997/4, p.3. 以上の部分につき詳しくは、申・前掲書311〜317頁を参照。

例の蓄積、司法府の姿勢などによって異なり、一律にそれを否定することはできない。

一般的にいえば、尊重・保護・充足・促進という国家の義務の側面のうち、充足や促進の側面では立法・行政府の果たす役割が大きく、司法判断の役割は本来的に限られている一方で、尊重や保護の側面では、国家や第三者の行った権利侵害を救済するというかたちで、司法判断は大きな役割を果たすことができよう。先に挙げた住居に対する権利についていえば、社会権規約委員会は、この権利について国内で司法的救済を与えるのにふさわしい側面の具体例として以下のものを挙げている。それは、各国の国内法制にもよるが、たとえば、①強制立退きや住居破壊を防止するため裁判所の差止命令を求めること、②違法な強制立退きに対する賠償を求めること、③賃貸条件や人種差別などの差別が家主によって行われた場合の訴え、④住居に対するアクセスや利用可能性における差別の訴え、⑤不健康または不適切な居住条件についての家主への訴え、である[18]。どのような住居をどのくらい整備するかといった側面のことがらと異なり、こうした権利侵害についての訴えに対しては、国内裁判所は、社会権規約上の権利を援用しつつ救済を与える判断を下すことはそれほど困難ではないであろう。とくに、差別のない権利享受は社会権規約が明文で「保障」（2条2項）・「確保」（3条）を求めていることが

らであって、差別をめぐる訴えは、個人が裁判所で直ちに救済を受けうる重要な分野といえる。しかし他方でまた、充足や促進の側面についても、各国の司法制度や、判例の蓄積による概念の明確化、さらには司法府自身の積極性いかんによって、立法・行政の不作為の違法確認などのかたちで、国家の義務不履行を判断することは不可能なことではない。

各国の裁判所の実例を見ると、たとえばオランダでは、住宅入居申込みの際の男女差別に関して、社会権規約11条1項（住居に対する権利）と自由権規約26条（法律の平等な保護）を援用して原告が勝訴した事例がある[19]。また、カナダは、社会権規約政府報告書の中で、社会権規約に言及して判断を下した国内判例を報告しているが、そのなかでたとえば、規約6条（労働の権利）に関するカナダ最高裁の判決は興味深い。過去に解雇した従業員のために雇用主が推薦状を書かなければならないことが、カナダ人権章典で保障された表現の自由に対する合理的な制限となるか否かにつき、カナダ最高裁は肯定的に答えるに際して、社会権規約6条で認められた労働の権利の重要性に次のように言及している。「とりわけ、経済的、社会的および文化的権利に関する国際規約をカナダが批准していること、および……とくに、この条約6条に見出される、多様な広がりをもつ労働権を保護するという約束に照らして、本件におけるその目的が非常に重要なものであること

---

18) General Comment No.4, op.cit., para.17. E/1992/23, p.118.
19) 申・前掲書374、385頁参照。

には疑いがない」20)。

　同じくカナダの例で、精神科施設において、禁制品が入っていないことを確認するために施設員が患者宛ての郵便物を開封する行為の適法性が争われた事件で、この治安上の政策はカナダ人権章典に保障された諸権利を侵害するものではないという結論を出すにあたり、オンタリオ裁判所が、施設の従業員に安全な労働環境を確保することの関連で社会権規約7条に言及した判例も報告されている21)。そのほかにも、ウルグアイは政府報告書において、差別のない公平な賃金という概念を、同国の憲法規定と社会権規約7条の規定に照らして解釈・適用し、雇用者に対して賃金差別に対する賠償を命じた労働裁判所の判決を援用している22)。

　こうした多様な実例から、社会権規約上の権利を司法の場でどの程度活かしうるかは、各国の法制のほか、かなりの程度は、裁判所自身が社会権規約上の権利をどれほど重要なものとして認識し、それに実効を与えようとするか、という裁判所の姿勢にかかっていることがうかがえる。たとえ社会権規約上の権利だけを根拠にして司法判断を行うことが難しい場合でも、規約の規定を援用して判断の一助にすることは可能であろうし、国が国際法上の義務として規約に拘束されていることを踏まえれば、それはまさに、その国の司法府としてとるべき正しい態度といえるだろう。社会権規約委員会は、規約の国内適用に関する一般的意見9で、司法府による規約の実施においては、規約の規定の「裁判規範性 (justiciability) すなわち、問題が裁判所によって適切に解決されることがら」と、「自動執行的な (self-executing) 規範すなわち、さらなる明確化なしで裁判所による適用が可能な規範」を区別するべきであると述べているが23)、これに照らすと、日本の従来の学説や裁判例は社会権規約の規定に対して、それだけで適用可能かという「自動執行性」の有無に固執するあまり、裁判で援用して判断基準の1つとするという「裁判規範性」をも一律に否定してきたというのが実態といえよう。

　また、国際的なレベルでも、国家の義務違反を司法的ないし準司法的な判断の対象とすることは、決して理論的に不可能であるわけではない。現に、強制立退きの違法性をめぐる社会権規約委員会の見解は、非司法的な報告制度の枠内で出されたものではあるが、これは、事実認定と法的審査を手続的により厳格にすることによって、司法的または準司法的な通報制度の対象とすることが十分な可能な事案といえる。社会権規約委員会では実際、規約上の権利をより具体的な状況で適用するという観点から、すでに10年近く前から、選択議定書の採択による個人通報制度の導入について検討を進めてきている。

　社会権規約委員会で個人通報制度

---

20) Slaight Communications Inc.v.Davidson, E/1994/104/Add.14, para.20.
21) Everingham v.Ontario, E/1994/104/Add.14, para.29.
22) Judgment No.12365 of the Second Rota Labour Court of Appeal, E/1990/6/Add.10. paras.70-71.
23) General Comment No.9 (1998), para.10. E/1999/22, p.92.

の導入が検討されるようになったのは、もともと、国家の多面的な義務という学説の展開を受け、これに照らして、締約国の義務履行を評価するための判断基準を設定するというテーマが委員会で議論にのぼったことがきっかけであった24)。委員会は、オルストンを報告者として選択議定書をめぐる諸問題について議論を深め、1994年には、選択議定書草案を作成して、人権委員会の検討に委ねている。この草案は、自由権規約第一選択議定書および女性差別撤廃条約の選択議定書案を参考にしたものとなっており、規約上の権利すべてを対象に、「個人もしくは集団」、またはその代理の者に通報権を認めている25)。

社会権規約以外では、経済的、社会的および文化的権利の分野での条約体制において、権利侵害の申立てを認めた例は、これまでにも少なくない。ILO条約の場合は、締約国の条約履行状況に関連して雇用者または労働者団体の代表がILO理事会に申立てを行うことが古くから認められているし（ILO憲章24条）、人権条約ではたとえば米州人権条約が、追加議定書（サンサルバドル議定書）によって、労働組合権と教育権につき、それが「締約国に帰属する行為により侵害されるいかなる場合にも」米州人権委員会に、また「適用しうる場合には」米州人権裁判所に個人通報を行うことを認めている（19条6項）。

また、最近の注目すべき動きは、ヨーロッパにおける地域的人権保障制度の枠内で、社会権の重要性の再認識のもとに、ヨーロッパ社会憲章体制の強化が図られていることである。ヨーロッパ社会憲章は、市民的および政治的権利の分野を律するヨーロッパ人権条約体制の成功に比べ、従来は影の薄い存在であったが、1990年代に入って新たに注目を浴びるようになり、1995年には、団体に申立権を与えた追加議定書が採択、1998年にはこれが発効するに至っているのである。1950年という早い時期にヨーロッパ人権条約が成立して以来（国際人権規約は1966年）、人権保障において国連の人権保障システムにとっても1つのモデルを提供してきたヨーロッパであるが、こうした社会憲章をめぐる動きには、社会権の位置づけにおけるどのような認識の変化があるのか。以下では、ヨーロッパ社会憲章体制の強化の背景を振り返ったうえで、このような地域的レベルでの進展を、国連の人権条約体制内での社会権の位置づけとあわせて比較考察してみたい。

4. 社会権への新たな光 ——冷戦の終結と経済グローバル化のなかで

(1) ヨーロッパ社会憲章体制の強化と社会権

---

24) 詳しくは、申・前掲書378頁を参照。
25) 社会権規約選択議定書案の邦訳と解説としては、藤本俊明「個人救済のための社会権規約へ向けて——社会権規約に関する選択議定書（個人通報制度）案」法学研究論集（明治大学）9号（1998年）がある。なお、女性差別撤廃条約の選択議定書はその後、1999年に国連総会で採択されるに至ったが、これも、「個人又は個人の集団」に通報権を認めている。採択された女性差別撤廃条約選択議定書については、西立野園子「女子差別撤廃条約選択議定書——個人通報手続と調査手続の導入」ジュリスト1176号（2000年）を見よ。

国際人権規約において、自由権規約に比べて社会権規約の実施が明らかに軽視されてきたのと同様——あるいはそれ以上——に、ヨーロッパでも、ヨーロッパ人権条約に対してヨーロッパ社会憲章に与えられてきた位置づけは、従来から非常に低いものであった。同じくヨーロッパ審議会の場で採択されたとはいえ、ヨーロッパ人権条約の批准が審議会加盟国にとって義務であるのに対してヨーロッパ社会憲章はそうではなく（この点は現在でも変わっていない）、また、ヨーロッパ人権条約の実施がヨーロッパ人権裁判所による強力な司法的コントロールに服するのに対して、社会憲章の方は、審議会への締約国の報告義務しか存在しなかった。

　しかし、1980年代末から1990年代初めにかけて、ヨーロッパ審議会諸国は、社会権の保障に正面から取り組むため、社会憲章のあり方を見直す必要性に直面する。その1つの要因は、ヨーロッパ人権条約に加入している西欧諸国ですでに表面化していた、極度の貧困と社会的排除（social exclusion）の問題である。極度の貧困状態にある人の無権利状態の問題は、その劣悪な生活環境が「品位を傷つける取扱い」（ヨーロッパ人権条約3条）にあたるかどうかといったかたちでヨーロッパ人権条約の解釈上生起することがあったが[26]、より深刻に受け止められたのは、裁判所への実効的なアクセス権の不在という問題であろう。公正な裁判を受ける権利の保障はヨーロッパ人権条約において重要な部分を占めているが（6条）、貧困者にとってこの市民的権利の享受を実効的なものにするには経済的、社会的権利を含む広範囲な人権保障が不可欠であることが、1989年のヨーロッパ審議会の報告書で指摘されている[27]。さらに、こうした西欧諸国内部の要因に加えて、社会憲章の強化を外から後押しする追い風となったのは、東西冷戦の終焉と、それに伴う元共産圏諸国のヨーロッパ審議会加入であった。これらの国をメンバーとして迎えたヨーロッパ審議会は、社会権に対してあまりに手薄であったアンバランスな現状を改善し、既存の条約体制である社会憲章の実施に本格的にてこ入れすることを迫られたのである。

　このような背景の下、1991年には、憲章の報告制度の運用の改善を図った改正議定書が採択されたが、これを採択したヨーロッパ審議会の閣僚会議は決議の中で、「市民的、政治的であれ経済的、社会的であれ、すべての人権の不可分の性格を保持」し、および「基本的な社会権の保護および促進のための文書としての社会憲章に新たな推進力を与える」必要性を強調している。続いて、1995年には、憲章上の権利の侵害について団体に申立権を認めた追加議定書が採択、さらに1996年には、権利の実体規定に関して、「貧困および社会的排除に対する保護の権利」などを含んだ改正社会憲章が採択されるに至った[28]。新しい団体申立制度を定めた追

---

26) 詳しくは、申・前掲書79～80頁を参照。
27) 詳しくは、申・前掲書403頁を参照。
28) これらの文書の原文など詳しい出典は、申・前掲書404頁を参照。

加議定書は1998年に発効し、その後現実に数件の申立てが寄せられて検討を受けている[29]。

(2) 国連の人権条約体制における社会権──社会権規約委員会の取組み

こうして、ヨーロッパの地域的人権保障の場では比較的最近になって、社会権の保障に新たな息吹が与えられるようになったが、国連の人権条約体制における社会権の位置づけは、どのような背景の下に推移してきたのだろうか。

国連の人権条約体制のなかで社会権保障の核をなす社会権規約の実施は、少なくとも国際的には、現在の社会権規約委員会が設立されてはじめて本当に緒についたといってよいが、ヨーロッパにおける社会権保障の強化には東西冷戦の終結という背景がかなり直接的に作用しているのに比べると、社会権規約をめぐる動きは、それより早くから国連における南北対話の場で前面に出ていた人権の不可分性の議論に最も大きな影響を受けているといえよう[30]。人間の尊厳ある生にとってすべての人権が不可分の関係にあるという人権の不可分性の承認は、1980年代半ば、「発展の権利」決議で1つの頂点を見たが、人権の不可分性の議論はこの時期以降、発展の権利概念を取り込みつつ、とりわけ、人権のなかでも経済的、社会的および文化的権利の重要性を強調する文脈で援用されるようになる。社会権規約委員会の誕生に至る社会権規約体制の見直しと、それに前後して現れるようになった社会権規約の実施への学問的・実践的な関心は、明らかに、このような流れのなかで生まれたものである[31]。

オルストンらきわめて有能な国際人権法学者をメンバーに迎えた社会権規約委員会は、報告制度の運用の改善や規約の規定の解釈の発展といったさまざまな課題に意欲的に取り組んできたが、国連の人権条約としての社会権規約という観点からとくに評価に値することは、規約上の権利の実現が国内的・国際的な経済、社会政策と密接な関係にあることを明確に認識し、人権条約体制を超えた国連システム全体における社会権保障を訴えていることであろう。委員会は一般的意見3で、国連憲章の規定をも援用しつつ、社会権規約上の権利の実現にとって国際協力が不可欠であることを想起し[32]、一般的意見2では、締約国と関係国連機関に対し、構造調整計画の中に基本的な社会権の保護を組み込む

---

29) 申立て（complaints）ができるのは、雇用者および労働組合の国内・国際組織のほか、ヨーロッパ審議会で協議資格をもち、政府委員会の作成したリストに挙げられた国際的NGO、および、憲章の扱う分野で活動する国内NGO（ただしこれは当該国の許可を必要とする）である。申立てにつき、ヨーロッパ社会権委員会（European Committee of Social Rights；専門家委員会Committee of Independent Expertsともいう）がその受理可能性を決定のうえ、関係国が憲章に従いしたか否かについての結論を含む報告書を作成する。違反ありとされた場合には、閣僚理事会が関係国に対し勧告を採択する。2000年4月現在、議定書を批准しているのはキプロス、フィンランド、フランス、ギリシャ、イタリア、ノルウェー、ポルトガル、スロベニア、スウェーデンの9カ国である。1998年に提出された最初の申立ては、国際的NGOである国際法律家委員会（ICJ）が、ポルトガルに対し、15歳未満の子どもの労働を禁止した憲章7条1項の違反を申し立てたものであるが、専門家委員会は違反ありとの結論を出し、閣僚理事会は当事国に対しとった改善措置を報告することを勧告した（http://www.humanrights.coe.int/cseweb, visited 2000/4/23）。
30) むろん、東西冷戦という政治的環境は、規約の発効当初、報告制度の運用を担当していた経済社会理事会の政府間作業部会の作業にとっても大きな障害となっていたことは知られている。この点については、申・前掲書41～42頁を参照。
31) 以上の点につき詳しくは、申・前掲書392～395頁を参照。
32) General Comment No.3, op.cit., para.14. E/1991/23, p.87.

べきことを要請している33)。関連国連機関との連携という点では、実際に委員会は会期中にIMF（国際通貨基金）の代表を招請して意見交換を行うなどのこともしている。また、一般的意見8では、国連安保理の決議などに基づく経済制裁の問題を取り上げ、弱者の権利に配慮して規約を遵守することを要請したが34)、これは、湾岸戦争後のイラクに対する経済制裁を主に念頭に置いて出されたものと考えられる。

そのような国連システム全体のなかでの社会権保障という世界的な視野に立った場合、社会権規約の実効的な実施において今日無視することのできない問題は、いうまでもなく経済のグローバル化である。冷戦の終結により、自由権か社会権かという東西間のイデオロギー的な対立という障害は取り除かれたものの、代わって1990年代の国際社会は、世界的に進む市場経済化と容赦ない金融資本の動きがもたらす不安定な政治、経済、社会情勢に翻弄されることとなった。社会権規約委員会はこのような情勢下で1998年、グローバル化が社会権の享受に及ぼす悪影響について討論し、「グローバル化と経済的、社会的および文化的権利」と題する声明を発表して、各国政府、UNDP（国連開発基金）などの国連機関、WTOなどの国際経済組織、そして国連人権高等弁務官のそれぞれに、実効的なモニタリングを含む社会権保障の確保を要請している35)。

5. おわりに
——社会権の保障と日本、そしてアジア

社会権規約委員会の一連の活動によって、停滞していた社会権規約の実施は、少なくとも国際的実施の面では大幅にその様相を一新させた。しかし、委員会自身知り抜いているように、規約上の権利の実現は委員会自身がなしうるわけではなく、第1には各国の国内的な実践を通して、そして第2には国家や国際機関による国際協力を通して、行われるべきものである。その意味では、社会権規約の効果的な実施は、今日なお、それぞれの主体に課せられた任務であり、経済のグローバル化＝貧困のグローバル化という新たな情勢の下で、まさに国際社会全体で取り組むことを要する大きな課題といえるだろう。

アメリカのように社会権敵視の風潮が強い国で「有給休暇条約」などと揶揄されることがあったのは極端な例としても、社会権規約は日本でも一般に、実現不可能な理想を描いた無意味な文書であるかのような捉え方をされる傾向がなお根強い。しかし、規約は不可能なことを実現させるよう要求しているわけではなく、人間が尊厳をもって生きるために必要な諸権利を、各国の利用可能な資源を最大限に用いて——つまり、権利の実現にしかるべきプライオリティをおいて——実現するよう措置をとるよう求め

---

33) General Comment No.2(1989), para.9. E/1990/23, pp.88-89.
34) General Comment No.8(1997), paras.4, 6, 7, 8. E/C.12/1997/8, pp.2-3.
35) Globalization and Economic, Social and Cultural Rights, Statement by the Committee on Economic, Social and Cultural Rights, May 1998, http://www.unhchr.html/menu2/6//cescrnote.htm, visited 1999/2/14.

ているにすぎない。そして、社会権規約委員会も強調しているように、規約は人権条約として、国の経済発展のレベル全体を高めることではなく、社会のなかでとくに脆弱な経済的、社会的弱者にとっての基本的な権利の保障に力を入れることを締約国に要求していると解される。その意味では、日本を含め、そのような脆弱な立場の人々がいないという国はありえず、たとえ先進国といえども、そうした弱者の権利享受状況をつねにモニターしつつ政策を決定し実施する必要性がある。

　日本では、司法の場での個々人の訴えのほかは、阪神大震災の際の被災者の居住権の問題をきっかけにしてようやく市民の側に、社会権規約の潜在的可能性に対する意識が少し広まってきた観があるが、政府の対応は人権問題という認識すら欠くものであり、大きな課題を残した。破綻した金融機関の救済に何兆円もの税金を簡単に投入するのになぜ、偶然に震災にあった人々に対してその何百分の一の支援も惜しむのか。日本が依然としてマクロなパイ優先の「経済」大国であり、個人の人権という価値が政治過程の中にほとんどまったくといっていいほど正当な地位を占めていないことの一例だろう。

　最後に、アジア太平洋地域における社会権の保障はどのように展望できるだろうか。近年の通貨危機は、アジアの多くの国が経済グローバル化の猛威にさらされている現状を示したが、これにより各国の経済・社会は多大な悪影響を被り、インドネシアのように大きな打撃を受けた国では、貧困層の女子が教育を受けられなくなるなど重大な社会権の剥奪状況が起こった。教育を受ける権利の実現が人間の諸能力の開花につながり、就きうる労働の可能性にも直結することは明らかであり、とりわけ、基礎教育を受ける権利は社会権規約委員会によって「最低限の中核的権利」と位置づけられているところでもある。アジア・太平洋地域での人権保障を構想するにあたっては、社会権規約委員会のとっている立場に従い、最も脆弱な立場にある人々の権利確保に重点を置いた社会権の実現という明確なコミットメントが不可欠であろう。アジアの国々が、一部の国の指導者の唱える「アジアの人権」論に見られる「経済」重視の視点と異なり、経済的、社会的および文化的「権利」を含む人権の擁護という価値をはっきりと打ち出し、実践することができるかどうか。注意深く見守っていくことが必要である。

【資料】
経済的、社会的および文化的権利に関する国際規約
第16・17条に基づいて締約国により提出される報告の形式および内容に関する改正ガイドライン
(E/1991/23, Annex IV)

A　報告の一般的部分

1　国のプロフィール
(a) 国土と人民
　この節は、国および人民の主要な地理的、民族的、言語的、人口学的および宗教的特徴に関する情報を含めるべきである。
(b) 一般的政治機構
　この節は、政治史および枠組み、政府の形態なら

びに行政、立法および司法機関の組織について簡潔に記述すべきである。
(c) 経済的、社会的および文化的特徴
　この節は、国民総生産（GNP）、人口1人当たり収入、収入の機能的分配（すなわち、経済の公的および私的セクターにおける労働・資本収入比率の関係）、インフレ率、貿易収支および支払収支、対外債務、失業率および識字率などの指標に関する情報を含めるべきである。
(d) 人権が保護される一般的な法の枠組み
　この節は、次のことに関する情報を含めるべきである。
(i) どの司法的、行政的または他の権限ある当局が、人権に影響を及ぼす管轄権を有しているか。
(ii) いずれかの権利が侵害されたと主張する個人がどのような救済を利用できるか、ならびに、被害者のためにどのような賠償制度が存在するか。
(iii) 各種の条約で触れられた権利は憲法または別個の立法で保護されているか、ならびに保護されている場合、憲法またはそのような具体的な立法に効力停止に関するどのような規定がどのような条件の下で設けられているか。
(iv) 各種の人権文書の規定は、裁判所、他の法廷もしくは行政当局の前で援用でき、またはこれらの機関により直接執行できるか、または、それらが関係当局により執行されるためには国内法もしくは行政規則に変形されなければならないか。
2　経済的、社会的および文化的権利に関する国際規約ならびに委員会への国家報告に関する情報および宣伝
(a) 規約の文面がどのような方法で、およびどの程度流布されているか。規約が現地の言語に翻訳されているか、および、その翻訳がどのようにして配布されたか。この点で、国連からの援助が必要か（必要である場合、具体的に述べること）。
(b) どの政府機関が報告を準備したか。政府以外のいずれかの筋から情報を求め、または受けたか。
(c) 報告が国内レベルでどの程度広く手に入るか。その内容が、公的な議論の対象になったか。
3　経済的、社会的および文化的権利に関する規約の法的地位および具体的実施（上記1(d)節で十分に扱われていない限りにおいて）
(a) 自決権がどのような方法で実施されているか。
(b) 国内法における規約の地位はどのようなものか。規約に含まれた権利のいずれかが裁判所および他の機関によって直接適用できるか。そのような適用の詳細を述べること。
(c) 規約に規定された権利のどれが、憲法または他の立法によって認められているか。そのような規定の文面を添付し、ならびに裁判所および他の当局によるそれらの適用の詳細を述べること。
(d) どの権利が、具体的に、国内法の無差別条項の適用を受けるか。そのような規定の文面を添付すること。
(e) 規約の批准が、関係国内法の変化をもたらしたか。
(f) 外国人がどの程度、およびどのような方法で規約の認める権利を保障されていないか。差異がある場合、どのような正当化事由があるか。
4　経済的、社会的および文化的権利に関する規約の実施における国際協力の役割
　国が開発協力に参加している場合、それが優先事項として経済的、社会的および文化的権利の実現を促進するために用いられることを確保するための努力がなされているか。

B　具体的権利に関する報告の部分

第6条（労働の権利）
1　国が以下のいずれかの条約の締約国であり、
・1964年国際労働機関（ILO）雇用政策条約（122号）
・1958年ILO差別待遇（雇用・職業）条約（111号）
・あらゆる形態の人種差別の撤廃に関する条約
・女性に対するあらゆる形態の差別の撤廃に関する条約
第6条の規定に関連する報告を関係監視機関にすでに提出している場合、ここでその情報を繰り返すのでなく、それらの報告のそれぞれの部分に触れることを希望することもできる。しかし、本規約の下で生じ、かつそれらの報告で十分に扱われていないことがらはすべて、本報告の中で扱われるべきである。
2(a) 国の雇用、失業および不完全雇用の状況、レベルおよび傾向について、集合として、ならびに女性、青年、高齢者および障害者の労働者などの特定のカテゴリーの労働者に影響するものとして、情報を提供すること。そのそれぞれの状況を、10年前および5年前と比較すること。どの人、どのグループ、地方または地域が、雇用に関してとくに弱い、または不利な立場にあると考えるか。
(b) 労働でき、かつ労働を求めているすべての者のために労働があることを確保するために遂行されている、主要な政策およびとられている措置を記述すること。
(c) 労働ができるかぎり生産的であることを確保するために、どのような措置がとられているか示すこと。
(d) 雇用の選択の自由があること、ならびに雇用条件が個人の基本的な政治的および経済的自由を侵

害しないことを確保するための規定を示すこと。
(e) 国内で存在する技術および職業訓練計画ならびにその効果的な運用および実際の利用可能性について記述すること。
(f) 完全、生産的かつ自由に選択された雇用の目標を達成するにあたって特別の障害に直面したか、およびそれらの障害がどの程度克服されたかについて述べること。
3 (a) 法律上にせよ、行政慣行または実際の関係においてにせよ、人種、皮膚の色、性、宗教、政治的意見、国籍もしくは社会的出身に基づき、雇用もしくは職業上の機会平等もしくは取扱いの承認、享受または行使を否定し、または害する効果を有するなんらかの区別、排除、制約または特恵が存在するか否かを示すこと。そのような差別を撤廃するためにどのような措置がとられたか。
(b) 人種、皮膚の色、性、宗教および国民的出身に従って、人の職業指導、訓練、雇用および職業の現況についての情報を示すこと。
(c) 上記のいずれかの条件に基づいた区別、排除または特恵が、国内で、特定の仕事に固有の要求によって、差別とみなされない主な場合を示すこと。そのような条件に関連して生じている、適用上の障害、紛争または論議について示すこと。
4 国の就業人口のうちどの部分が、自己およびその家族のために十分な生活水準を確保するために1つ以上のフルタイムの仕事についているか。この発展を時間的に記述すること。
5 第2次以降の報告の場合は、もしあれば、報告対象の期間中に労働の権利に影響を与えた国内法、裁判判決、ならびに行政規則、手続きおよび実行の変化を簡潔に記載すること。
6 第6条に掲げられた権利の完全な実現における国際協力の役割を示すこと。

第7条（公正な労働条件に関する権利）
1 国が以下のいずれかのILO条約の締約国であり、
・1970年最低賃金決定条約（131号）
・1951年同一報酬条約（100号）
・1921年週休（工業）条約
・1957年週休（商業・事務所）条約（106号）
・1970年有給休暇条約（改正）（132号）
・1969年労働監督条約（129号）
・1989年労働安全衛生条約（155号）
第7条の規定に関連する報告をILO専門家委員会にすでに提出している場合、ここでその情報を繰り返すのでなく、それらの報告のそれぞれの部分に触れることを希望することもできる。しかし、本規約の下で生じかつそれらの報告で十分に扱われていないことがらはすべて、本報告の中で扱われるべきである。
2 (a) 賃金の決定に用いられる主要な方法についての情報を提供すること。
(b) 最低賃金の制度が設定されているか否かを示し、それが適用される賃金労働者のグループ、各グループによってカバーされる人の数、および、それらのグループを決定する権限のある機関を具体的に述べること。法律上または事実上、最低賃金制度の保護の枠外にある賃金労働者はいるか。
(i) それらの最低賃金は法律の効力をもつか、また、それらは、逸脱に対してどのように確保されるか。
(ii) 最低賃金のレベルの決定にあたっては、労働者およびその家族のニーズならびに経済的要素が、どの程度またどのような方法によって考慮に入れられ、また相互に調整されているか。この点で、関連の基準、目標および標識は何か。
(iii) 最低賃金の決定、監視および調整に関して設立された機関について簡潔に記載すること。
(iv) 10年前、5年前および現在の平均および最低賃金の発展について、生活費用のそれぞれの発展に照らしつつ、情報を提供すること。
(v) 最低賃金制度が、実際上効果的に監視されているか否かを示すこと。
(c) 同一価値労働に対する報酬における不平等、同一の仕事に対する同一の給与の原則の違反、または女性の労働条件で男性に劣るものがあるか示すこと。
(i) そのような差別を撤廃するためにどのような措置がとられたか。差別されている各種のグループに関して、それらの措置の成功および失敗を記述すること。
(ii) 遂行された労働を基礎とした客観的な労働評価を促進するために、もしあればどのような方法がとられているか示すこと。
(d) 報酬および非金銭的便益の双方を考慮に入れつつ、公的および私的セクター双方における被雇用者の収入分配を示すこと。もしあれば、公的および私的セクターにおいて比較可能な労働の報酬に関するデータを挙げること。
3 職業上の健康および安全の最低基準を規定する、どのような法的、行政的または他の規定が存在するか。それらの規定は実際上どのように執行されているか、また、それらが適用されない分野はどれか。
(a) もしあれば、どのカテゴリーの労働者が、法律によって既存の体制から除外され、またその他のどのカテゴリーの労働者が、不十分にしか、またはまったくそのような体制を享受していないか示すこと。
(b) 職業上の事故（とくに、致死的な結果のもの）

および疾病の数、性格ならびに頻度が、時間的に（現在と比較して10年前、5年前）どのように発展してきたかについて、統計または他の情報を示すこと。
4　国内における昇進の平等な機会の原則の実際の実現状況について情報を提供すること。
(a) どのグループの労働者が現在そのような機会を奪われているか。とくに、この点での女性の状況はどのようなものか。
(b) そのような不平等を撤廃するためにどのような措置がとられているか。各種の不利な立場にあるグループに関して、それらの措置の成果および失敗について記述すること。
5　休息、余暇、労働時間の合理的制限、定期的有給休暇および公の休日のための報酬に関する国内の法および実行を記述すること。
(a) それらの権利の実現の程度に影響を及ぼす要因および障害を示すこと。
(b) どのカテゴリーの労働者が、法律上、実際上またはその双方において、それらの権利の享受から除外されているかを示すこと。この状況を是正するためにどのような措置が検討され、または現在とられているか。
6　第2次以降の報告の場合は、もしあれば、報告対象の期間中に公正かつ有利な労働条件に対する権利に影響を与えた国内法、裁判判決、ならびに行政規則、手続きおよび実行の変化を簡潔に記載すること。
7　第7条に掲げられた権利の完全な実現における国際協力の役割を示すこと。

第8条（労働基本権）

1　国が以下のいずれかの条約の締約国であり、
・市民的および政治的権利に関する国際規約
・1948年ILO結社の自由および団結権条約（87号）
・1949年ILO団結権および団体交渉権条約（98号）
・1978年ILO労働関係（公務）条約（151号）
第8条の規定に関連する報告を監視委員会にすでに提出している場合、ここでその情報を繰り返すのでなく、それらの報告のそれぞれの部分に触れることを希望することもできる。しかし、本規約の下で生じ、かつそれらの報告で十分に扱われていないことがらはすべて、本報告の中で扱われるべきである。
2　労働組合に加入しおよび自ら選択する労働組合を結成するために、どのような実質的または形式的条件がもしあれば、充足されねばならないか示すこと。
(a) 一定のカテゴリーの労働者による労働組合の設立に関して特別な法規定が存在するか否か、それらの規定は何か、実際上それらはどのように適用されているか、ならびにその適用を受ける人の数を具体的に示すこと。
(b) 労働者による、労働組合加入および結成の権利の行使に課される制約はあるか。そのような制約を規定した法規定および時間的な事実上のその適用について詳細に説明すること。
(c) 政府がどのようにして労働組合が連合を設立しおよび国際的な労働組合団体に加入する権利を確保しているかについて情報を提供すること。この権利の行使に課される法律上および実際上の制約は何か。
(d) 労働組合が自由に活動する権利に課される条件または制約について詳細に示すこと。これらの条件または制約によって実際上悪影響を受けている労働組合はどれか。自由な団体交渉を促進するためにどのような措置がとられているか。
(e) 国内で設立されている労働組合の数および構造、ならびにそれぞれの構成員についてのデータを提供すること。
3　国内で、労働者の同盟罷業の可能性が憲法上または法律上の権利として与えられているか。答えが否である場合、この権利の行使を保障するため用いられるその他の法的または事実上の方法は何か。
(a) 同盟罷業権の行使に課される制約は何か。そのような制約を規律する法規定および時間的にみたその実際上の適用を詳細に説明すること。
(b) 一定のカテゴリーの労働者による同盟罷業権の行使に関して特別な法規定が存在するか否か、それらの特別の規定は何か、実際上それらはどのように適用されているか、ならびにその適用を受ける人の数を示すこと。
4　軍隊、警察または国家の行政機関の構成員が第2および3段落に挙げられた権利を行使することに対して制約が課されるか否か示すこと。そのような制約は、実際の実行上どのように適用されているか。
5　第2次以降の報告の場合は、もしあれば、報告対象の期間中に第8条に掲げられた権利に影響を与えた国内法、裁判判決、ならびに行政規則、手続きおよび実行の変化を簡潔に記載すること。

第9条（社会保障に対する権利）

1　国が1952年ILO社会保障（最低基準）条約（102号）またはその他の関連ILO条約（121号、128号、130号、168号）の締約国であり、第9条の規定に関連する報告を関係監視委員会にすでに提出している場合、ここでその情報を繰り返すのでなく、それらの報告のそれぞれの部分に触れることを希望することもできる。しかし、本規約の下で生じ、かつそれらの報告で十分に扱われていないことがらはすべて、

本報告の中で扱われるべきである。
2　国内において、以下の分野の社会保障体制が存在するか否か述べること。
　医療ケア、傷病給付金、出産給付、老齢給付、障害給付、遺族給付、労働災害給付、失業給付、家族給付
3　国内に存在する各分野について、集合として、および社会の異なったグループに関して、対象の包括性、給付の性格およびレベル、ならびに体制の財政手段を示しつつ、現行体制の主要な特徴を記述すること。
4　社会保障に対してGNPならびに国家および地方予算の何％が支出されているか示すこと。これは、10年前の状況とどのように比較されるか。変化の理由は何か。
5　国内において、記述された公式な（公的な）社会保障体制が、なんらかの非公式な（私的な）取決めによって補完されているか否か示すこと。補完されている場合は、それらの取決め、および、それらと公式な（公的な）体制との相互関係を記述すること。
6　国内において、社会保障に対する権利を、まったく、または人口の多数より顕著に低い程度にしか享受していないグループがあるか否か示すこと。とくに、この点で女性の状況はどのようなものか。そのような社会保障の不享受について具体的に述べること。
(a) 社会保障に対する上記のグループの権利の実現のために、政府はどのような措置が必要と考えているか示すこと。
(b) 利用できる最大限の資源を用いて、社会保障に対するそれらのグループの権利の実現のために政府がとっている政策措置について説明すること。この点で政府の達成を評価するための日程および時間的な標識を挙げること。
(c) それらの措置が当該の弱いまたは不利な立場にあるグループの状況にもたらした効果を記述し、それらの措置の成果、問題および欠点について報告すること。
7　第2次以降の報告の場合は、もしあれば、報告対象の期間において社会保障に対する権利に影響を与えた国内法、裁判判決、ならびに行政規則、手続きおよび実行の変化を簡潔に記載すること。
8　第9条に掲げられた権利の完全な実現における国際協力の役割を示すこと。

第10条（家族に対する保護および援助）
1　国が以下のいずれかの条約、
・市民的および政治的権利に関する国際規約
・子どもの権利に関する条約
・女性に対するあらゆる形態の差別の撤廃に関する条約
・1952年ILO母性保護条約（改正）（103号）
・1973年ILO最低年齢条約（138号）
または、雇用および労働に関連した子どももしくは年少者の保護に関する他のいずれかのILO条約の締約国であり、第10条の規定に関連する報告を関係監視委員会にすでに提出している場合、ここでその情報を繰り返すのでなく、それらの報告のそれぞれの部分に触れることを希望することもできる。しかし、本規約の下で生じかつそれらの報告で十分に扱われていないことがらはすべて、本報告の中で扱われるべきである。
2　社会において「家族」の語にどのような意味が与えられているか示すこと。
3　国内で、異なった目的のために子どもが成人に達したと見なされる年齢を示すこと。
4　家族に対して援助および保護を与えるために国内で用いられている、公式および非公式双方の方法および手段についての情報を提供すること。とくに、
(a) 自由かつ完全な同意によって婚姻しおよび家庭を築く男性の権利およびとくに女性の権利を、国がどのように保障しているか。これを示し、およびさらに、とられた措置が、この権利の享受に悪影響を与える慣行の根絶に成功しなかった事例について具体的に述べること。
(b) 家族がとくに扶養児童の養育および教育に責任をもつ間に、国はどのような措置によって、家族を築くことを容易にし、ならびに家族を維持、強化および保護しているか。それらの措置にもかかわらず、そのような保護および援助を、まったく、または人口の多数より顕著に低い程度にしか享受していない家族があるか否か。それらの状況について詳細に述べること。それらの措置の利用可能性または適用可能性の決定にあたって、拡大家族またはその他の形態の家族組織が認められているか。
(c) 小段落(a)または(b)に関する、明らかな欠点に関して、状況を是正するためにどのような措置が検討されているか。
5　国の出産保護制度についての情報を提供すること。
(a) とくに、
(i) 保護体制の範囲を記述すること。
(ii) 出産休暇および出産後の義務的休暇の期間の総計を示すこと。
(iii) それらの期間中に与えられる、現金、医療および他の社会保障給付を記述すること。
(iv) それらの給付が時間的にどのように発展してきたか示すこと。
(b) 社会において、出産保護をまったく、または人口

の多数より顕著に低い程度にしか享受していないグループの女性がいるか否か示すこと。それらの状況について詳細に述べること。この状況を是正するためにどのような措置がとられ、または検討されているか。それらの措置が当該の弱い、または不利な立場にあるグループの状況にもたらした効果について示し、また、それらの措置の成果、問題および欠点について報告すること。

6　子どもおよび年少者の保護および援助のための特別の措置、とくに、これらの者を経済的および社会的搾取から保護し、またはこれらの者を道徳もしくは健康に有害な、生命にとって危険な、またはその通常の発展を妨げると思われる労働に雇用することを防止するための措置を記述すること。

(a) 国内において、異なった職業における子どもの有給労働が禁じられている年齢制限はいくつか。
(b) どれだけ多くの、およびどの年齢層の子どもが、どの程度、有給雇用に携わっているか具体的に述べること。
(c) 子どもがどの程度家族の家事、農場または仕事において雇用されているか具体的に述べること。
(d) 国内において、保護および援助の措置をまったく、または人口の多数より顕著に低い程度にしか享受していない子ども、または年少者のグループがあるか否か。とくに、孤児、実の両親のない子ども、少女、遺棄されもしくは家庭環境を奪われた子ども、ならびに身体的もしくは精神的に障害のある子どものそれぞれの状況はどのようなものか。
(e) 前段落に挙げられた人々は、どのようにして、自らの権利について知られているか。
(f) 障害および欠点について具体的に述べること。そのような悪状況は時間的にどのように発展してきたか。それらの状況を是正するために、どのような措置がとられているか。それらの措置がもたらした時間的な効果ならびにその成果、問題および欠点を記述すること。

7　第2次以降の報告の場合は、もしあれば、報告対象の期間中に第10条に掲げられた権利に影響を与えた国内法、裁判判決、ならびに行政規則、手続きおよび実行の変化を簡潔に記載すること。

8　第10条に掲げられた権利の完全な実現における国際協力の役割を示すこと。

第11条（十分な生活水準に対する権利）
1 (a) 集合として、ならびに社会の中の異なった社会経済的、文化的およびその他のグループ双方に関しての、人民の現在の生活水準に関する情報を提供すること。それらの異なったグループに関して、生活水準が時間的に（たとえば、10年前、5年前と比較して）どのように変化したか、全人口について、またはどのグループについて生活条件の継続的改善が見られたか。
(b) 第11条に含まれた権利のすべて、またはいくつかに関する状況に関連して政府が最近国連または専門機関に報告を提出した場合、ここでその情報を繰り返すでなく、それらの報告の関連部分に触れることを希望することもできる。
(c) 人口のうち最貧の40％の1人当たりGNPを示すこと。国内において「貧困ライン」が存在するか、存在する場合、そのラインの基礎は何か。
(d) 国の物質的生活の質指数（Physical Quality of Life Index）を示すこと。

2　十分な食料に対する権利
(a) 十分な食料に対する権利が国内において、どの程度実現されているかについての一般的な概観を示すこと。栄養調査および他の監視制度を含め、この点で存在する情報源を記述すること。
(b) 国内において存在する食料不足または／および栄養不良の程度について、（異なった地域ごとに分けた統計データを含めた）詳細な情報を提供すること。この情報はとくに、以下の事項を扱うべきである。
(i) 以下のものを含む、とくに弱いまたは不利な立場にあるグループの状況：小作農民、周辺化［マージナル化］された農民、農村労働者、農村の失業者、都市の失業者、都市の貧困者、移民労働者、先住民、子ども、老人、その他のとくに影響を受けるグループ。
(ii) 上記の各グループ内の男性と女性の状況におけるなんらかの顕著な相違。
(iii) 上記の各グループの状況に関して過去5年間を通して起こった変化。
(c) 報告対象の期間中に、これらのグループによる、または悪状況の下にある地域内の食料へのアクセスに悪影響を与える国内政策、法および実行の変化があったか。あった場合、それらの変化を記述し、およびそれらの影響を評価すること。
(d) 上に挙げられた弱い、または不利な立場にあるグループおよび劣った状況にある地域にとっての食料へのアクセスを確保するため、また男女双方にとってのこの権利の完全な実施のために必要と思われる措置を示すこと。とられた措置を示し、この点で達成を評価するための時間的な目標および栄養標識を具体的に示すこと。
(e) 技術的および科学的知識を十分に用いることによって食料の生産、保存および分配を改善するためにとられた措置が、十分な食料に対する権利の実現にどのように貢献しまたはこれを妨げたか示すこと。生態学的な持続可能性ならびに食料生産資源の保護および保全の観点からのそれらの措置の影響を

記述すること。
(f) 栄養原則の知識の広報のためのどのような措置がとられたか示し、そのような知識を欠くグループまたはセクターが社会の中にあるか否か示すこと。
(g) 農業制度が、規約第6条および第8条を考慮に入れつつ、農村および都市双方の状況において人間の尊厳に悪影響を与えることなしに家庭レベルでの食料安全保障を促進するために、効果的に活用されることを確保するために政府によってとられた農地改革について示すこと。以下のことのためにとられた措置を記述すること。
(i) この趣旨で立法するため。
(ii) この趣旨で既存の法を執行するため。
(iii) 政府および非政府機関による監視を促進するため。
(h) 食料輸入国および食料輸出国双方の問題を考慮に入れつつ、生産および貿易双方の観点から、ニーズに関連して世界の食料供給の公平な配分を確保するために政府によってとられた措置を記述し、および評価すること。

3 十分な住居に対する権利
(a) 国内における住居状況について詳細な統計情報を提供すること。
(b) 住居に関して弱い、または不利な立場にある以下のグループに関して詳細な情報を提供すること。とくに、以下のものを示すこと。
(i) ホームレスの人および家族の数、
(ii) 現在、水、(必要ならば)暖房、下水、ごみ処理、衛生施設、電気、郵便サービスなどの基本的なサービス(これらのサービスが当該国で関係あると思われる限りにおいて)への容易なアクセスがない不十分な住居に居住している人および家族の数。過密な、湿った、構造的に危険な、または他の健康に影響を及ぼす条件の下で生活している人々の数を含めること。
(iii) 現在、「不法」と分類される居住地または住居に生活している人の数。
(iv) 過去5年間に強制退去を受けた人の数、および現在、恣意的な強制退去およびその他のなんらかの種類の強制移住に対する法的な保護を欠く人の数。
(v) 住居費用が、収入比率としての支払い能力に基づいて、政府の設定した支払い可能性を越えている人々の数。
(vi) 住居取得のための順番待ちリストに載っている人の数、待ち時間の平均、それらのリストを減らすためにとられた措置、および一時的な住居を見つけるためそれらの人を援助するためにとられた措置。
(vii) 社会的または公的住居、民間賃貸住居、家主一間借り、「不法」セクターおよび他の異なったタイプの住居保有を行う人の数。
(c) 住居に対する権利の実現に影響を与える法の存在について、以下のものを含めて、情報を提供すること。
(i) 住居に対する権利の内容を定義する観点から、この権利に実質を与える立法。
(ii) 住居法、ホームレスの人々法、市営企業法などの立法。
(iii) 土地の使用および配分、土地の割当て、土地の区画分け、土地価格の最高限度、賠償の規定を含む収用、社会参加の手続きを含む土地計画に関する立法。
(iv) 保有の安全、強制退去からの保護、住宅金融および賃貸管理(または補助金)、住居の家計適合性などに対する居住者の権利に関する立法。
(v) 建築基準、建築規則、ならびにインフラストラクチャーの基準および供給に関する立法。
(vi) 伝統的に保護されないグループを含め、住居のセクターにおけるあらゆる形態の差別を禁ずる立法。
(vii) あらゆる形態の強制退去を禁ずる立法。
(viii) 住居に対する権利の充足から逸脱する、既存の法の廃止または改悪。
(ix) 住居または財産に関する投機が、社会のすべてのセクターにとって住居に対する権利の充足に悪影響を及ぼすときにはとくに、これを制限する立法。
(x) 「不法」セクターに居住している人々に法的資格を与える立法措置。
(xi) 住居および人間の定住における環境計画、および健康に関する立法。
(d) 以下のものを含め、住居に対する権利を充足するためにとられたその他のすべての措置に関する情報を提供すること。
(i) 地域社会に基礎をおく組織および「非公式セクター」が、住居および関連サービスを建設することのできる「能力づけ[エンパワーメント]戦略」を奨励するためにとられた措置。そのような組織は、自由に活動できるか。それらは、政府の資金を受けるか。
(ii) 住居設備を建設し、およびその他の家計に適合する賃貸住居の建設を増加させるために政府によってとられた措置。
(iii) 活用されていないか、不十分にしか活用されていないか、または誤用されている土地を解放するためにとられた措置。
(iv) 国家予算の中のパーセンテージとしての、住居省またはその他の関連省庁の予算の詳細を含め、国によってとられた政策措置。
(v) 住居および人間の定住のための国際援助が、最も不利な立場にある人々のニーズの充足のために用いられることを確保するためにとられた措置。

(vi) とくに農村レベルにおいて、中小の都市センターの発展を促進するためにとられた措置。
(vii) とくに、都市再生計画、再開発計画、用地改良、国際的イベントの準備（オリンピック、展示会、会議など）、「都市美化キャンペーン」などの際に、影響を受ける場所またはその近くに居住する人々を強制退去から保護し、またはその相互合意による再居住を保障するためにとられた措置。
(e) 報告対象の期間中に、十分な住居に対する権利に悪影響を与えた国内の政策、法および慣行の変化があったか。あった場合、その変化を記述し、およびそれらの影響を評価すること。
4　第11条に掲げられた権利の充足にあたって直面した障害または欠点について、および（本報告ですでに記述されていない場合）それらの状況を是正するためにとられた措置について具体的に述べること。
5　第11条に掲げられた権利の完全な実現における国際協力の役割を示すこと。

第12条（健康に対する権利）

1　集合として、および社会の中の異なったグループに関しての双方について、人民の身体的および精神的な健康状況に関する情報を提供すること。それらのグループに関して健康状況が時間的にどのように変化したか。国内における健康状況に関する報告を政府が最近世界保健機構（WHO）に提出した場合、ここでその情報を繰り返すのでなく、それらの報告の関連部分に触れることを希望することもできる。
2　国が全体的な保健政策を有しているか否かを示すこと。国の保健政策の一部として、WHOの基本的健康保護の方法に従うことが採用されているか否かを示すこと。採用されている場合、基本的健康保護を実施するためにどのような措置がとられたか。
3　GNPの何％ならびに国家および／または地方予算の何％が保健に支出されているか示すこと。それらの費用の何％が、基本的健康保護に割り当てられているか。これは、5年前および10年前とどのように比較されるか。
4　以下の事項に関して、利用できる場合にはWHOの定義した指標を提供すること。
(a) 乳児死亡率（全国値に加えて、性、都市／農村の区別、また可能な場合には、社会的、経済的もしくは民族的グループ、および地域による率を示すこと。都市／農村およびその他の細分についての全国的定義を含めること）。
(b) 安全な水に対する人々のアクセス（都市／農村を区分すること）。
(c) 十分な排泄物処理施設に対する人々のアクセス（都市／農村を区分すること）。
(d) ジフテリア、百日咳、破傷風、はしか、ポリオおよび結核の予防接種を受けた幼児（都市／農村および性によって区分すること）。
(e) 平均寿命（都市／農村、社会的経済的グループおよび性によって区分すること）。
(f) 一般的な疾病および負傷の治療について、1時間以内の徒歩または行程で、20の基礎的医薬品の定期的供給のある、訓練された人員に対するアクセスを有する人々の比率。
(g) 妊娠中に、訓練された人員に対するアクセスを有する妊婦の比率および、派遣によってかかる人員の付添いを得られる者の比率。
(h) ケアのため訓練された人員に対するアクセスを有する幼児の比率。
((f)から(h)について、都市／農村および社会的経済的グループに分類すること。)
5　第4段落で用いた指標の内訳またはその他の手段から、国内において、人口の多数よりも顕著に悪い状況にあるグループがあることが識別できるか。それらのグループをできるかぎり正確に定義し、具体的に述べること。国内のどの地域が、もしあれば、人民の健康に関して劣った状況にあるか。
(a) 報告対象の期間中に、それらのグループまたは地域の健康状況に悪影響を与えた国内政策、法および慣行の変化があったか。あった場合、それらの変化を記述し、およびそれらの影響を評価すること。
(b) それらの弱い、もしくは不利な状況にあるグループまたはそれらの劣った状況の地域における身体的および精神的な健康状態の改善のために、政府が必要と考えている措置を示すこと。
(c) そのような改善を実現するために、利用可能な資源を最大限に用いて政府がとった措置について説明すること。この点で成果を評価するための時間的な目標および標識を示すこと。
(d) それらの措置が当該の弱い、もしくは不利な状況にあるグループまたは劣った状況にある地域の健康状況にもたらした効果を記述し、それらの措置の成果、問題および欠点について報告すること。
(e) 死産率および乳児死亡率を減少させるため、ならびに子どもの健康な成長を援助するために政府によってとられた措置を記述すること。
(f) 環境および産業衛生のすべての側面を改善するために政府によってとられた措置を列挙すること。
(g) 疫病、風土病、職業病その他の疾病の防止、治療および管理のために政府によってとられた措置を記述すること。
(h) 病気の場合にすべての医療サービスおよび医

療的注意を確保するために政府によってとられた措置を記述すること。
(i) 社会の中の弱く不利な立場にあるグループおよびその他の劣った状況にある地域に対して、小段落(e)から(h)に列挙された措置の効果を記述すること。障害および失敗ならびに成果について報告すること。

第13条（教育に対する権利）

1 国内において、教育に対するすべての者の権利の完全な実現を達成するために、
(a) 政府は、すべての人に対して、義務的かつ無償で利用可能な初等教育を提供する義務をどのように履行しているか（もし義務的および／または無償でない場合には、とくに第14条を見ること）。
(b) 技術的および職業的な中等教育を含む中等教育は、一般的に、すべての人に利用可能かつアクセス可能か。そのような中等教育は、どの程度無償か。
(c) 国内において、高等教育への一般的なアクセスはどの程度実現されているか。そのような高等教育の費用はいくらか。無償の教育が設定されまたは漸進的に導入されているか。
(d) 初等教育を受けていないか、またはその全期間を修了していない人のための基礎的な教育制度を設定するために、どのような努力がなされたか。
第13条に含まれた権利に関する状況に関連して政府が最近、国連または専門機関に報告を提出した場合、ここでその情報を繰り返すのでなく、それらの報告の関連部分に触れることを希望することもできる。
2 第1段落に述べられた教育に対する権利の実現において、どのような障害に直面したか。この点で、政府はどのような時間的目標および標識を設定したか。
3 識字率、農村地域に関する情報を含めた基礎的な教育への就学、成人および継続教育、教育のすべてのレベルにおける退学者の率、すべてのレベルにおける卒業率に関する統計を提供すること（可能であれば、性、宗教などにより区分すること）。計画の範囲、ターゲットとなる人々、財政、就学に関するデータならびに年齢グループ、性などによる卒業統計を含め、識字の促進のためにとられた措置について情報を提供すること。これらの措置のポジティブな成果ならびにその障害および失敗について報告すること。
4 教育に使われる予算の率（または、必要であれば、地方の予算）に関する情報を提供すること。学校制度、新しい学校の建築についての活動、とくに農村地域における学校の近接性および学校のスケジュールについて示すこと。
5 教育の異なったレベルおよび識字促進のための措置への平等なアクセスが、現実にどの程度享受されているか。たとえば、
(a) 異なったレベルの教育を利用し、またそれらの措置に参加する男女の割合。
(b) これらの異なったレベルの教育および識字促進のための措置の現実の享受に関して、とくに弱く不利な立場にあるグループがあるか否か。たとえば、少女、低収入グループの子ども、農村地域の子ども、身体的または精神的障害をもつ子ども、移民および移民労働者の子ども、言語的、人種的、宗教的その他の少数者に属する子ども、先住民の子どもが識字および第13条にいう教育をどの程度享受しているか。
(c) たとえば反差別的措置、財政的支援、奨学金、アファーマティブ・アクションなどによって国内での教育に対する平等なアクセスを導入し、または保障するために、いかなる措置をとり、または検討しているか。そのような措置の効果を記述すること。
(d) 生徒の母語での教育の利用可能性のように、この趣旨で提供される言語的便益を記述すること。
6 1966年10月5日にユネスコの開催した教師の地位に関する政府間特別会議によって採択された、教師の地位に関する勧告を考慮しつつ、国内のすべてのレベルにおける教職者の状況を記述すること。教師の給与は、（その他の）公務員の給与とどのように比較されるか。この率は、時間的にどのように発展してきたか。教職者の生活条件を改善するために国はどのような措置をとり、または検討しているか。
7 報告対象の期間中に、第13条に掲げられた権利に悪影響を与えた国内政策、法および慣行の変化があったか。あった場合、それらの変化を記述し、およびそれらの影響を評価すること。
8 第13条に掲げられた権利の完全な実現における国際協力の役割を示すこと。

第14条（無償の初等義務教育の導入）

国内において現在、無償の初等義務教育が享受されていない場合、この原則を漸進的に実施するために必要な詳細な行動計画を、この計画に定められた合理的な年数の間に提供すること。この活動計画の実現において直面した特別の障害は何か。この点での国際援助の役割を示すこと。

第15条（文化的生活に参加する権利）

1 国内において、適当と考える文化的生活に参加し、ならびに自らの文化を表現するすべての者の権利を実現するためにとられた立法および他の措置を記述すること。とくに、次のことに関する情報を提供すること。

(a) 民間のイニシアチブに対する公的支援を含め、文化的発展および文化的生活における大衆参加を促進するための資金の利用可能性。
(b) 文化センター、美術館、図書館、劇場、映画館ならびに伝統美術および工芸などの文化に対する大衆の参加を促進するための政策の実施のために設立された機構的インフラストラクチャー。
(c) 個人、グループ、民族および地域間の相互評価の一要素としての文化的アイデンティティー。
(d) 国内の民族集団、少数者および先住民族の文化的遺産の認識および享受の促進。
(e) 文化的生活における参加を促進するにあたってのマスメディアおよび通信メディアの役割。
(f) 人類の文化的遺産の保存および公表。
(g) それらの活動の成果を流布する自由を含め、芸術創作および活動の自由を保護する立法、ならびにこの自由に課された制約または制限。
(h) 文化および芸術の分野における職業教育。
(i) 文化の保存、発展および普及のためにとられたその他の措置。
とくに先住民族ならびに他の不利な立場にあり、とくに弱いグループに対して、積極的な効果ならびに障害および失敗について報告すること。
2 科学の保存、発展および普及を目的としたものを含め、科学の進歩、およびその利用による利益を享受するすべての者の権利を実現するためにとられた立法、およびその他の措置を記述すること。とくに、次のことに関する情報を提供すること。
(a) 人類の自然遺産の保存および健康的かつ純粋な環境の促進を目的とした措置を含め、科学的進歩の利用をすべての者の利益のために確保するためにとられた措置、ならびにその目的で設立された機構的インフラストラクチャーに関する情報。
(b) 科学的進歩に関する情報の普及を促進するためにとられた措置。
(c) 生命、健康、個人の自由、私生活などに対する権利を含め、すべての人権の享受に反する目的のために科学的および技術的進歩が用いられることを防止するためにとられた措置。
(d) この権利の行使に対して課される制約。そのような制約を規定した法規定の詳細を付すこと。
3 自らが著者である科学的、文学的または芸術的作品から生ずる精神的および物質的利益の保護を享受するすべての者の権利を実現するためにとられた立法、およびその他の措置を記述すること。とくに、科学的、文学的および芸術的活動にとって必要な条件を与えることを含め、この権利の完全な実施を目的とする実際的措置、ならびにそのような活動から生ずる知的財産権の保護について情報を提供すること。どのような障害が、この権利の実現の程度に影響を与えたか。
4 科学および文化の保存、発展および普及のために、政府はどのような措置をとったか。とくに、以下のことを記述すること。
(a) 憲法レベルで、全国的な教育体制の中で、および通信メディアによる措置。
(b) そのような保存、発展および普及を促進するためにとられたその他のすべての実際的措置。
5 科学研究および創作活動に不可欠な自由を尊重し、および保護することを目的とした法、行政および司法制度について記述すること。とくに、
(a) 科学研究および創作活動のために必要な条件および施設の創設を含めて、この自由の享受を促進することを目的とした措置。
(b) 科学者、作家、創作活動家、芸術家、他の創造的個人およびこれらの者のそれぞれの組織の間の科学的、技術的、および文化的情報交換の自由を保障するためにとられた措置。
(c) 科学研究および創作活動に携わる学術団体、科学アカデミー、職業団体、労働者団体ならびに他の組織および機関を支援するためにとられた措置。どのような障害が、この自由の実現の程度に影響を与えたか。
6 以下のことのための措置を含め、政府が科学的および文化的分野における国際的接触および協力を奨励し、および発展させるための立法、および他の措置を記述すること。
(a) 関係国が科学的および文化的分野における地域的および国際的条約、協定および他の文書に加入することにより得られる便益を、関係国が十分に活用すること。
(b) 科学研究または創作活動、国際的な科学および文化会議、セミナー、シンポジウムなどに携わる科学者、作家、芸術家および他の者の参加。
7 報告対象の期間中に、第15条に掲げられた権利の実現に悪影響を与えた国内政策、法および慣行の変化があったか。あった場合、それらの変化を記述し、およびその影響を評価すること。
8 第15条に含まれた権利に関する状況に関連して政府が最近国連または専門機関に報告を提出した場合、ここでその情報を繰り返すのでなく、それらの報告の関連部分に触れることを希望することもできる。
9 第15条に掲げられた権利の完全な実現における国際協力の役割を示すこと。

● 社会権の確保と国家の役割

Positive Rights in American Law

アメリカ合衆国における社会権の位置づけ

釜田泰介●Kamata Taisuke

1.はじめに

　本稿に課された課題は、アメリカが人権を尊重する国として世界をリードする役割を果たしてきたにもかかわらず、一貫して国連の採択した社会権規約の批准に消極的態度をとっているのはなぜかということを究明することである。アメリカが世界に示すこの一見矛盾した姿を説明するためには、まず、社会権を含む国連の人権規約というものがアメリカ国民にとって何を意味しているのかを考察することから始めねばならない。

2.国連の人権規約の意味するもの

　第1次大戦を契機にして国際連盟が誕生し、第2次大戦を契機にして国際連合が生まれたことは周知の事実である。2つの世界大戦は、人類にこのようなことが再度起こらないようにするための方策を考えさせるに至った。戦争による紛争の解決がいかに多くの人権侵害をもたらしたかを経験した人類は、国際紛争を戦争によって解決しないということをあらためて決意し、そのための努力を誓ったのである。そして第2次大戦後には2つの新しい試みが生まれた。第1は、人権保障規定を含む成文の憲法を国家レベルにおいて採択したことである。なかには、戦争を放棄する憲法を採択した国も生まれた。日本国憲法はその典型例である。第2は、より強固な国際機関を作り出したことである。2つの世界大戦の経験を通して、国家レベルでの憲法の採択だけでは人権侵害を防止するための手段としては十分でないことを知った人類は、国家レベルの憲法を超える国際社会の憲法の必要性を悟ったのである。それが今日の国際連合規約の採択とそれに続く世界人権宣言の採択、人権規約の採択をもたらすことになった。これらはすべて国際社会の憲法といえるものであった。これらの動きの根底には、国家の意思を拘束する上位の規範とその規範を実施するための制度を、国家を超えたところに設けなけ

ればならないという考え方が存在していたのである。

したがって、国連の社会権規約を批准することの意味は、自国の憲法の上にそれに優位する憲法を採択するということになる。そしてこのことは、人権保障は国民が自らの憲法に基づいて自律的に実現するのではなく、それを超える国際的憲法を通して強制されるということを意味しているのである。

以上のことは今日の国連加盟国全員にとっていえることであるが、とりわけアメリカは次の点からこれに抵抗を覚えると思われるのである。それは、アメリカの歴史そのものが州の自治と連邦政府の州に対する介入という優劣関係をめぐる論争の歴史であった[1]ことから、国際的憲法を採択した場合に米国と国連との間にどのような事態が発生するかを予測できるからである。すなわち、現在の国連の構想をアメリカ連邦国家の歩みに重ねて考えると、国際連合を通しての人権保障制度が引き起こす問題点をアメリカ国民は最もよく予測できるということである。したがって、アメリカの社会権規約に対する消極的態度を理解するためには、今日の国連のモデルといってもよいアメリカ連邦国家の形成と人権保障との関係を概観する必要がある。

3.人権保障のための手段 ——自律型と連邦国家型

アメリカが社会権規約に対して消極的であるという印象を与えている原因の第1は、今日の国際社会が人権を保障するためにとっている方法・手段に関係しているといってよい。その方法とは、究極的には地球上に世界的な連邦国家を形成し、その連邦国家の憲法ともいえる国連憲章、人権規約を通して各構成国内における人権保障を実現するというやり方である。このようなやり方は周知のごとく国際連盟に始まり国際連合へと展開してきたものであるが、考え方のモデルはアメリカの国家形成過程にあるということもできるであろう。

アメリカ合衆国の成立は、1776年の独立革命によって13の英国植民地が13の独立国家となったことから始まった。その後、この13の独立国家が北米大陸に共存するかたちで今日に至ることも考えられないことではなかった。そういう道を選択していれば、今日の北米大陸には南米大陸とかアフリカ大陸に見られるような複数の独立国家が存在している状況になっていたであろう。しかし13の独立国家はその道を選択しなかった。1776年の独立によって誕生した13のそれぞれの国家は、英国、フランス、スペインというような当時のヨーロッパの強大な国家に囲まれたきわめて不安定な状況にあった。当時のこのような国際情勢のなかで国際社会の一員として対等に生きていくためには、より強い政治共同体を形成する必要性があったのである。そこでまず形成されたのが、1781年の連合規約に基づくアメリカ国家連合であっ

---

1) Bernard Schwartz, A HISTORY OF THE SUPREME COURT (Oxford Univ. Press 1985)参照。

た[2]。それは、今日のソ連邦崩壊後の12カ国からなる独立国家共同体が示すように、独立国家の緩やかな連合体であった。各独立国家は各々の憲法をもち、人権保障規定をもち、人権保障の問題は国内レベルで対応するというものであった[3]。しかしこの国家連合は強力な中央政府を欠いていたため、当時の列強諸国に囲まれた下では安定性を保障できないものであったので、より強力な中央政府をもつ連邦国家の形成が求められるようになった。その結果、1787年の連邦憲法の採択とそれによる今日の連邦国家の誕生を迎えるのである[4]。この連合国家と連邦国家の2つが、20世紀の国際連盟と国際連合誕生のモデルの1つとなったことは間違いないといってよいだろう。

このようなアメリカ合衆国の形成過程から明らかなように、アメリカはすでに独立国家を超える組織と規範をもつことを経験していた。すなわち、今日のアメリカは50の州から構成された連邦国家を形成しているのであるが、50の州は各々独自の憲法と政府を有し、その上に連邦の憲法と政府が存在するというかたちになっている。そこから人権保障の方法については、建国以来2つの意見が対立がしてきた。このように憲法が二重構造になっている下では、各々の憲法は類似した内容の人権保障規定を有することになり、どちらの政府が人権保障のうえで主たる役割を果たすべきかという点での対立が発生することになる。アメリカ合衆国は、今日に至るまでの200年間、州政府が主たる存在かそれとも連邦政府が主たる存在かということをめぐっての論争を繰り返してきた。論争の一方の考え方は、連邦国家形成前の独立国家である州こそが人権保障の責任を果たしているし、また果たすべきである[5]というものである。また他方の考え方は、連邦国家こそが責任を果たすべきである[6]というものである。それは、とくに南北戦争から今日に至るまで連邦国家が国民の人権保障のうえで強い指導力を発揮してきたという実績に基づくものであった。前者の州が主体となる人権保障は、いわば国家の自律による自律型人権保障のモデルであり、後者の連邦国家による人権の保障は独立国家を超えた憲法規範の採択による連邦型人権保障のモデルであるといってよいであろう。国連の人権規約はこの後者のかたちに属しているといえるのである。

したがって、国連の採択した人権規約を承認するということは、アメリカ国民にとっては州憲法、連邦憲法に次ぐ第3の憲法を採択することを意味することになるのである。この第3の憲法は、州憲

---

2) Lawrence M. Friedman, A HISTORY OF AMERICAN LAW, 2nd ed. (Simon & Schuster 1985)参照。
3) バージニア憲法（1776年）、ペンシルバニア憲法（1776年）、ニューハンプシャー憲法（1776年）、ニュージャージー憲法（1776年）、デラウエア憲法（1776年）、ノースカロライナ憲法（1776年）、サウスカロライナ憲法（1776年）、メリーランド憲法（1776年）、ジョージア憲法（1777年）、ニューヨーク憲法（1777年）、マサチューセッツ憲法（1780年）、コネティカットとロードアイランドは独立後それぞれ1818年および1842年まで植民地時代の勅許状を憲法として使用した。
4) Jacob E. Cook, ed., THE FEDERALIST (Weslyan Univ. Press 1961)参照。
5) William J. Brennan, *State Constitutions and the Protection of Individual Rights*, 90 HARVARD LAW REV. 489 (1977).
6) Jesse H.Choper, JUDICIAL REVIEW AND THE NATIONAL POLITICAL PROCESS (Univ.of Cicago Press, 1980); William M.Wiecek, LIBERTY UNDER LAW: THE SUPREME COURT IN AMERICAN LIFE (Johns Hopkins Univ.Press 1988)参照。

法よりも上位の規範であるのみならず連邦憲法をも超える規範となる。自治・自律の精神[7]からすると各州憲法の上に連邦憲法が存在することすら不必要なことであるのに、その連邦憲法の上にそれを超える憲法をもつことはさらに不必要であるということになる。この自治・自律の精神が、他律を意味する第3の憲法たる国連の人権規約の受入れに消極的態度をとらせている原因の1つといえるのである。

しかし、これだけではアメリカが消極的態度をとることの全体像は明らかになったとはいえない。消極的態度は、アメリカが長年の間維持してきたアメリカ固有ともいえる憲法観と関係していることを理解しなければならない。

4.憲法観
——裁判規範でない憲法と裁判規範としての憲法

今日国際連合に加盟している独立国家は、英国[8]等の数カ国[9]を除いて例外なく成文の憲法典を有している。このような状況は古くから地球上に存在したものと思われがちであるが、憲法がここまで広く採択されるに至ったのは20世紀後半になってからのことである。これらの各国憲法は内容的には政治形態の点において少し違いはあるが、政治制度を規定している点と政府と国民の関係を人権の保障というかたちで規定しているという点においてはきわめて似通っている。

内容的にこのような類似性をもっていることから、これらの憲法に対する各国の考え方は昔から同じであったように思いがちであるが、国際連合が誕生した第2次大戦終結時までは世界には2つの違った憲法観が存在していた[10]のである。その違いは、憲法の中に規定されている人権保障規定をどのように理解するかに関する違いであった。人権保障規定が政府の権力を制限する意味をもっているという点ではいずれの国の憲法も同じであったが、その人権保障規定の内容がどのようにして実現されるかについては違いが存在していた。第1は、権力の限界を示した人権保障規定は政府諸機関の自主的尊重によって達成されるという考え方である。すなわちそこでは、人権侵害が発生してもそれに対する司法的救済は予定されていない。第2は、人権侵害が発生した場合には司法的救済が予定されているというものである。この2つの考え方を別の言葉で説明するなら、前者における憲法はその国の根本的な規範ではあるが、その内容は司法的に実際に適用される「法」ではないということである。これに対し後者における憲法は、根本的な規範であると同時に、その中身は実際に執行されて

---

7) Alexander Meiklejohn, FREE SPEECH AND ITS RELATION TO SELF-GOVERNMENT (Harper & Row, 1948).
8) 英国は、憲法を成文典のかたちではもっていないが、今日の各国憲法の諸原則のモデルを提供した国である。英国憲法の内容については　William Blackstone, COMMENTARIES ON THE LAWS OF ENGLAND (Univ. of Toronto Press, 1973)参照。
9) ニュージーランドとイスラエルが憲法の形式として英国の方式を採用している。
10) Martin Shapiro and Alec Stone, *The New Constitutional Politics of Europe*, 26 COMPARATIVE POLITICAL STUDIES, 397 (1994)参照。

実現されることが予定された「法」であるということである。すなわち前者では、憲法が裁判所が適用する法の1つとは考えられていないのに対し、後者では憲法の中身は裁判の過程で適用される法として考えられているということである。前者の考え方は1791年のフランス憲法にそのモデルがあり、後者の考え方は1787年のアメリカ憲法にそのモデルがある。今日では多くの人々は憲法をこの後者のイメージで捉えるようになってきているが、それは第2次大戦後のこの50年間に広がってきた考え方であって古くからあったものではない。

19世紀から20世紀にかけて憲法を採択する国が増え続けるのであるが、そこでの憲法に対する考え方はフランスの流れを汲むものであったといってよい。日本が1850年のプロシア憲法の影響下で1889年に採択した明治憲法もその例外ではなかった。明治憲法は今日でいう人権保障規定に該当するものを有していたが、「法」として認識されていたものではなかった。要するに、20世紀の半ばまでの世界の憲法の流れにおいては、憲法を法として考えるアメリカの立場はむしろ世界の少数派であり、変則的[11]なものとすら考えられてきたのである。このような流れが変わるのは第2次大戦後のことである。第2次大戦を契機として、世界の国々はむしろ例外的憲法と考えられていたアメリカ憲法に大きな関心を示し、その考え方を自国へ導入しようとするのである。わが国もその1つであったといえよう。

アメリカが社会権規約の批准に消極的な理由は、この憲法観と結びついた人権保障の実現手段としての司法審査制度と関係している。前述したように、アメリカでは建国の当初から憲法は裁判所を通じて適用される法として認識されてきたため、人権規定は裁判官が法的判断を下すときの基準として考えられてきた。いい換えれば、裁判規範として使えないようなものは法として裁判所において適用できないのであるから、人権保障規定としては意味をなさないことになるということである。

18世紀末に誕生したこの2つの憲法に対する考え方の違いは、制度上も違いを生むことになった。すなわち、アメリカでは憲法は実際に適用される次元の高い法と認識されたことから、憲法に違反する法律は当初から裁判所によって排除されてきたのである。これがいわゆる司法審査の制度というものである。これに対しフランス側では、通常の裁判所には法律等を憲法に反するとして排除する権限は認められていなかった。すなわち、アメリカにおける司法審査制度のようなものは存在しなかったのである。アメリカ憲法は司法審査制度と一体となって運用されてきたが、フランス憲法は司法審査制度の存在しない下で運用されてきたということができる[12]。

アメリカが国連の社会権規約を批准

---

11) Ibid., 397.
12) 1945年を境にして、アメリカ型の憲法観と司法審査制を採用する国が増えてきた。その動きは、1989年のベルリンの壁崩壊後ロシアを含む旧東欧社会の諸国にも及びつつある。Bruce Ackerman, *The Rise of World Constitutionalism*, 83 VIRGINIA LAW REVIEW 771 (1997)参照。

するということは、裁判所において適用される法としての憲法を採択するということになり、裁判所が社会権規約の内容を法として次々と適用していくという事態を生み出すことになる。その場合には財政的裏づけが必要となるため、財政権のない裁判所にこのような問題についての判断権を与えることは妥当かという疑問がもち上がってくる。この疑問が、国連の社会権規約採択への消極論を生み出すいま1つの原因となっているのである。

　しかし、これでも消極論の全体像が明らかになったとはいえない。なぜなら、消極論はもっと基本的な問題と結びついているからである。それは、アメリカ憲法がなぜ人権規定としての社会権を保障していないのかということと関係してくる。次に、これについて考察することにする。

5.自由権と社会権

　アメリカ憲法の自由権規定は、政府による自由に対する侵害行為を防止するために保障されているものである。ここで描かれている政府像は、国民の自由を侵害する者、人権侵害行為を行う者であり、これらの人権規定は、政府に対する徹底した不信感によって生まれてきたものである。この不信感は政府の権力行使を実際に行う人間自身に対するものであり、権力者の行動の動機は必ず私利私欲にあるという人間観によるものである。

　このようにアメリカにおいては、個人の生命・身体の自由の尊重を大前提としたうえで、自由というものが精神的領域のみならず経済的領域においても尊重されている。19世紀から20世紀初頭にかけてのアメリカ社会が契約の自由を絶対視、神聖視してきたのはここに由来する。このように自由というものを最高の価値原理として尊ぶ社会では、社会権というものは自由を制限するものとして理解されている。たとえば企業活動の自由については、使用者が誰とどのような条件の雇用契約を締結するかは契約の両当事者の意思の問題であって、政府が労働基準法等において干渉することは許されないということになる。このような発想は、今日の社会権が対象としている問題すべての領域に及ぶ。たとえば教育権については、子どもの教育は親の選択の自由に任されるべきであって政府が干渉する問題でははないということになり、生存権の問題では、それは各人の努力によって達成されねばならないものであって政府が関与する問題ではないということになる。すなわちアメリカにおいては、これらの社会権が実現しようとしているものは自治・自律の結果自ら達成すべきものと考えられている。いい換えれば、各人の自由を最大限尊重すれば社会権が予定しているものは基本的には各人の努力によって達成できると考えられているのである。ゆえにアメリカ社会では、これらの自由を享受するための「機会の平等」を保障することが重要となってくる。それでは、この自由権の前提にあったことが個人の努力によっても実現されなかった場

合にはどうなるのであろうか。いい換えれば、社会権が誕生してきたような社会的事実がアメリカ社会に発生した場合にはどうなるのか。それを解く鍵は、アメリカにおける「政府」の概念の中に存在していると見るべきであろう13)。

社会権は、国民の人間的な生存を可能にするための諸条件の整備を国家の責務として求めるものである。すなわち、教育を受ける権利、労働基本権、生存権など、社会権の主要な内容を構成する諸権利は、国家に積極的行為、介入、干渉を求めるものであるから、ここで描かれている政府像は人権の侵害者という自由権の場合の政府像とは異なる。それは、個々の国民の自由を実質的に保障するために行為する者、公共の福祉の実現者、人権の擁護者という像である。社会権規定を欠いているアメリカ憲法にはこのような政府像は存在しないともいえる。

しかしここで見落としてはならないことは、アメリカ憲法には政府を設立したときの暗黙の大前提というものが存在しているということである。それは、公共の善・公共の福祉を政府をして実現させるというものであり、政府に権力を行使させることを許すうえでの条件といってもよいものであった。これは周知のようにジョン・ロックなどの社会契約論者の論理を現実の社会に適用したものであった。ゆえにアメリカ憲法に登場する政府機関は、公共の福祉を実現する役割を負わされた存在といえる。国家の諸機関において現実に権限を行使する公務員が「全体の奉仕者」と呼ばれる所以はここに由来する。ここでは、公務員は私利私欲によって行動するとされた人間ではなく、公共の福祉の実現者として描かれている。要約すれば、アメリカ憲法には自由権規定の基礎にある権力の濫用者としての政府像とともに、社会権規定の基礎にある公共の福祉の実現者としての政府像も存在しているのである。

アメリカが国連の社会権規約採択に消極的なのは、すでに社会権の内容とされるものを実現する責務を課された政府が存在していることと関係している。これが消極論の第3の原因である。このような経緯から、アメリカにおける社会権の実現方法は次のようなものとなる。

6. アメリカにおける社会権の実現方法

アメリカにおけるいわゆる社会権の実現は、憲法の人権規定の要請としてではなく、立法部と行政部の共同行為によって国政の一部としてなされている。

(1) 議会と大統領による実現

社会権に関わる諸法律はどのようにしてアメリカにおいて制定されてきたのであろうか。社会権規定を欠いているアメリカ憲法の下では、これらの法律が人権規定の要請として生まれてきたものでないことは前述のとおりである。では、

---

13) 拙稿「アメリカの政治思想」田畑忍編『政治学序説』(法律文化社、1980年) 参照。

議会と大統領はこれらの法律の憲法的根拠をどこに求めてきたのであろうか。社会権の中でも重要な位置を占めている労働基本権について考えてみたい。労働基本権という権利はアメリカ憲法には存在しないので、アメリカでは長い間、雇用契約・雇用条件は契約当事者間の自由な合意によって決まるものであると考えられてきた。ここで重視された憲法上の原則は、個人の意思形成の自由ということであった。ここからは、政府が雇用条件等に介入することは許されないという結論が出てくるし、また労働者が団結して使用者に対し圧力を加えるということも許されないということになる。すべては個人対個人の問題として処理されるべきとされてきたのである。しかし、経済活動が会社という法人形式で行われるようになってからは、従来の個人対個人の契約という図式はあまりにも力の不均衡な当事者の契約という事態を生み出すことになった。すなわち労働者は実際には、意思に基づく契約の自由を享受できない状態に置かれることになった。そのような状態は、個人の意思の自由や選択の自由を尊重するというアメリカ社会の根底を支える原則を揺るがすことになったのである。そこで政府は、政府に託されている本来的機能、すなわち国民の安全と生存を保障する機能（いわゆる広義の警察権能）を発動して、介入することを決定するに至った。それがいわゆるアメリカにおける労働法の誕生である[14]。そして、雇用条件のあるべき姿を設定したり、労働者が組合を結成して加入することを保障したりしてきた。これによって労働基本権が法律上保障されることになったのである。

また連邦議会には州にまたがる通商を規制する権限が与えられているが、その規制権限を根拠に、議会は最低賃金法、雇用差別禁止法、児童を就労させることを禁止する法律を制定してきた。また、アメリカの社会保障法は、1930年代の恐慌下において直面した種々の社会問題を解決するために制定されたものであるが、この法律は憲法によって連邦政府に付与された課税支出権限を根拠にしたものであった。政府に付与された課税支出権限は、一般的社会福祉の向上を目的として与えられているものである。

アメリカは公的な義務教育制度とか私立学校制度等、教育権の面でも世界にモデルを提供してきた。しかし、これらの教育権は社会権の要請としてなされたものではなく、共和政体という民主主義政体を維持していくための市民の育成という観点、すなわち政府は次の世代の国民を育成するうえでの教育環境を整備する義務があるという、政府に託された責務・権能から生まれたものである。また私立学校が盛んになった基礎には、学校経営の自由を保障するという経済的な視点も存在していた。

これらを総合して考えると、アメリカにおける社会権の実現は、憲法の社会権

---

[14] Lawrence M. Friedman, TOTAL JUSTICE (Russell Sage Foundation 1994)参照。

条項を実現するということからではなく、自由権の基礎に横たわっている「人間の尊厳性・個人の尊重」という基本的価値を守るためになされるのである。また、連邦制国家のなかに共同の経済市場を形成する必要から生まれてくる場合もある。前者の場合には、個々人の自由な人格の発展と幸福の追求の機会が平等に享受できるような社会を形成するという、国家・政府の責務が強調され、後者の場合には、各州の間に経済的条件の不平等が発生することで公正な競争が成立しにくくなるという状況を防止するという視点(経済共同体の形成)が前面に出てくるのである。これらは、他の国と比較するとアメリカ的な特質をもった社会権の実現方法といえるかもしれない。

しかし、前述してきたような憲法観に立つアメリカでは、このような立法といえども裁判所の憲法審査の対象を逃れることはできない。したがって、立法部と行政部の共同行為として成立した法律を裁判所が憲法的に許されると判断して初めて、いわゆる社会権はアメリカにおいて実現されるということになる。

(2) 裁判所による実現

社会権を内容とする立法が制定された場合、それらの法律は当然のことながら憲法の保障している自由権的な基本権と抵触しないかが問題となってくる。その抵触の有無の判断は、通常、訴訟のかたちをとって裁判所にもち込まれる。したがって、裁判所がこれらの諸立法を憲法に違反すると判断した場合には、社会権の実現はその時点で不可能となるのである。

19世紀の終わりから20世紀の初頭にかけて登場してきたいわゆる労働法は、当初裁判所において契約の自由を侵害すると判断されて実施することができなかった[15]。後に司法部が判断を変更した[16]ことによって、ようやく労働基本権は社会的に保障されることになったのである。その後の紆余曲折を経て今日では、司法部は議会が制定するいわゆる社会権に関連する諸立法については議会の判断を尊重するという立場を堅持することにより、社会権規定の実現に協力している。

司法部は逆に、議会が採択した社会福祉的政策等の中に不当な差別規定が存在したり適正手続きが無視されている場合には、それを違憲無効とすることによって社会権の実現に大きく寄与することもある。たとえば、児童扶養給付の受給要件として立法部が1年間の居住要件を課して転居1年未満の者に支給しないとしたことを、最高裁が1969年に違憲無効として排除した判決例[17]がある。この判決がその後いかに多くの人々を救済するに至ったかは今日広く知られているところである。

7.むすび

本稿では、アメリカが国連の社会権規

---

15) Lochner v. New York, 198 U.S.45 (1905); Adkins v. Children's Hospital, 261 U.S.525 (1923).
16) West Coast Hotel Co. v. Parrish, 300 U.S.379 (1937).
17) Shapiro v. Thompson, 394 U.S. 618 (1969).

約の批准に消極的姿勢を示していることの原因を考え、そしてアメリカ的な社会権の実現方法を解明してきた。

アメリカ的な考え方が示しているものは、社会権の問題を考えるときには社会権だけを独立させて考察するのではなく、社会権が自由権規定の延長線上に生まれてきたものであるということを忘れてはならないという視点である。この視点は、自由権規定と社会権規定の根底にある共通の根本的規範に目を向けて社会権を考えるというものである。この根本的規範とは、人間の尊厳性に支えられた個人を尊重するという考え方であり、これを忘れた場合には社会権のもつ意義は理解されなくなる。

したがって重要なことは、この社会権規約の批准そのものではなく、批准国において自由権規約・社会権規約を支えている前述の根本的規範に対する理解が存在しているということと、同時に、政府が確固としてそれを実現していく制度が確立しているということなのである。これが、わが国を含め社会権規定を憲法上にもちながら、さらに国連の社会権規約を批准した国々に対し、アメリカ的な考え方が与える示唆であるといえよう。

アメリカが近年、年齢差別禁止法とか障害者の社会的アクセスを保障するという、他の国に先駆けた法制度を採択した背後には、この根本的な価値観に対する認識が厳然として存在していることを表しているといえよう。個人の自律を助けるという観点から出発して結果として古典的な方法で社会権を実現しているアメリカは、その意味で社会権を最も理解している国の1つともいえるであろう。

● 社会権の確保と国家の役割

Social Policy in Sweden

スウェーデンと社会権

竹﨑 孜 ● Takesaki Tsutomu

1. スウェーデンにおける社会権の概念

　社会権とは、国連の国際人権規約（1966年採択）によって、経済的権利や文化的権利とともに取り上げられたのが最初とされる。ほかには第1次大戦が終了したのをきっかけに、社会保障、教育権、労働権などを社会的人権と見なすようになり、これらの権利保障には国家が関与するものと主張されるようになった。それがわが国の新憲法にまで影響を及ぼし、なかでも25条に基づいた福祉をめぐる責任は国家が負うとの解釈が支配してきた。しかしながら、こうした傾向が社会権や福祉の定義をはじめ、政治のあり方などからあらかじめ綿密な検証のうえで理論展開が行われたのかは疑わしい。しかも、福祉の通念が貧困救済の延長線上に位置するのにひきかえ、社会権は、教育権や労働権を含み、したがって福祉の同意語と扱うよりは、より広義な捉え方こそが適切と考えられよう。なかでもスウェーデンと社会権の関係を知るには、福祉とは何を指すかを明確にするのが先決問題となる。

　周知のごとく、これまでスウェーデンに対しては、福祉ないし社会保障がほかに比類のないほど進歩した国として国際間で高い評価が与えられてきた。だが、それにもかかわらず社会権なる言葉の存在がまったくない点を指摘しておかねばならない。また憲法（国家基本法が公式名称）には福祉や社会保障に関する条項が含まれておらず、同じく国家責任をめぐる論議も見当たらないが、それでもなお国民にとって安定した生活を支えている政策の理解には、視点を変えたアプローチが求められる。

　これらの分野に属する規定とされるのはスウェーデン憲法の一部を構成する政体法2条で、具体的には、平等、自由、尊厳を指し、かつ各個人が抱え込む経済問題と文化のために社会は活動するのであって、ことに雇用、居住、教育、介護、医療、その他の社会保障、健全な生活環境を充足させるものとしている。

2. 政策

　社会権の概念に適合するスウェーデンにおける政策が福祉でも社会保障でもないとするならば、どのような定義づけが政策に与えられているのであろう

か。はじめに、政策は社会政策（Social Politik）と呼ばれるものであり、労働者の権利保障や福祉厚生などを主体としてきた旧社会政策とはまったく異なった展開を見せている。

こうした社会政策が有する独自性を著しく特徴づけているのは、次に掲げる目標である。

①民主主義

②公平

③安定

④連帯責任

すなわち民主主義を基本とする社会の構築と公平の達成を政策を通して行い、かつ生活安定を条件に、連帯責任の下にみんなの社会参加があって初めて成立するが、もしも参加ができない、参加をためらうことがある場合、それを阻害している要因を取り除かねばならないとされる。公平とは、機会の均衡、すなわち健康、教育、労働などへの機会や門戸が開かれていること、安定とは、生活が物質的、精神的な面で充実した状態を表す。また、自力での安定保持を基本とするが、必要に応じた補充も行う。最後の連帯責任とは、国民による決定と政策にかかる費用負担が共同で行われることを指す。

こうした政策とは、あくまで国民各人にとっての生活基盤強化であり、制度も当然、国民全員を包括する。財源には税金が充当される関係上、結果としては、全面的な公的主義がとられ、実際の保障サービスにあたるのも法律に従う行政体となる。それだけにボランティアや企業、非営利団体などの民間組織による参入を許す余地はないものとしている。ただし、公的サービスなどの行政に対する不満が集まるならば、それを反映して制度利用者でもある国民は自ずから民間サービスへの期待を抱くようになるはずだが、しかし、現状ではそのような事態に至っておらず、それだけに公的主義、行政サービスに対する国民的支持は強いと見なせよう。

さて、スウェーデンにおいて社会権に該当する政策は、生活を保障する「社会政策」のもと、政策および制度が対象に国民全員を漏らさず包括してしまい、貧困者や社会的弱者などの特定階層ではないところから、保障内容のほうも一般の生活に等しい水準となる。したがって、政策や制度をどのように選ぶかは、国民が下す決断とコンセンサス次第となっている。すでに制度の仕組みから推察できるごとく、貧困者と社会的弱者の対応に限定する福祉、あるいは労働者保護の色彩を帯びる社会保障との根本的な相違は明白であろう。

ただし、規模の大きさと水準の高さを維持するスウェーデン型社会政策に欠かせないのは大型予算であり、おのずから応分の税負担が国民全体に求められる。しかし、選挙のたび、投票率が80％を上回る社会システムないし政治のシステムであるのを勘案すれば"大きな政府"であるのは必然で、そこでは政治責任と財政を縮小する"小さな政府"論が成立する余地はない。さらには医療、保育、教育、住宅、年金など、さまざまなかたちで国民のもとへ還流（再配分）させる税金が決して少なくはないだけに、予

算の名目と使途は合理的でなければならず、そのための規制や監視が不可欠となっている。例を挙げるならば、支出の透明さと責任の所在を裏づける「公的情報公開」はすでに250年の歴史を誇っており、また国と地方自治体による行政が合法か、適切かについての判断を下す「オンブズマン」(正確には国会オンブズマンと呼ばれ、JOと略称される)は190年前から活躍している。もっとも今日、高度に整備された生活保障制度をもつスウェーデンといえども、歴史を遡ってみると、救貧、福祉、労働者保護、それに社会保障などの段階を逐次たどってきた。この点は他国と比較しても例外的ではないが、変遷の過程でそれぞれの方策や方式に現れた欠陥を排除しつつ到達したのが今日の社会政策である。

ところで生活保障になぜ生活の基盤強化が強調されるのであろうか。それは、第1に、貧困者や弱者のいない社会の実現であり、生活基盤さえ強ければ何が起こったとしても容易に崩れることはないからである。第2に、健康と労働が自立自活には不可欠として、保健や医療の充実を図るとともに、労働条件の向上と雇用の確保に力が入れられるべきとするからである。

このような政策を採用した背景は、社会のなかで生活に困窮する階層が顕在するほど救貧策の比重拡大と福祉財政の肥大を招くため、そこで自力で生活できる階層を増やすこと、すなわち貧困の防止こそが先決であり、かつ得策と見なされている。

もう1つ指摘できるのは、対策への着手がきわめて早かった居住問題である。当初、全国いたるところで住宅事情は劣悪な状態に置かれていたので、政策による住宅不足の緩和が試みられたが、住宅の大量建設を達成した1970年代には転機が訪れ、住まいの様式を考えるという居住問題が浮上した。住宅の質とともに地域機能の整備にまで焦点が当てられたわけである。居住のあり方は、障害者にとっての深刻な日常的問題であるとともに、高齢者も体力低下に伴う生活面での障害を抱え込むのは同様で、医療、看護等へ依存する傾向が強まる点に注目が集まり、社会高齢化への対応策に居住政策が組み込まれた。なかでも、高齢者たちの社会的入院などの解消に重点が置かれたのである。そして居住には不向きで時代遅れであった老人ホームや空きベッドが目立ちだした長期療養病院が次々と閉鎖されていった。

3.ライフサイクルと制度

社会政策は体系的に構成されており、また比較的少ない数の制度とシステムがいずれも簡略なのが大きな特徴である。しかも、人の生涯を表すライフサイクルに沿った制度化が行われており、これらを分類すると、育児と教育の分野、労働の分野、定年退職後の分野となる。さらには国と地方自治体の間で責任を厳密に分担する行政方式がとられ、主に、所得保障である全国統一式の国民年金や児童手当金などを国、広域的に医療サービス供給を引き受けるのが県、残る生活サービスのすべてを担うの

表1●国と地方行政による分担

国（政府）	県	コミューン（市町村）
児童手当金 育児休暇手当金 国民年金	保健婦 地域診療所 救急病院	保育所／学童保育所 義務教育（9年制） 高校教育 成人教育 在宅サービス（介護、看護など） グループホーム（重度の障害／痴呆症） ナーシングホーム（看護型）
大学教育		住宅・地域整備 ゴミ 上下水道

注●主要な財源は、国が消費税と雇用主税、県が所得税（県住民税）、コミューンが所得税（コミューン住民税）。

がコミューン（市町村）となっている。こうした行政によるサービスの特化、専門化は地方分権化の徹底を象徴し、かつ中央と地方の間で行政が重複する無駄を省くのを目的としている。

先進国のスウェーデンからはその日の暮らしに困る古典的貧困もはや姿を消したとはいえ、依然として発生する病気や失業などの事故が引き起こす生活問題の対応である制度が各種用意されている。制度のうち、ライフサイクルを追いながら、主要なものをここではいくつか取り上げる。

まず最初は、育児と教育をめぐる制度である。育児については、児童手当金が家庭所得の制限もなく一律給付が行われるが、家計を補強するこの制度は、子どもが多く、所得の比較的低い家庭ほど有利となる。

ちなみに、税法上の家族扶養を理由とする所得控除の方式は、収入の少ない、あるいは皆無の家庭にとって所得を補強する効果はなく、いち早く廃止された。同じく、職場での賃金に加算される扶養手当もまったく存在せず、社会が行う子育てへの経済的支援は、この児童手当金に統合されてあるだけに、基本的制度の1つに相当する。

出産に伴っては、両親保険法に基づいた育児有給休暇が18カ月間にわたって認められ、しかも手当金の支給があり、生活費の不安もなく家庭で育児に専念できる。休暇を終えた後にやってくるのは職場復帰だが、それを解決してくれる保育所が全国的にいたるところで整備されており、したがって仕事との両立をいつまでも支援する。たとえば、保育所は児童が4学年への進級まで学童保育所として登校前と放課後の時間帯を働く両親に代わって引き受けている。近年は、育児に仕事を休んで家庭にとどまる父親もますます増え、家庭内における男女による役割の平等な分担化が進んでいる。

スウェーデンでも保育事業には、かつて貧しい家庭の母親が働くのを援助するとの歴史があったが、労働市場が女性の就労を必要としたのと、女性自らの社会的自立即経済的自立のため本格的に就労する時代へと変化したのを受け、保育所設置への大がかりな投資を重ねてきたのである。しかし、女性就労の普

表2●就労率（％）

年齢		16～19	20～24	25～34	35～44	45～54	55～64	平均
男性		23.2	66.3	87.0	90.1	90.4	70.7	79.1
女性		26.0	59.5	79.3	86.6	87.5	64.6	74.5
内訳	子ども7歳未満	—	—	77.6	84.9	86.3	—	78.4
	子ども7歳未満なし	—	—	81.3	87.5	87.5	64.6	73.4
	子ども7～16歳のみ	—	—	81.4	87.8	89.2	73.6	87.4
	子ども17歳未満	—	—	—	—	—	—	82.5
男女合計	1997年	24.6	63.0	83.2	88.4	88.9	67.6	76.8
	1995年	28.3	65.2	85.1	89.9	90.3	66.9	78.2
	1993年	29.7	68.5	86.1	91.7	90.7	66.9	79.1
	1991年	45.5	79.6	89.8	94.0	92.4	70.8	83.5
	1989年	50.5	83.0	91.2	94.5	91.9	69.0	84.2
	1987年	47.7	80.7	90.9	93.5	92.1	69.1	83.2

注●『統計年鑑』（統計庁、1997年／1998年／1999年）より作成。

表3●保育所への入所児童（％）

年齢	1～2	3～6	1～6	保育所	家庭保育所	学童保育所
1975年	16	17	17	10	7	—
1977年	20	23	22	12	10	—
1979年	27	33	31	19	12	—
1981年	34	41	39	23	15	—
1983年	41	48	46	28	18	—
1985年	45	55	52	32	19	—
1987年	47	60	55	35	20	—
1989年	45	64	57	38	19	—
1991年	45	65	58	42	16	—
1993年	46	63	58	44	14	—
1995年	53	74	67	49	14	5
1997年			73			

出所●『スウェーデンにおける社会サービス』（社会庁、1997年）より作成。
注●1～2歳では育児休暇との関係で保育サービスは必要性が低い。

遍化につれて、児童が例外なく保育所へ通い、しかも幼児期の健全な発育を促す教育的役割を保育所が受け持つようになったため、プレスクール（就学前教育の場所）と改名された。新しい性格と名称が与えられたことで、政策管轄のほうも社会省から教育省へ移り、目下、小学校との統合が進行中である。保育の次に始まるのが9年制の義務教育であり、この公費による教育は大学まで続き、教育費で家庭が苦しまずに済む。そして家庭へ経済負担のかからない教育システムは、教育への機会均等が守られていることを示す。

成人生活の基本部分を占める労働は、定年退職時の65歳まで続けられる。定年まではきわめて長い年月であり、その間には職を失う事態も避けられないが、失業は条件がよりすぐれた職業に就く転機と捉える傾向があり、失業保険からの支給金に頼るだけではなく、新しい技術教育への積極的な取組みが優先さ

表4●高齢人口の変化

		1995年	2000年	2025年	2050年
65歳以上（合計）国民人口比		1,541,414人 17.4%	1,529,073人 16.96%	2,028,586人 21.20%	2,038,884人 21.26%
内訳	65～79歳 65歳以上人口との対比	1,126,627人 12.7%	1,074,035人 11.91%	1,446,681人 15.11%	1,351,639人 14.09%
	80歳～ 65歳以上人口との対比	414,787人 4.68%	455,038人 5.05%	581,905人 6.08%	687,245人 7.16%

出所●『スウェーデンにおける社会サービス』（社会庁、1997年）より作成。

表5●出生率の推移

1981年	1.633	1986年	1.794	1991年	2.117	1996年	1.600
1982年	1.618	1987年	1.838	1992年	2.090	1997年	1.520
1983年	1.610	1988年	1.961	1993年	1.997		
1984年	1.652	1989年	2.017	1994年	1.890		
1985年	1.733	1990年	2.137	1995年	1.738		

出所●『統計年鑑』（統計庁、1998年/1999年）より作成。

れてきた。定年までの長い年月はまた生涯に及ぶ労働時間の長さを意味するだけに、健康を害して仕事を中断することのないように、労働をめぐる条件の向上や職場における環境の改善がつねに要求される。また、他国に例のないほど多くのスウェーデン女性が働いているのは、十分な雇用機会とあいまって、育児の実際的な支えとなる社会制度が整えられてあるからともいえる。女性がこれほど多く働いている背景には、公共部門における職場増加がある。つまり、国民が望んだ生活サービスに従事する保育職、教育職、看護職、それに介護職などが大量に創出された結果であった。

65歳までの労働生活が終わるのと同時に年金の支給が開始となる。

本来、年金とは定年退職後の生活費を満たすのが目的で、ヨーロッパの労働運動をとおして生まれた制度ではあったが、スウェーデンの場合は、国民すべての老後生活保障の基礎が国民年金に委ねられており、加入を労働者のみに限った労働者年金とは異なる。ただし、労働賃金に比例して計算される付加年金はあるが、付加の名称が物語るごとく、制度上は国民年金を補完するものとして位置づけられる。生活のためには国民年金だけで足りる理由がこうしたところにある。あえていうならば、付加年金は各人の生活水準を退職後にも保持するためとなっている。

平均寿命の伸びは社会高齢化の進行と表現されて、社会へのさまざまな悪影響が指摘されるが、世界で高齢化を最初に迎えたのはスウェーデンであった。65歳以上が国民人口に占める割合がひとたびは18.0％のピークに達した後、緩やかに下降中だが、現時点の約17.0％を超える国はいまだに現れていない。高齢化率のこうした低下傾向は、寿命が短くなってきたのではなく、若い世代を減らさず、社会が高い出生率を保ちながら、国民人口構造の変形、つまり老若比率が急激に反転する逆ピラミッド現象に歯止めをかけてきたからである。

ところで、高齢者の増加に伴い、各方面から懸念される分野が医療と介護であろう。

治療にかかる医療費は国民全員が加入する国民健康保険からすべて支払われるが、実際の医療行為はこれまた全面的に県の行政として提供されている。したがって、民間による医療はほぼゼロに近く、医療機関として存在するのは、県設立の地域診療所と救急病院に限られ、この医療行政の費用には住民が納める県税の大半が充当される。

また、居住政策の成果でもある在宅高齢者の増加によって、介護の中心である在宅サービスの重要性が相対的に拡大し、この介護は社会サービス法の規定に基づきコミューンに全面的責任が課されている。ただし、従来の介護は家事補助の程度で足りていたが、在宅高齢者の平均年齢上昇で看護型への転換を迫られているのと、職員の医療や看護の知識不足が表面化している。

4.スウェーデン方式が示唆するもの

スウェーデンの福祉・社会保障を外国から見た場合、一般的に順調と見なされがちであるが、問題のすべてが消滅したわけではない。長年にわたって国は完全雇用を最大の政策課題としてきたものの、1990年代に入ると襲ってきた経済不況が解雇を続出させ、失業率はたちまち1930年以来初めて経験する2桁水準に近づき、最悪の労働市場事情となった。これは、産業構造の改革も一因で、技能面で遅れをとって職を失うケースが重なったものであり、その後に景気は回復したものの、約4％の失業率をいまだに抱えたままだが、圧倒的多数を新規の職業訓練や再教育には不向きな中年以上で占めており、早急に減少する見込みはないとされる。一方、企業はどこも人材不足に悩んでいるが、求人は先端技術関係の専門職や技術職なので、このとおり需要と供給のミスマッチを示す労働力問題は、結局、教育問題と共通であることを物語る。

そのほかに課題として表面化しつつあるのは高齢人口の動向で、予測によれば、65歳以上人口の増え方は比較的緩やかだが、80歳以上の後期高齢層のほうは加速的に多くなって、密度の高い介護等を要求してくるだけに、行政側は事態の深刻化を待たずに対策に着手している。

スウェーデンにおける社会政策は福祉から発達した後に形成されたものであるが、国民すべてが包括されているだけに、みんなによって受容されるだけの水準や内容が欠かせず、したがって、対策は一般的なもので、決して特殊なものではない。しかも、長期計画や展望の下に絶えず先行投資をする政策であることが要件である。年金制度ひとつを取り上げても、加入だけに40年間、さらに受給期間を加えると半世紀をはるかに超える長年月の間、安定と保障を約束できる政策と政治であることが重要な前提条件である。すなわち、そこにつねに一貫した社会論理をみることができよう。

● アジア・太平洋地域における社会権規約の履行

The Status and Problem of Social Rights in Republic of Korea

韓国における
社会権の位相と課題

金 東勲 ●Kim Dong Hoon

1. 韓国の民主化・人権闘争と社会権

　1945年8月15日、連合国に対する日本帝国の無条件降伏によるアジア・太平洋戦争の終結は、朝鮮半島に対する日本の植民地支配をも終焉させることになる。その結果、1910年から35年間も続いた日本の植民地統治から朝鮮半島の人々は解放され、自国の独立を回復し国家再生への喜びと期待に満ちあふれた。ところが、日本軍の降伏手続のために北緯38度線に設けられた暫定的な南北分離線は、朝鮮半島を国連の信託統治地域とする提案に対する賛成・反対の意見対立と統一方式を話し合うために設けられた「米ソ共同委員会」の決裂により、統一問題は国連の審議と決定に委ねられた[1]。そして、国連監視の下に南北統一選挙を実施するとする国連総会の決議を北朝鮮とソビエトが拒否したために、朝鮮半島の南部すなわち韓国だけが国連監視の下で国会議員選挙が1948年5月10日に実施され、憲法の制定と大統領の選出がこの国会で行われて、同年8月15日に「大韓民国」が成立した。こうした南部だけの選挙と政府樹立に対抗して、北部においても同年9月に「朝鮮民主主義人民共和国」が成立することになり、統一国家の成立を願う人々の期待に反して、南北に分断し対立する2つの政府が成立した[2]。そして、1947年の「トルマン宣言」に端を発して、半世紀にわたって国際社会を支配した、いわゆる冷戦の論理すなわち米ソ対立を主軸とする大国間のパワーゲームに巻き込まれて朝鮮半島の南北政府も対立と争いを繰り返してきた。とくに、1950年6月から1953年7月までの3カ年にわたって朝鮮半島を2度も縦断した南北間の戦乱は、民族内部の争いにとどまらず、米軍主導の「国連軍」と中国軍の介入により国際戦争へと拡大し、東北アジアの冷戦体制を確立させてしまう。

---

1) 米ソ共同委員会と信託統治をめぐる対立については、張君三『南北分断の真相1945〜48—その歴史的検証』(海潮社、1991年) 195〜251頁参照。
2) 前掲書293〜319頁。

49

このように、植民地支配から解放された朝鮮半島とその人々は、その意思と願望に反して南北に分断された国家の成立とその対立、そして民族同士の殺し合いまでも余儀なくされた。その結果、冷戦構造に組み込まれた朝鮮半島は、政治的民主主義と人権尊重の確立を阻害され、国際政治における勢力の拡大・維持を最優先の利益とする米ソ両大国によって支えられた権威主義的独裁と軍事独裁の出現と維持をも可能にした。つまり、日本軍国主義の支配に抵抗し民族の解放と独立のために身命を賭して闘った独立運動の指導者が、南と北の政治権力を掌握し、人々の尊敬と信頼によって形成された高いカリスマ性を保持した。ところが、他の発展途上国の多くに見られるように、独立闘争の過程でカリスマ性を保持するようになった指導者が、独立後の国家権力を掌握し独裁者に変身するという不幸な経験をすることになる。とくに韓国の初代大統領になった李承晩（イ・スンマン）は、南北の対立と戦争に基因する困難と北朝鮮による赤化統一の防止という冷戦の論理に基づく米国の支持を利用して、独裁体制と権力の座を維持するために、民主主義と人権の確立を否定する数々の手段と方法を悪用した。そして、他の独裁者の歴史が教えるように、不正選挙に対する抗議に端を発した高等学校と大学の学生を中心とする反政府運動が、李承晩独裁政権を倒壊させる革命に発展し、1960年4月19日、李承晩は政権の座を追われ米国への亡命を余儀なくされた[3]。

こうした学生を中心とする若者の闘いによって結実した民主革命による政治的民主主義の発展に対する期待が国民の間に高まり、さまざまな変革が試みられたものの、大小さまざまな政治勢力の台頭と対立が社会的混乱を惹起させた。その結果、独裁政権の倒壊が政治的民主主義の発展には直結せず、1年後の1961年5月16日には、朴正煕（パク・チョンヒ）少将が率いる陸軍将校たちが起こしたクーデターにより、民主主義の芽は再び摘み取られた。つまり、政治腐敗の一掃と自主経済の完成そして民生苦の解決、さらに反共体制の整備などを主な対国民公約に掲げた軍事政権は、民主化＝反政府運動を北朝鮮を利する共産主義者の運動と烙印し厳しく弾圧する一方、経済的高度成長と農村の改革を主要内容とする近代化を強力に推し進めた[4]。つまり、上記の「4・19学生革命」が勝ち取ったかに見えた政治的民主主義と人権は、軍事政権の誕生により再び奪い取られ、その後の人権運動は政治的民主主義と自由権の確立を内容とし、かつ目標とすることになる。いいかえると、約半世紀にわたる韓国の民主化・人権運動は、言論、表現そして集会の自由の保障など政治的民主主義の確立を優先課題とし、植民地時代から大多数の民衆とりわけ農村の人々を苦しめた貧困からの自由を課題にすることはなかった。韓国の農村は、植民地支

---

3) 李承晩独裁体制と民主化闘争については、池明観『韓国民主化への道』（岩波新書、1995年）17〜45頁参照。
4) 軍事政権登場の背景と政策については、前掲書48〜76頁参照。

配の下ではいうに及ばず、解放後も、貧困と飢餓に襲われ続け、「春窮期」すなわち5月から6月にかけて、麦の収穫まで喰いつなぐことができず、飢餓寸前に追い込まれる状況が繰り返された。こうした農村もしくは貧民層の状況はまさに、社会権規約が保障する人権の享有に関する問題であり、今日の国際社会が取り組んでいる貧困問題、そしてベイシック・ニーズ（basic needs）確保の問題である。ところが政争に明け暮れる既存の政治集団だけでなく、政治的自由と民主主義のために命を賭して闘う進歩的もしくは革命的勢力によっても、大多数の農民と都市の貧民層を飢餓からの解放を闘争の直接目標とすることはなかった。

いいかえると、貧困と飢餓の脅威から人々を解放したのは、カリスマ的独裁と軍事独裁と闘った民主化・人権の運動ではなく、農村の改革と経済的高度成長による工業化を権力主導で強力に進めた朴正熙軍事政権であったことは皮肉的であった。しかし、初期の韓国軍指導部は、他の発展途上国にも見られたように、貧農出身の若者が多く、伝統的な支配層とりわけ政治家に対する不信感が強いために、慢性的な飢餓状況から農村を解放する作業を自己の使命と認識し、クーデターによる権力掌握と社会改革に取り組んだのは当然の帰結であったともいえる。このことは、軍事政権が掲げた「政治腐敗」、「自主経済の完成」そして「民生苦の解決」が象徴的に物語ってくれる。そして、「セマウル運動」（新しい村起こし運動）と銘打った農村改革は、土地区画整理と家屋改造を含む果敢な変革による貧困からの解放をめざすものであった。そして、高速道路の建設と鉄工所に象徴される社会インフラの整備を、日韓国交正常化、ベトナム派兵そして中東アラブ諸国への労働力輸出など、さまざまな国内外の批判を排し、強引ともいえる外貨獲得の政策によって推し進めた。その結果、1980年代には、「ハンガンの奇跡」ともいわれるまでの急速な高度成長を達成し、シンガポール、台湾、ホンコンと並んでアジアの新興工業国5) (NIES) として注目された。

こうした経済的高度成長と農村の改革は、農村の近代化と生活水準の向上による貧困問題の完全な解決により、「春窮期」は今日では過去の言葉となった。そして都市の貧民層も、工業化と輸出産業の急成長に伴う雇用の増大により、所得の急増と生活環境の改善を享有できるようになり、衣食住を内容とするベイシック・ニーズの充足により、社会権規約11条が締約国に求めている「生活水準に対する権利」は保障可能になったといえる。もっとも、このような高度成長の過程には、民主化と人権保障を求める運動に参加する人々に、国家保安法を厳しく適用して弾圧し、1987年5月の「光州民衆蜂起」の際には、陸軍の特殊部隊を導入し数多くの市民を惨殺して、その非人道・残虐性が国内外からの非難を浴びることにもなり、恥辱的な民族史の一ページをも記すことになっ

---

5) この問題については、金東勲「韓国の社会発展と人権・民主化活動」『アジア・太平洋人権レビュー1998』72～89頁参照。

た6)。

　以上かいつまんで触れた韓国の場合は、社会的基本権とりわけ衣食住というベイシック・ニーズの充足もしくは確保と政治的自由を内容とする自由権的基本権の保障とが同時進行的に進められたが、政治的自由は市民運動により獲得し、ベイシック・ニーズを含む社会権は政府主導により進められた高度経済成長政策によってある程度達成できた。この韓国の経験は、他の発展途上国の状況を考える場合にひとつの指標になるとも思われる。

2.社会権に関連する国内法制と議論

　国際人権規約A規約すなわち社会権規約が締約国にその保障を義務づけている諸権利のなかで、教育に対する権利は、初等教育に関するかぎり比較的早い時期から保障されたといえるが、労働者の基本権、社会保険と社会保障そして生活水準と健康に対する権利については、軍事政権の終息と文民政府もしくは民主的政権が発足する1980年代の後半になってから行政府と立法府の関心が向けられ具体的作業が始まる。つまり、政府主導の経済改革と高度成長が始まる1960年代の後半は、労働者の基本権保障よりも労働力の安定的供給を確保するために必要な施策がとられるなかで、労働基準法（1961年）、労働組合法（1963年）そして労働争議調整法（1963年）など、労働者の権利に関わる立法措置がとられた。しかし、ストライキを含む労働者の基本権は、「高度成長」と「勝共」の論理によって制約され続け、文民政府と民主化への発展が軌道に乗る90年代に入ってからも、組合結成と労働争議の権利を否定される労働者が多いことは、後に見る社会権規約の実施報告の審議過程においても明らかになっている7)。さらに、社会権規約9条が保障する社会保険と社会保障に対する権利は、職場別医療保険（1997年）、公務員および私立学校教職員医療保険（1979年）が導入され、1997年12月には、既存の医療保険と地域医療保険を統合した「国民医療保険法」が成立し、98年10月1日より実施されることになった。他方、国民年金制度は、公務員年金（1960年）、軍人年金（1963年）そして私立学校教職員年金（1973年）が導入・実施され、1986年には国民年金法が制定され、10人以上の従業員を雇用する職場から5人以上の職場へと拡大された。そして、99年4月1日からすべての国民を対象とする国民皆年金制度へと発展した8)。

　次に、社会権規約が締約国に保障を求めている、家族・母性および子どもの保護（10条）、生活水準に対する権利（11条）および健康を享受する権利（12条）に関連する立法と施策も漸次とられてきた。まず、家族と母性の保護に関連

---

6) 光州事件の前後期における動向については、池明観・前掲書110〜138頁参照。
7) 韓国の労働関係法の諸問題については、労使関係改革委員会編『労働関係法・制度改善議論現況』（ハングル版、1996年）が詳しい。
8) 韓国の福祉制度に関する問題は、小林孝行『変ぼうする現代韓国社会』（世界思想社、2000年）所収の沖田佳代子「転換期における社会福祉の動向」66〜86頁参照。

する施策は、低所得の母子または父子の家庭に対しては、子どもの養育費と教育費などの支援が行われ、家庭暴力に関しては、「家庭暴力犯罪の処罰等に関する特例法」（1998年7月1日施行）により、家庭暴力の防止と被害者の救済が制度化された。さらに、生活水準に対する権利を確保するための施策は、扶養義務者がいないか、もしくは義務者がいても扶養能力を有しない者で、65歳以上の老齢者、18歳未満の児童、妊産婦、疾病または障害により勤労能力を有しない者などに対する生計、医療、教育と自立などを内容とする保護が、生活保護法および同施行令（1982年12月）に基づいて行われるようになった。また、1997年に始まる経済破綻とIMFの介入に伴う企業のリストラによって大量に発生した失業者の多数が、自己の家庭に帰れない困境に陥り、いわゆるホームレスの人々が、ソウルを中心とする大都会に溢れた。これらの人々に対しては、宿所と食事の提供そして職業訓練と再雇用を進め、自活のために必要な最小限の収入確保のために公共事業を展開した[9]。

さて、以上概観したように、韓国における社会権的基本権の保障は、自由権の制約もしくは抑圧という消極的側面と農村改革と経済的高度成長という積極的側面をあわせもった社会発展の過程で、軍事政権から文民政権への移譲と政治的民主主義そして自由権的基本権の確保が、労働者の基本権と社会保障そして生活水準と健康に対する権利などの社会権の基本権も漸進的ではあるが保障可能にしたといえる。しかし、社会保険と社会保障そして家族と生活水準そして健康に対する権利は、伝統的な資本主義もしくは自由主義の政治・経済体制の下において発展した社会福祉と社会保障の論理を転換させ、国家からの施しから国家に対する権利とする認識が、政府と市民のいずれの側にもまだ希薄であることは否めないようである。つまり、すでに触れたように、カリスマ的独裁と軍事独裁による政治的民主主義の否定と自由権の侵害に対峙して展開された韓国の民主化・人権確立運動が貧困からの自由よりも権力からの自由を最優先課題にせざるをえなかったことが一因として指摘できる。しかし、経済的社会権および文化的権利を内容とする社会権の歴史的そして今日的発展が教えるように、政治的民主主義の確立だけでなく、経済的発展と経済的民主主義の発展が社会権の実現を可能にするという、より根本的な原因があると理解すべきかもしれない。いいかえると、韓国における社会権の権利意識が希薄であったことは、韓国特有の民主化・人権の歴史というより、社会権の具体的保障が、一方における市場経済と個人の経済的自由の尊重と、他方における国家権力の立法的財政的介入といういわば二律背反の論理に支えられているという普遍的な理由に基因すると考えるべきかもしれない。このことは、人権の普遍

---

9) 韓国の社会保障と社会福祉の現況については、韓国政府の保険福祉部が発行した『保健福祉白書1999』（ハングル版）が詳しい。

性そして自由権と社会権が相互に不可分の関係にあることを強調し確認しながら、社会権と自由権を別個の国際規約によって保障し、締約国の実施義務についても、社会権規約が「この規約の各締約国は、立法措置その他のすべての適当な方法によりこの規約において認められる権利の完全な実現を漸進的に達成するため……行動をとることを約束する」と定め、原則的に即時的実施義務を課している自由権規約とは異なる義務を課さなければならなかったことからも理解できる10)。

なお、韓国の憲法は、いく度かの改正を繰り返し、軍事政権の終焉と民主化への発展に踏み出した1980年代の後半に改正された現在の憲法が、法の適正手続、生命・身体の自由そして精神的自由に対する権利と並んで生存権を含む社会権をも保障している。つまり、働く権利と労働者の基本権(32条、33条)と教育を受ける権利(31条)と共に、生存権についての詳細な規定を設けて保障している。それらはまず、34条において「すべての国民は人間に値する生活を営む権利を有する」(同条1項)とし、続いて「国家は社会保障・社会福祉の増進に努力する」(同条2項)と謳って国家の義務を明らかにしている。さらに同規定は、児童の福祉と権益の向上、老人と青少年の福祉向上および身障者ならびに疾病と老齢などにより生活能力を有しない者の保護について国家の責務を定めるにとどまらず、「国家は災害を予防しその危険から国民を保護するために努力しなければならない(同条6項)ことまで明文規定で謳っている。また、同憲法35条は、「すべて国民は、健康で快適な環境で生活する権利を有し、国家と国民は環境保全のために努力しなければならない」(同条1項)とし、国家は、住宅開発政策などによって快適な住居生活ができるよう努力しなければならない(同条3項)と定め、健康に対する権利と並んで環境権も生存権として保障している。もっとも、人間に値する生活を営む権利すなわち生存権について比較的に詳細で具体的な内容の規定になっているが、こうした権利に対応する国家の保障義務は努力する義務にとどまっている。そのために、憲法が保障する権利の法的性質と国家の保障義務をめぐる問題が、憲法裁判所において争われてきている。こうした問題に対する憲法裁判所の判断を概観してみることにしたい11)。

まず、「人間に値する生活を営む権利」の性質について憲法裁判所は、「人間に値する生活を営む権利に基づいて、人間の尊厳にふさわしい生活に必要な最小限の物質的生活の維持に必要な給付を要求できる具体的権利が、状況によっては直接導き出せるともいえるが、同基本権が直接それ以上の給付を内容とする具体的権利を発生させるものではないといえる。こうした具

---

10) 自由権と社会権の関係および社会権の法的性質については、本レビュー所収の論説に委ねる。
11) 韓国の憲法裁判所については、法律時報1991年6月号が特集を組んでいる。とくに、趙柄倫教授の「韓国の憲法裁判の意義と構造」は、現存の憲法裁判所が設立されるまでの憲法の適用に関連する歴史的過程を紹介したものできわめて有用である。

体的権利は、国家が財政事情などさまざまな状況を総合的に勘案し法律によって具体化するときにはじめて認められる法的権利であるといえる」（1995年7月21日）と判断し、その後も同じ立場を堅持しているようである12)。次に、同権利の法的効力に関する憲法裁判所の判断を主要な内容に限定して紹介することにする。1997年5月29日付の判決の中で憲法裁判所は、人間に値する生活の権利を定める憲法規定は「すべての国家機関を羈束するが、その羈束の意味は積極的・形成的活動を行う立法府もしくは行政府の場合は、憲法裁判による司法的統制機能を有する憲法裁判所と同一のものではない。上述の憲法規定が立法府または行政府に対しては、国民所得、国家の財政能力と政策などを考慮し可能な範囲内において最大限に、すべての国民が物質的に最低生活を超えて人間の尊厳に相応する健康で文化的生活を享有できるようにしなければならないという行為指針すなわち行為規範として作用するが、憲法裁判においては他の国家機関すなわち立法府または行政府が国民が人間に値する生活を営むことを可能にするために、客観的に必要な最少限の措置をとる義務を遂行しているかどうかを基準に国家機関の行為の合憲性を審査しなければならないという統制規範として作用するのである」（傍点は筆者）との判断を示した後、国家による生活保護の限度と関連して同判決は、「人間に値する生活とはそれ自体抽象的かつ相対的概念であり、当該国家の文化の発達、歴史的社会的経済的条件によってある程度は異なるばかりでなく、国家がこれを保障するための生計保護水準を具体的に決定するときには、国民全体の所得水準、国家の財政規模と改革、国民各層の相互に衝突する理解関係など複雑で多様な要素を同時に考慮しなければならない。したがって、生計保護の具体的水準を決定することは、立法府もしくは立法により再度委任される行政府など関係機関の広範囲な裁量に委ねられているとみなければならない」と判示して、憲法34条が国家機関に課している義務の性質に関する憲法裁判所の見解を明らかにしている13)。「人間に値する生活を営む権利」つまり生存権の法的性質に関する憲法裁判所の決定すなわち司法的判断は、日本国憲法25条が保障する「健康で文化的な生活を営む権利」をめぐる日本の司法的判断と類似するものと理解できる。ただ、吟味した判例の中で憲法裁判所が、「人間に値する生活」を保障するためにとった国家機関の行為の合憲性審査の依拠すべき基準として「客観的に必要な最小限の措置をとる義務を遂行しているかどうか」であることを明示していることは注目に値することといえる。

最後に、「人間に値する生活を営む権利」の具体的保障は国家機関の努力と自由裁量に委ねられるとする消極的認識は、司法的判断に限らず、人権問

---

12) 韓国憲法裁判所の判例については、イキョンチャンほか編『憲法判例精選――主題別』（ハングル版、考試情報新聞社、1999年）が参考になる。
13) 前掲書170～172頁参照。

題に関わるNGOと実務家そして学者の間においてもたれたようである。つまり、人権問題に携わるNGOと実務家そして学者たちが、「人間に値する生活」を含む生存権の権利性を積極的に捉え始めるのは、次章で吟味する社会権規約の批准と実施に関連する作業がその契機となったようである。金大中（キム・デジュン）政権の誕生により人権をめぐる論議と活動がさらに活発化する潮流と韓国政府の社会権規約実施報告に対するNGOのカウンターレポートの作成と関連して、社会権とりわけ「人間に値する生活」を営む権利の検証作業が行われた。そして、こうした作業に拍車をかけたのは、1997年に始まる経済破綻とIMF介入に伴う大量の失業者、ホームレスの人々など、「人間に値する生活」を奪われた人々が日毎に急増する現実であった。これらの検証作業と議論を詳細に吟味する余裕はないが、たとえば、韓国人権NGO「サランバン」の社会権委員会が1999年12月に『人間らしく生きる権利——IMF以後の社会権実態報告書』と題して発行した書物が、韓国における社会権の理論的状況の一端を教えてくれる考え——をここに紹介しておきたい(14)。この書物は、16名の若い研究者と実務者の協同作業からなるが、貧困からの自由、人間らしい生活、社会的弱者の権利など、生存権を中心とする社会権を韓国社会の現状に照らして検証している。なかでも注目されることは、

「この報告書は、われわれの現実から出発しようとした。実際の運動を切り開いていかなければならない韓国の現実に対する分析の中に、社会権論議を展開するものを見出すことが困難であったためである」と、韓国の人権議論の中に社会権の占める比重が低いことを明らかにしている。そしてさらに、韓国の「人権運動は、今日まで目によく見える国家の暴力には憤りを表したが、よく見えない市場の暴力に対して鈍感であるごとき傾向を示した。人間の真の自由は、ただ単に国家の干渉からの自由だけでは充足されない」として、過去の人権運動が自由権に偏重してきたことの反省と、社会権の確保が真の自由権確立に不可欠であるとの基本認識を明らかにしている(15)。

3.社会権規約の受容と実施にみる社会権実現の課題

　韓国政府は、政治的自由と人権保障と直接的関連を有しないジェノサイド条約（1950年）、人身売買禁止条約（1962年）、無国籍者地位条約（1962年）および人種差別撤廃条約（1978年）と女性差別撤廃条約（1984年）は比較的早い時期に批准または加入の手続をとり締約国となる。しかし、人権と基本的自由の保障について締約国家に法的義務を課している国際人権規約を国内社会に受容し実施するようになるのは、やはり

---

14) 本書は、5部構成であり、「忘れられた約束、社会権を求めて」（第1部）、「窮乏からの自由」（第2部）、「人間らしい生活、どこから」（第3部）、「社会的弱者たちの権利」（第4部）、「新しい人権の地平を開いて」（第5部）となっており、終章の「人権運動の課題」では、社会権規約が保障する権利の実現を求める運動の重要性を訴えている。
15) 前掲書21頁と31頁参照。

民主化と人権の確立に向けた国内的変化が具体的に見え始める1990年代に入ってからである。つまり、韓国政府は、1990年4月に国際人権規約A・B両規約およびB規約の選択議定書に加入し締約国となる。その間、B規約については2回の実施報告を提出し自由権規約委員会によって審査され、規約の規定に照らした問題点の指摘と是正を求める勧告が行われ、選択議定書に基づく個人通報が受理され是正措置が勧告された16)。そしてA規約すなわち社会権規約の実施については、1994年1月に第1回の報告書が提出され同年5月社会権規約委員会において審査された。本稿では、この報告書の内容と規約委員会の審査と見解および勧告に依拠しつつ、その後の実施状況とりわけ1997年に始まった経済危機によって惹起した問題と課題についても触れてみることにする17)。

韓国政府が提出した第1回目の社会権規約実施報告は133頁にものぼるもので、その内容の詳細について触れる紙幅の余裕もまた必要もないので主要な事項とりわけ社会権規約10条、11条および12条に絞って紹介し、規約委員会によって指摘された問題点に関するその後の履行状況をあわせて紹介することにする。まず、一般的コメントにおいては人口の動態について触れ、1990年時点における人口総数は4,352万であり、人口増加率は0.93％と低く、都市集中が進み、1962年には57％であった地方の人口が1990年には18％にまで減少しているとしている。過去30年間の急速かつ持続的経済成長により経済構造が激変し、農林漁業が34.88％から9.1％に、製造業が20.5％から29.6％に、そしてサービス業が44.7％から61.3％へと、1966年から1990年までの間にそれぞれGNPに占める率が変わってきたとしている。そして1962年には23億ドルのGNPが1991年には2800億ドルへと増加したとしている。

次に、社会権規約7条が定める労働条件に関連しては、最低賃金法と労働基準法によって保障されているが、企業間の賃金格差が、労働組合の力関係も手伝って、ますます拡大しており、労働基準法も従業員の数が10人以下の零細企業には適用されないと報告している。そして8条が保障する労働三権との関連では、郵便配達など肉体労働に従事する労働者を除いて、すべての公務員および教員は労働組合の結成が禁止されており、同一企業内における複数の組合結成も禁止されるとしている。また、争議行為についても、防衛産業に働く労働者はストライキが禁止され、第三者の介入も禁止されていると報告している。なお、組合結成の制限を含む労働法の再検証のために「労働法調査委員会」が設置されたこと、そして1991年に

---

16) 自由権規約の実施に関する韓国政府の報告とこれに対するNGOのカウンターレポートについては、CCPR/C/68/add.1 Sept, 1991（第1回報告）およびCCPR/C/114/add.1 August, 1998（第2回報告）、そして、民弁連・キリスト協議会共編『韓国人権の実相』（ハングル版、歴史批評社、1992年）およびHuman Rights in South Korea, lawyers for a Democratic Society, 1999。
17) 社会権規約の実施に関する韓国政府報告書は、ECOSOC, E/1990/5/Add.19 (Initial reports submitted by Republic of Korea)参照。

は国際労働機関の加盟国となり、労働法のさらなる改正を推進することになるだろうことを報告している。

社会権規約10条が保障する社会保険と社会保障については、本稿の第1章で既存の法制度についてすでに触れているので、10条の関連事項として報告している生活保護および労働災害補償について簡単に触れておきたい。まず、生活保護は1961年の生活保護法に基づき、月収8万ウォンから12万ウォン以下の家庭には食糧と子どもの就学費そして医療費などが支給され、1992年の支給対象者は217万6000人であると報告している。そして労働災害補償については、1963年の労働補償保険法に基づき、従業員5人以上の企業すべての労働者に補償保険が適用され、1991年末で792万3000人の労働者が適用対象となっている。

次に、10条が定める家庭および母子の保護に関連して報告は、老齢者と女性そして障害者の保護について触れ、老齢者については老齢福祉法に基づいて、同居者の納税義務減免、介護費の支給と健康施設利用の補償などの措置が施行されており、女性とくに母性保護に関連しては、1989年の母子福祉法に基づき、夫の死後や離婚または遺棄などにより母によって支えられている家庭に、最低限の生活費と教育費が支給され、職業訓練と自立に必要な資金の貸与が施されている。さらに、障害者の自立と社会参加のために、95万6000人にのぼる人々に、リハビリ施設の利用を提供し、障害者に対する偏見の撤廃に必要な施策がとられてきた。関連する立法措置としては、障害者福祉法（1989年）、障害者雇用促進法（1990年）が制定された。また、児童福祉法（1981年）および乳幼児保育法（1991年）の制定・施行により、家計を支えている児童の保護と支援、そして6歳以下の子どもたちが、養護義務者の病気、その他の理由により養護を受けることのできないときは、養育サービスの提供を受けることになっているとする。

次に、生活水準に対する権利を保障する社会権規約11条との関連では、すでに触れた生活保護法に基づいて公的扶助を受けている保護対象者が1988年の231万人から1992年には217万6000人に減少しているとし、住居に対する権利との関連では、野宿者すなわちホームレスの人々の問題について、その正確な数の把握は困難であるが、1991年末までに8万2000人のホームレスに社会保護施設により宿泊の便が提供されたと報告している。また、都市の住宅事情を改善するためにさまざまな立法と行政措置がとられてきたことを詳細に報告している。

さて以上、韓国政府が社会権規約委員会に提出した実施報告を、社会権規約の国内実施に関連する立法措置の中ですでに触れた部分と規約13条が定める教育と文化に対する権利に関連する部分を割愛し、いくつかの主要なポイントに絞って紹介した。この韓国政府報告を審査した社会権規約委員会は、審査後に、一般的評価と懸念事項および提言と勧告を行っている。そのいくつかを

上に触れた報告の内容と関連して言及しておくことにする。

まず懸念事項は、①労働組合の結成と争議行為の制限は規約と抵触すること、②ホームレスの人々の強制立退きに関する報告が不備であること、③貧困者、ホームレスおよび障害者など社会的脆弱者に対する権利の保障が不十分であるとの指摘である。そして次に、提言と勧告は、①労働関連法と規則を改正し、教員と公務員そして防衛産業労働者などが組合を結成し争議行為に訴える権利を認めること、②従業員数が10人以下の小企業にも労働基準法を適用し、企業現場の安全と最低賃金に関する法律を適用すること、③外国人労働者の権利保護と差別撤廃に取り組むこと、④立退きにあたっては、適切な代替住居を提供し、当委員会の一般的意見4に従って住居に対する権利を保障すること、⑤社会福祉制度を外国人労働者、貧困層および障害者に拡大し強化すること、などの点を指摘しその改善と是正を求めている[18]。

4.おわりに
──第1回報告書審査後の実施状況

以上、韓国による社会権規約の国内的受容と実施を、国内の立法・行政措置および社会権の法的性質に関する議論と憲法裁判所の判断を通してかいつまんで吟味した。そして、提出と審査から5年に近い時間が経過しているため現状とは多少の齟齬が認められるが、規約実施報告を通して、社会権規約が保障する権利の実現努力の実状と問題点を国際社会の諸国と人々に明らかにし、社会権規約委員会の審査を経て是正改善すべき点と課題が明示されたことは、個別の権利保障はいうに及ばず、国際人権条約の存在理由と意義が国内的に再確認できたように思われる。

そして次に、韓国政府の実施報告後に生起した経済的政治的変化に伴い、社会権規約の国内実施の阻害要因と並んでいくつかの是正措置もとられた。つまり、人権と民主主義の確立のために命を賭して闘い、いく度かの死線を乗り越えて大統領に当選した金大中政権の誕生は、社会権規約を含めた国際人権条約の国内実施促進に明るい展望を開いたことは周知のとおりである。また他方においては、1997年に惹起した経済破綻とIMF介入による急激な構造改革により、社会権規約が実現をめざす権利保障を後退させ悪化させたことも事実である。こうした社会権規約の国内実施に関連する積極的側面と否定的側面についてより具体的に触れるならば、まず、金大中政権誕生後、先の規約委員会によって是正を求められた事項の中で、労働者の権利に関連する具体的改善が見られる。つまり、複数の組合、教職員の組合結成そして第三者の介入などが認められるようになった。また、労働基準法の適用除外の対象となる企業を従

---

18) 第三者介入の禁止は、自由権規約の選択議定書に基づく個人通報に基づき、自由権規約委員会が第三者介入禁止は自由権規約19条2項に違反すとの見解を採択し、この通報を契機に法改正が行われた。Cf.CCPR/C/54/D/518(Communicatin No.518/1992).

員数10人から5人以下として適用範囲を広げた。

　他方、社会権規約の国内実施を阻害する否定的側面は、企業の倒産と構造改革により職を失った労働者が急増し、その多くが路頭に迷いいわゆるホームレスになってしまったこと、家庭の崩壊、子どもの生活と教育に対する権利の否定など枚挙にいとまがない。さらに、社会保障制度の根幹である国民皆年金制度が1999年4月から発足したものの、その進捗度合は必ずしも順調ではないようである。また、規約委員会が懸念を表明し是正を求めた外国人労働者の人権と差別撤廃の確保もいまだに目に見えるような進展はない。

　このように、第1回の実施報告の提出・審査後に、一方における政治的民主主義の発展と他方における経済的破綻と危機の到来という政治的変化は、社会権規約の国内実施を容易にしたというより、とりわけ住居と食糧などいわゆるベーシック・ニーズの確保をむしろ困難にするなど否定的要因を噴出させた。その間、経済危機の脱出による改善が見られたことも事実であり、第2回の実施報告により、その実態が明らかになるものと期待される。

●アジア・太平洋地域における社会権規約の履行

Implementation of International Covenant on Economic, Social and Cultural Rights in New Zealand

ニュージーランドにおける社会権規約の履行
11条および12条を中心に

中井伊都子●Nakai Itsuko

1.はじめに

　英国法の伝統を引き継ぐニュージーランドでは、条約の国内的効力は認められておらず、条約が国内的に法的効力をもつためには、その規定が既存の法律の中にすでに反映されているか、あるいは新たな立法が制定されなければならない。

　したがって国際人権文書[1]が保障する権利を裁判所で援用するためには、一般にそれらが国内法に変型されていなければならない。しかし実際には、裁判所が国内法の解釈との関連で国際的義務が重要な役割をもつことを指摘する事例がいくつか見受けられる。

　本稿ではまず、ニュージーランドの人権保障に関する国内法体制を概観し、次に裁判所において、国内法化されていない国際人権規範がどのように扱われているかを検討する。そしてそれらの検討に基づいて、ニュージーランドにおける経済的、社会的および文化的権利に関する国際規約（以下、社会権規約と呼ぶ）の実施の現状と問題点を明らかにしてみたい。

2.人権保障に関する国内法体制

　単一の憲法典をもたない[2]ニュージーランドでは、1970年代から権利章典（Bill of Rights）を制定しようとする動きが見られた。しかし他の制定法に優位する地

---

[1] ニュージーランドが批准もしくは加入している国際人権条約は以下のとおり。（ ）内はその条約がニュージーランドに関して効力を発生した年月日。拷問及びその他の残虐な、非人道的な若しくは品位を傷つける取扱い又は刑罰を禁止する条約（1990.1.9）、女子に対するあらゆる形態の差別の撤廃に関する条約（1985.2.9）、子どもの権利条約（1993.5.06）、あらゆる形態の人種差別撤廃に関する国際条約（1972.12.22）、市民的及び政治的権利に関する国際規約（1979.3.28）、経済的、社会的及び文化的権利に関する国際規約（1979.3.28）、市民的及び政治的権利に関する国際規約の選択議定書（1989.8.26）、死刑の廃止をめざす、市民的及び政治的権利に関する国際規約の第2選択議定書（1990.2.22）。
[2] ニュージーランドの基本文書は、英国による植民地支配の始まりとなった1840年のワイタンギ条約と、議会による多数の制定法および国王から総督に宛てて発行された開封勅許状からなる。ニュージーランドが英国から事実上独立したのは1920年代から30年代にかけてであるが、法的独立を達成したのは1947年である。

位をもつ「硬性（entrenched）」法の採択は、議会至高性の伝統から根強い反対に遭い、結局1990年に通常の制定法として、権利章典法が制定された。裁判所にこの章典に基づいて法律を無効にする権限を与える条項は削除され、その過程で侵害に対する救済を受ける権利を定めた条項も削除されて[3]、この法律は解釈的な意義をもつにとどまることになった。この法律の正式名称は「ニュージーランドにおいて人権と基本的自由を確認し、保護しかつ促進し、また市民的および政治的権利に関する国際規約に対するニュージーランドの遵守を確認するための法律」であって、市民的および政治的権利に関する国際規約（以下、自由権規約と呼ぶ）の国内法化である旨を明らかにしている。

一方1993年に制定された人権法は、正式には「1971年の人種関連法と1977年の人権委員会法を整理統合して修正し、国連人権諸規約および諸条約に一般的に従って、ニュージーランドにおけるよりよい人権保障を提供するための法律」であり、自由権規約のみならずその他の国連諸条約の部分的な国内法化を図っている。この法律の特徴はまず、1977年の人権委員会法に障害、年齢、政治的意見、雇用上の地位、家族の地位および性的指向性が、禁止される差別の根拠として追加されたこと[4]である。さらに1990年の人権章典法の適用範囲は政府機関および法律によって公的な機能や権限等を与えられた人や機関の行為に限られるのに比べ、1993年法は公法分野のみならず雇用などの私法関係にも適用されることになった。人権委員会の任務は非常に詳細に規定され[5]、すべての国内法および規則と政府の政策および行政慣行の見直しが求められた[6]。

自由権規約委員会は1995年にニュージーランドの第3回政府報告書を審査した結果、これらの人権法の制定やその他の国際人権条約の国内法化[7]を評価しながらも、1990年人権章典法が遡求効をもたないこと、通常の法と同じ地位にあるために、これと一致しない立法が妨げられていない[8]こと、自由権規約が定める救済条項や言語による差別の禁止をカバーしていないことを懸念した。1993年の人権法に関しては、新たに禁止された差別根拠の適用が2000年まで延期された（1999年の修正によりさらに2002年まで延期されることになっている）延期された点に懸念が表明されている[9]。

以上の人権保障に関する国内法を概

---

3) この経緯については、Lord Cooke of Thorndon, "Mechanisms for Entrenchment and Protection of a Bill of Rights: The New Zealand Experience", 5 *European Human Rights Law Review* (1997), p.493.
4) 1977年法では、不法な差別の根拠として、性別、既婚・未婚の別、宗教的信念、民族的信念、皮膚の色、人種的および民族的出身が挙げられていた。
5) 人権の啓発、人権教育、政府諸機関との調整、政府によると非政府によるとを問わず引き起こされた人権侵害の調査など。
6) 政府の方針転換で規模は縮小されたが、人権委員会は1998年12月31日付で*Consistency 2000*を公表し、国内法と行政のあり方についての見直しを行った。
7) 1989年死刑廃止、1993年プライバシー法など。
8) たとえば、1993年の映画、ビデオおよび出版物分類の121条にいう「いかなるいかがわしい（objectionable）出版物の所持」をも犯罪とする規定のあいまいさが指摘されている。
9) 以上、自由権規約委員会の最終見解については、CCPR/C/79/Add.47; A/50/40, paras.166-191.

観するかぎり、ニュージーランドは国際人権規範、とくに自由権に関する規定は非常に熱心に国内法に取り込もうとしているようである。しかしその一方で、国内法や行政行為をこれらの国際的な義務に一致するように監視する制度作りには消極的な姿勢を見せている。人権章典法に通常の制定法以上の地位を与えず、人権章典法と制定法の両立性を審査する裁判所の権限を否定して、救済規定も削除したこと、1993年人権法で新たに制定された不法な差別根拠の適用を先延ばしにしていることなどがその表れである。

さらに社会権に関しては、国内法でその国際的義務に言及している例はわずかに健康に関する権利との関連で見受けられるだけである。1993年人権法では、さまざまな根拠に基づく差別を禁止する場面として労働組合や居住、教育などが挙げられてはいるが、それぞれの権利そのものを保障しているわけではない。実際には、社会権を保障するさまざまな法律が各権利ごとに制定されていることは後で見るとおりであるが、自由権規定の導入にこれほど積極的なニュージーランドで、社会権規約上の義務に言及した制定法が存在しない点は、社会権規約に与えられた低い評価の証拠として問題にされてしかるべきであろう[10]。

3.裁判所における国際人権規範の役割

1977年に社会党の党首が反ユダヤ感情を煽る意図をもって出版を行った罪で起訴され、ユダヤ人が1971年の人種関連法にいう共通の「民族的出身」を構成するか否かが争われた事例で、控訴裁判所[11]はこれを肯定する根拠の1つとして、あらゆる形態の人種差別撤廃条約の解釈とその起草過程を援用した[12]。

1990年の人権章典法のように国際人権条約の国内法化であることがそのタイトルから明らかな制定法の場合、その解釈を国際的な義務と一致させるために元の条約が援用される事例が多い[13]。たとえば同性間の婚姻が1955年の婚姻法の範疇に入るか否かをめぐって争われた事例では、自由権規約の起草過程が検討すべき要素に加えられた。その結果、異なった取扱いそれ自体では差別を構成するものではないが、異なった扱いをされた個人に対する不利益や負担あるいは損害を伴う場合には、法的に差別といえる、との判断に基づいて、同性間の婚姻も婚姻法の範疇にはいるとの判決が出された[14]。

---

10) 国際人権法の観点から先住民であるマオリ族の問題を論じたのは、申惠丰「国際人権保障とマオリ族」平松紘・申惠丰・ジェラルド＝P＝マクリン著『ニュージーランド先住民マオリの人権と文化』（2000年、明石書店）第3章。
11) ニュージーランドには、最高位の控訴裁判所、3の高等裁判所、42の地方裁判所、14の高等・地方合同裁判所、2の高等裁判所資格をもつ地方裁判所（いずれの機能も果たしうる裁判所）の計71の裁判所がある。さらに英国の枢密院への上告の道もあるが、現代におけるその妥当性をめぐっては議会で議論が続いているところである。
12) James Buchanan & Co. Ltd. v. Babco Forwarding and Shipping (UK) Ltd. [1978] *Law Reports, Appeal Cases*, 141.
13) 1992年から1998年までに控訴裁判所の判決では自由権規約が110回援用された。Kenneth Keith, "Role of the Courts in New Zealand in Giving Effect to International Human Rights - with Some History", 29 *Victoria University of Wellington Law Review*, p.38.
14) Quilter v. Attony General, [1998] 1 *New Zealand Law Review (NZLR)* 523.

人権章典法が救済規定を欠いているのは前述のとおりである。したがって裁判所は、人権章典法に規定されている権利および自由の侵害に対して、救済を与える管轄権を与えられていないと解するのが一般的である。しかし実際には控訴裁判所は、不当な家宅捜査を受けた個人が、まったくの無実でいかなる刑事訴追もされていないならば、証拠排除原則は適用されないので、残された唯一の損害の賠償方法は適切な救済であると判断した。その際の論理として、選択議定書を批准して規約人権委員会に対して個人が救済を求めることを認めながら、それを国内裁判所から得ることができないのは矛盾であると述べている15)。

このように裁判所は、制定法の用語の意味を明らかにする手段の1つとして、また条約の解釈に沿って法律を解釈するために、さらには条約に国内的効力を与える法律を解釈する補助手段として、国際人権規範を援用してきている。また最近では、刑法規定の不遡及を強調するために、ニュージーランド自身は当事国ではないヨーロッパ人権条約ほか、同旨の規定をもつ地域的人権保障条約を援用した事例もある16)。社会権規約が援用された事例はごく少数であるが、1991年の雇用契約法の立法趣旨を検討するうえで、ニュージーランドが社会権規約上負っている国際的義務への言及がなされた事例がある17)。

4.社会権規約の履行

この章では、社会権規約がニュージーランド国内においてどの程度履行されているのかを、1990年に提出された第1回政府報告書と、1993年に行われたその審査に基づいて概観してみたい。もとより実体規定全般にわたって検討すべきところであるが、本稿では比較的議論の多い11条および12条に限っての検討にとどめる。以下（1）から（4）までの記述は政府報告書18)と社会権規約委員会の審議概要19)および結論的見解20)からの要約である。

(1) 総論

ニュージーランドにおける経済社会政策は、人口の特徴を考慮して立案されている。ポリネシア系移民の増加に伴う民族的多様性の増大、都市への集中傾向、高齢化などはその重要な要素である。

1984年以降、大規模な経済的および社会的改革が行われてきており、農業補助の廃止、輸入制限の緩和、関税障壁の削減など、思い切った経済の自由化が断行され、主要な公的分野にも法人化などにより効率性が導入されてきた。改革の最終的な目的は、継続的な経済成長を基礎とした、すべてのニュー

---

15) Simpson v. Attony-General, [1994] 3 *NZLR* 667.
16) The Queen v. David Tuhua Poumaka, 31 May 2000, http://www.austlii.au/nz/cases/NZCA.
17) Tranz Rail Ltd. v. Rail and Maritime Transport Union (INC) and Kelly, 15 April 1999, http://www.austlii.au/nz/cases/NZCA.
18) E/1990/5/Add.5.
19) E/C.12/1993/SR.24〜26.
20) E/C.12/1993/13.

ジーランド人の生活水準の向上である。多くの改革は、すべての個人および集団がより公平に経済的、社会的および文化的権利を享受することを確保することを目的としている。改革は多くの点で政府の介入を減少し、政策決定への各種組織（産業界、財界、労働組合など）の関与を促進させている。

(2) 11条——相当な生活水準についての権利

マオリ族の平均寿命が全体の平均寿命よりも短いことは、この集団の社会的脆弱性を示すものであるので、保健、住居、教育などの分野でマオリ族の状況を改善する政策がとられている。

(a) 適切な食糧を得る権利

元来ニュージーランドは農業立国であり、食糧に関する問題はほとんどないが、1984年の価格安定化政策の廃止以降、農産物価格が市場原理に委ねられたため、農業の効率化が進む一方で、競争が激化してきている。近年は都市において必要とする人々への最小限の食糧の確保が問題となってきたため、社会福祉制度を通じての基本的な生活水準の確保に加えて、社会福祉省を通じて食糧援助に関わる組織への財政援助も行っている（高齢者への給食サービスなど）。栄養に関する知識の普及にも努め、さらに世界食糧計画への拠出により、国際協力にも力を入れている。

(b) 適切な衣類を得る権利

関税の引き下げなど、経済政策の変更により、国内産業は80年代半ば以降外国との競争にさらされている。一方でFORUM（南太平洋島嶼国経済協力会議）諸国からの商品の自由な流入により、消費者の選択の幅は大きく広がった。

(c) 適切な居住の権利

居住権は法律上保障されてはいないが、関連法と行政計画により社会、とくに低所得者層のさまざまな居住のニーズ満たすにあたっては、国家が中心的役割を果たすべきことは認識している。人権法では入居差別の禁止が定められているが、なお雇用、子どもの有無、人種、出身、性別、未婚・既婚の別、宗教などによる差別が指摘されている。家主と賃借人との問題は、調停官（mediator）による解決が望ましく、さらに賃借特別裁判部（法務省管轄）が用意されている。また、独立の国家居住委員会が国内の住宅問題に関する調査や助言を行っている。公営住宅、持ち家のためのローン、地域単位での助け合いへの援助、とくに高齢者への住宅供給などさまざまな政策がとられている。全体の73％あまりが自宅を所有しているが、地域ベースのグループ・ハウスなどへの入居者も徐々に増加している。ホームレスや強制立退きに関しての統計は存在しない。

(3) 12条——身体および精神の健康を享受する権利

1989年のニュージーランド保健憲章は、前文でこの12条に言及しており、事実上この規定を国内法化したものである。この憲章では誰でも利用可能で、負担可能な基礎医療の全国的確立に対す

る国家の責任と、この分野での10の優先的目標を定めている。そのなかには、とくマオリ族に多い乳児の死亡率の低下、産廃問題を含む都市問題の解決（都市および国家計画法による環境保全とマオリ文化の保全および都市開発との調和）、とくにマオリ族に多い喫煙による死亡への対応、アルコール対策、AIDS対策、精神障害者への対応が含まれる。

(4) 社会権規約委員会の評価

委員会は差別の根拠を大幅に追加し、国内人権委員会の役割を強化した1993年人権法の制定を評価する一方で、自由権規約を国内法化した人権章典法が成立したにもかかわらず、経済的・社会的および文化的権利への言及がまったくなされていないことに懸念を表明している。さらに大規模な改革に伴い経済的、社会的および文化的権利の享受に悪影響が出ている分野があること、なお低いマオリ族の社会的地位にも懸念が表明された。

また委員会は、政府代表が審査に際して、栄養失調、飢餓およびホームレスに関する統計的資料は存在しないと述べたことは遺憾であるとしている。

そして社会権分野における国内人権委員会の作業の強化、マオリ族や太平洋島嶼国出身者の教育、職業訓練および雇用へのアクセスなどの面での公平さの確保、などが勧告された。

5. おわりに

以上見てきたように、ニュージーランドにおいては、自由権規約をほぼ全体として国内法化した人権章典法が、他の制定法に優位するものではないものの、議会や政府の行動に一定の規制を提供している。裁判所はそれを国際人権規範に沿ったかたちで解釈することによって、ニュージーランドの国際的な人権保障義務を担保している。

一方、社会権規約に関しては、そこに謳われているさまざまな社会権を前提とするよりはむしろ、詳細な計画法や政策方針がまずあって、それに関連する社会権を援用することによってそれらを正当化しているように思われる。

この両カテゴリーの権利に対する対応の違いの大きさはしかし、権利の衝突を引き起こす原因ともなりかねない。2002年からは延期されていた1993年人権法の差別禁止事由がすべての政府の行動に規制をかけることになり、社会権に関わる立法や行政措置などにも差別禁止の考慮が払われることになる。個人間の諸権利の対立を調整するためには、社会権に関してもまず国内法上権利の承認を行い、その実現に向けての政策立案を行うという方向が望ましいであろう。

先の報告書提出からすでに10年が過ぎた。変革の時期を経てその成功と矛盾が明らかになった時期かもしれない。第2回報告書の提出が待たれるところである。

● アジア・太平洋地域における社会権規約の履行

Implementation of International Covenant on Economic, Social and Cultural Rights in Japan

日本における社会権規約の履行と課題

米田眞澄●Yoneda Masumi

1.はじめに

　日本は1979年6月21日に自由権規約とともに社会権規約を批准した[1]。これら両規約の批准および1981年に難民条約および難民議定書に加入したことを契機として、1980年代は「人権の国際化」という言葉がよく聞かれるようになった。また、1966年に国連で採択された両規約が、1976年3月に発効し、とりわけ自由権規約18条に基づいて設置された自由権規約委員会が1977年3月に第1会期を開催して活動を開始したことから、1980年代は、人権の「定義の時代」から「実施の時代」へ入ったともいわれた。
　国連は、1948年の世界人権宣言の採択をはじめとして、さまざまな人権宣言・条約の採択を通じて、すべての人の人権が確保されることをめざしてきた。この

ような取組みは、「人権の国際的保障」という言葉で説明されることが多い。しかし、国連を中心とする人権の国際的保障制度は、欧州や米州のような人権裁判所を有する地域的な人権保障制度とは異なり、各人権条約ごとに設置された委員会の活動を中心とする比較的緩やかな制度である。
　とりわけ締約国による条約の履行状況について定期的な報告書の提出を義務づける報告制度は、主要な人権条約が共通して有する制度であり、本稿の対象である社会権規約においては唯一備わる国際的な保障制度となっている[2]。条約が定める人権の享有主体である個人が直接関与することのできない報告制度は、なによりも締約国による条約上の義務の誠実な履行に向けた国家意思がなければ成り立たない。その意味で、

---

1) 日本政府は批准にあたって、7条(d)の規定にあたり、この規定にいう「公の休日についての報酬」に、8条1項(d)（ストライキをする権利）の規定に、そして13条2項(b)、(c)の規定に当たり、この規定にいう「特に、無償教育への漸進的導入により」に拘束されない権利を留保している。また、8条2項にいう「警察の構成員」には日本の消防職員が含まれると解釈することを宣言している。
2) 現在、社会権規約においても個人通報制度（個人からの通報を受けつけ、社会権規約委員会がこれを審議する制度）を定める社会権規約選択議定書の草案が人権委員会において審議されている。国連加盟国、社会権規約締約国、政府間組織およびNGOからの草案に対する意見の送付が求められている。草案の内容については、E/CN.4/1997/105,annexを参照のこと。

締約国による委員会の活動への自発的かつ積極的な協力姿勢が最も浮き彫りにされるのが、この報告制度ではないだろうか。

そこで本稿では、まず、日本がこれまで提出した報告書および審議の内容について概観し、次に、社会権規約に関する若干の国内の判例を紹介することにする。最後に、現在その審議が待たれている第2回政府報告書の内容について問題点を若干指摘し、社会権規約の履行に関する今後の課題について触れることにする。

2. 第1次報告書の内容と委員会による審議

社会権規約の報告制度に基づく報告書審議は、当初、16条に基づいて経済社会理事会が会期内作業部会を設置し、選出された15ヵ国の代表によってなされていたが、その活動はほとんど形骸化していた。そこで、1985年に、経済社会理事会決議に基づき個人資格からなる18名の専門家による社会権規約委員会が設置された。報告書の提出方法も、当初は、6条から15条までを3分野（6条から9条、10条から12条、13条から15条）に分け、2年ごとに提出することとなっていた。この方法では、同一の条文が再び審議されるのは9年後ということになる。そこで1988年の社会権規約委員会の第2会期において、従来の提出方法が改められ、規約全体をカバーする単一の包括的な報告書を5年ごとに提出することとなった。

日本の第1次報告書は、旧来の3分割方式によって提出されており、いずれも個人資格からなる社会権規約委員会が発足する前の政府専門家からなる経済社会理事会の会期内作業部会による審議であった。第1次報告書の提出および審議状況は、以下のとおりである。

①1981年9月2日に13条から15条に関する報告書（E/1982/3/Add.7）を提出（提出期限は81年9月1日であった）。1982年4月に審議されている（E/1982/WG.1/SR.12-13）。

②1984年8月27日に6条から9条に関する報告書（E/1984/6/Add.6, Corr.1）を提出（提出期限は83年9月1日であった）。1984年の4月に審議されている（E/1984/WG.SR.9-10）。

③1986年3月7日に10条から12条に関する報告書（E/1986/3/Add.4, Corr.1）を提出（提出期限は85年9月1日であった）。1986年4月に審議されている（E/1986/WG.1/SR.20-21, 23）。

これら報告書の特徴として挙げられるのが、日本では規約履行上の問題はないとする一貫した態度である。そして、規約の各条項に関連する国内法令の列挙と、関連する施策や制度内容の説明が中心になされている点である。

たとえば、6条から9条に関する報告では、健康保険法、国民健康保険法、国民年金法、児童手当法などが列挙され、医療保険制度、公的年金制度などの社会保障制度の仕組みを中心に報告がなされている。10条から12条に関する報告書では、児童福祉法、母子保健法、労働基準法、生活保護法その他の主要法

令の存在が述べられ、国としての農業政策や住宅政策、環境保護および公害防止政策などが説明されている。13条から15条に関連する報告書では、教育に関する権利の確保が中心となるため、教育基本法および学校教育法の内容および学校制度および教育制度の説明がなされている。

全体としては、提出回数を重ねるごとに報告書の厚みが増しており、統計を示す表も使われるようになっている[3]。また、報告書の提出状況も、締約国のなかでは、提出期限を大幅に遅れることなく提出している。報告書の作成および提出そのものには、決して消極的ではないようすがうかがえるが、関連法令あるいは関連制度・施策の説明に終始しているため、日本に生活するどのような人々がそのような法制度や施策によって、どのように各条文上の権利を行使および享受できているのか、あるいはいないかといった、個人あるいは個人の集団と社会権規約上の権利との関係が見えてこない点が最大の問題である。

これら日本の報告書に対する会期内作業部会の審議はどのようなものだったであろうか。審議記録からは、会期内作業部会の委員たちは、日本が提出した報告書以外にほとんど日本についての情報を持ち合わせていないことがわかる。たとえば、13条から15条に関する報告書審議では、各委員は日本の報告書の特定のパラグラフに言及したうえで、その正確な意味やより詳しい情報を求めている[4]。日本が留保を付している点については注目して質問を行っているものの、全体として各政府専門委員の関心事項に従って個別に質問がなされており、委員会としてどのような内容の報告を求めているのかといった全体の方向性は見られない。また、委員会自身もどのような社会政策をとっているかという基本的な情報の提供で満足しており、それら社会政策からどのような社会グループが漏れているかなど、すべての人に対して規約上の権利が実際に保障されているかについての、より突っ込んだ質問などは出されていない[5]。

このように当初の社会権規約の報告制度の実態は、同時に作られた自由権規約のそれと比べても、あまりにもお粗末なものであり、人権の国際的保障体制のなかでの社会権規約の地位の低さ、国際社会における社会権規約の履行の関心の低さを反映していたといえる。日本においても他の締約国と同様、社会権規約の履行は、これまでほとんど議論の対象となってはこなかった。しかしながら、80年代後半からの個人資格からなる社会権規約委員会の活発な活

---

3) 最初に出された13条から15条に関する報告書が13頁であるのに対して、6条から9条に関する報告書は32頁であり、10条から12条に関する報告書は49頁である。
4) たとえばベラルーシ・ソビエト連邦共和国代表の委員は、日本の報告書の第16パラグラフ（留保理由）、第17パラグラフ（教科書検定制度）、第27パラグラフ（1クラス40人制）などに言及して、意味の明確性を求めている。フランス代表の委員は、第7パラグラフ（心身障害者のための学校制度）について、擁護学校の数を質問している。ブルガリア代表の委員は第20パラグラフ（日本育英会）に言及し、永住資格をもたない外国人への適用の可否について質問している。
5) たとえば、6条から9条に関する報告書審議では、関連法令の説明と関連施策の説明がバランスよくされていると多くの委員が評価している。なかでも失業率の低さが委員の間で注目され、どのような対策を講じているのかが賞賛を込めて質問されている。また、職業安定所の活動についてより詳細な情報が求められたり、障害者雇用促進政策による障害者の雇用によって日本経済はどのような影響を受けたかが問われている。

動および90年代以降の日本における経済情勢の悪化に伴う「小さな政府」指向による生存権保障に対する人々のニーズの高まりなどを背景に、日本においても国内の経済的社会的および文化的権利の確保における社会権規約の意義や役割が見直されようとしている。

とりわけ、国際人権規約の批准、難民条約および難民議定書への加入を契機に、内外人平等の原則の実現に向けた運動が定住外国人を中心に盛り上がった。そのような状況のなかで裁判においても、社会権規約をひとつの拠り所として権利の侵害を訴え、権利の保障を求めるケースがいくつか見られるようになった。次に、具体的な裁判事例を紹介することにする。

3.社会権規約の履行に関する国内判例

日本では、1980年代に入って日本に居住する外国人の社会権の享受をめぐって、社会権規約2条2項および9条に違反することを主張した訴訟がいくつか見られるようになった。ここでは、障害福祉年金の受給における国籍要件が問題となった、いわゆる「塩見訴訟」と、在留外国人に対する生活保護法の適用が問題となった事件を紹介することにする[6]。それぞれの裁判で規約2条2項および9条がどのように主張され、これに対して裁判所がどのような解釈を示したかを見ることにする。

(1) 障害福祉年金の国籍要件が問題となった事例（塩見訴訟）

原告は、朝鮮人を父母として大阪市で出生し、大韓民国籍であった。幼少時に麻疹によって失明しており、全盲である。1970年に帰化によって日本国籍を取得した。原告は、国民年金法の81条1項の定める障害福祉年金の受給権者であるとして、大阪府知事に対して障害福祉年金の受給のための裁定請求をした。しかし、国民年金法は、発疾認定日である1959年1月1日において日本国民でない者には障害福祉年金が支給されない旨の規定を設けていたため（56条1項但し書）、原告の請求は却下された。

---

6) このほか、いくつかの事案がある。たとえば、国民年金の被保険者資格の取得および保有条件として「日本国民」であることが求められていた改正前の国民年金法の下で、国籍条項を知らなかった国民年金勧誘担当職員の勧めで国民年金に加入し、保険料を納付していた在日韓国人が、受給段階になってから国籍要件を欠いているため受給資格がないことを理由に国民年金（老齢年金）の支給を拒否されたため、支給を拒否した裁定却下処分の取消しを求めた事案（在日韓国人の国民年金誤用訴訟）では、東京高裁（1983年10月20日判決）は、原告敗訴の地裁判決（東京地裁1982年9月22日判決、判例時報1055号9頁）を取り消し、国民年金老齢年金の裁定却下処分を取り消した。同控訴審においては、被控訴人（裁定却下処分の取消しを求めた在日韓国人）が、自己には国民年金被保険者の資格があると信じ、将来老齢年金等の給付がなされるものと期待し信頼して保険料の支払いを続けたことから、そのような信頼関係が生じた控訴人と行政当局間において、その信頼関係を覆すことが許されるか、ことがらの公益的性格に対する考慮をも含めた信義衡平の原則によって規律されるべきであるとし、行政当局がそのような信頼関係を覆すことができるのは、やむをえない公益上の必要がある場合に限られるとし、国籍要件をあらゆる場合につき維持・貫徹することは、やむをえない公益上の必要にあたらないと判示した。また、1979年以来、社会権規約9条により外国人に対しても社会保障政策を推進すべき責任を負っていることを認め、1982年の難民条約・難民議定書への加入に伴い整備法による改正で国籍要件が撤廃されたことから、国籍要件は、一切の例外を許さないような意味において国民年金制度の基幹に係るものではないというべきであるとした点も評価できる（法律時報1092号31頁）。しかし、在日韓国人に対する援護法の不適用をめぐる訴訟では、裁判所は一貫して社会権規約が漸進的達成義務を課したものであるとの理由を挙げて自動執行力を否定するか、もしくは裁判規範性の有無はさておき、憲法14条と同趣旨のものであり、合理的な理由のない差別を禁止する趣旨のものであるとして、請求を棄却している（大阪地裁1995年10月11日判決、東京高裁1998年9月29日判決、大阪高裁1999年10月15日判決など）。その他の判例については、日本弁護士連合会『国際人権規約と日本の司法・市民の権利――法廷に活かそう国際人権規約』（こうち書房、1997年）294～297頁参照。

原告は、56条1項但し書は、生存権を定めた憲法25条および法の下の平等を定めた憲法14条1項等に違反し、違憲無効であるとして、却下処分の取消しを求めて裁判所に提訴した。大阪地裁は1980年に請求棄却の判決を下し、原告が、これを不服として控訴した。地裁においては、社会権規約違反は主張されなかったが、控訴審では、先の憲法違反とともに、社会権規約2条2項および9条違反を主張した。大阪高裁は1984年に控訴棄却の判決を下し、最高裁の判断が求められたが、最高裁も、1989年に上告を棄却した[7]。

原告は地裁では社会権規約違反を主張しなかったが、高裁および最高裁への控訴・上告においては、社会保障権は世界人権宣言採択以来、人権として位置づけられており、「社会の一員」であるということだけで国籍に関係なく平等に保障されるべきものであることが明らかにされていること、したがって、国家に対する給付請求権としての生存権を論理的必然的なものとしていると主張した。そして、規約9条が、「この規約の締約国は、社会保険その他の社会保障についてすべての者の権利を認める」と定めているのは、社会保障が人であることに基づいて保障されること、すなわち国籍に関係なく権利としてすべての者に保障されるものであることを確認し

たものであると主張した。

これに対して裁判所は、規約9条は、締約国において、社会保障についての権利が国の社会政策により保護されるに値するものであることを確認し、当該権利の実現に向けて積極的に社会保障政策を推進すべき政治的責任を負うことを宣言したものであって、個人に対し即時に具体的権利を付与すべきことを定めたものではないとした。そして、規約9条が個人に対する即時の具体的権利の付与を国家に義務づけているのではなく、政治的責任としての社会保障政策の推進を述べているのにすぎないことは、規約2条1項の文言からも明らかであるとする。すなわち、規約2条1項は、締約国に対して「立法措置その他のすべての適当な方法によりこの規約において認められる権利の完全な実現を漸進的に達成する」ことを求めているとして、社会権規約の「漸進的実施」義務に着目し、法的拘束力を有していても国籍条項を直ちに排斥する趣旨のものではないから、社会権規約が日本について効力を生じた後、直ちに法の国籍条項を削除する旨の改正をしなかったからといって、同規約に違反するものであるとはいえないとした[8]。

(2) 在留外国人に対する生活保護法の適用が問題となった事例

---

7) 大阪地裁1980年10月29日判決（判例時報985号50頁）。判例批評・解説として、浦部法穂・判例評論270号（法律時報1004号）157頁、片岡直「障害福祉年金の受給資格としての国籍要件の合憲性」福岡大学法学論叢26巻3・4号287頁などがある。大阪高裁1984年12月19日判決（判例時報1145号3頁）。判例批評・解説として、内海正幸・自治研究62巻6号124頁などがある。最高裁1989年3月2日判決（判例時報1363号68頁）。判例批評・解説として、岩間昭道「障害福祉年金の国籍要件の合憲性―塩見訴訟最高裁判決」法学教室106号76頁、木下秀雄「外国人と社会保障―国民年金法の国籍要件の合憲―塩見訴訟」『社会保障判例百選〔第3版〕』別冊ジュリスト153号8頁などがある。
8) なお、国民年金法の国籍条項は、社会保障に関して内国民待遇を義務づける難民条約の加入に伴う1981年の法改正により、難民だけを対象とすることは公平の要請に反することから撤廃された。

原告は、超過滞在中の中華人民共和国の国籍を有する外国人であるが、交通事故によって重傷を負ったために医療費等が支払えないとして生活保護の申請をした。しかし、超過滞在外国人には生活保護法の適用がないことを理由に申請が却下された。そこで、当該却下処分は、憲法14条、25条等に違反するとともに、社会権規約2条2項に違反するとして、その取消しを求めて提訴した。1996年に東京地裁は、請求棄却の判決を下し、これを不服として原告が控訴した。しかし、1997年東京高裁も、控訴を棄却した9)。

　地裁が、在留外国人の処遇について国は特別の条約が存在しないかぎり政治的判断によって決定できるとしたが、この点について、控訴人は、規約2条2項の規定する差別禁止条項は特別の条約に該当すること、在留外国人の在留資格の有無や種類によって外国人に対する保護給付に差別的取扱いをすることは同条項に違反することを主張した。その中で、規約2条1項が漸進的達成を規定していても、同条2項の内外人平等待遇規範は即時的効力があり、直ちに達成されるべきであることから、ひとたび社会保障立法がされた以上は、その法内容に差別があってはならないと主張した。とりわけ、緊急医療を必要とする者に対して、差別的取扱いをすることは、緊急医療を受ける権利が人間にとっての基本的生存という生命価値に関わる以上は、漸進的達成は許されず、即時実現されなければならないと主張した。

　これに対して裁判所は、社会権規約は日本が批准した条約であり、日本に対して法的拘束力を有すること、および2条2項が平等原則を規定していることを確認した。そこで、2条2項の平等原則に照らして、適用対象を日本国民に限定した生活保護法が違法であるか否かの検討が必要であるとして規約2条2項の解釈を行っている。裁判所は、規約2条2項の定める平等原則の規定は、合理的な理由のない差別を禁止する趣旨であり、各人の存する経済的、社会的その他の事実関係上の差異を理由としてその法的取扱いに区別を設けることは、その区別が合理性を有するかぎり同規定に違反するとはいえないと解釈すべきであるとして、生活保護法上の給付に関し、日本国民を在留外国人に優先させることとして在留外国人を支給対象から除くことも、立法府の裁量の範囲内に属することがらであると理解するべきであり、そのような区別の合理性を否定することはできないとした。また、規約9条については、塩見訴訟の最高裁判決と同様の解釈をとった原判決を支持し、規約9条が生活保護の対象を日本国民に限定することを禁止する具体的な裁判規範となるものではないとした。さらに、緊急医療の付与は人命尊重主義に基づき外国人にも等しく与えられるものであり、これ

---

9) 東京地裁1996年5月29日判決（判例時報1577号76頁）。東京高裁1997年4月24日判決（判例時報1611号56頁）。判例批評・解説として、上柳敏郎「期限後滞在外国人に対する生活保護・研究医療不適用を社会権規約に反しないとした東京高裁判決」国際人権8号70頁、山田省三「非定住外国人への生活保護適用」『社会保障判例百選』別冊ジュリスト153号170頁などがある。

を認めない本件処分は憲法25条、14条および社会権規約2条2項に違反するもので、正義公平の見地から是認されるものではないとの主張に対して、人の生存が人権享有の前提であり、また、その性質上日本国民のみを対象としているものを除き人であることによって認められる基本的人権は、国籍または在留資格の有無を問わず尊重されるべきであるから、生存そのものの危機に瀕している者の救護は、日本に在留する資格の有無にかかわらず、法律上の配慮を受けるべきものというべきであるとした。しかしながら、生活保護法が外国人に適用されないことについては、すでに述べたとおりであるから、緊急医療の付与についても異ならないといわざるをえないとして、立法検討の余地を認めたものの、本件処分を違法ということはできないとした。

4. 国内判例から導き出される問題点

(1) 社会権規約9条の法的性質

先に紹介した判例は、いずれも社会権規約2条2項と9条に関連するものである。裁判所は、社会権規約が日本が批准した条約であることから、日本に対して法的拘束力を有することは認めるものの、規約9条が「政治的責任の宣言」にとどまる規定であるとし、個人に対し即時に具体的権利を付与すべきことを定めたものではないとする。また、社会権規約上の権利の実現の漸進性（2条1項）およびその実現のためには国内立法が必要であることから、社会権規約上の権利規定が、そのまま国内においてすでに施行されている法律や、当該法律に基づいてなされた処分の効力を判断する基準とはならないとして、その裁判規範性を否定している。

しかしながら、社会権規約委員会は、規約2条1項について一般的意見3で締約国の義務の性質を詳しく分析していることに注目しなければならない[10]。そこでは、「漸進的実現」という概念は、「すべての経済的社会的および文化的権利の完全な実現は一般的には短期間では達成できないという事実の承認」であるとしながらも、「そのような漸進的実現が規約の下で予定されているという事実が、この義務からすべての実質的内容を奪っていると誤解すべきではない」とし、「本条項は、当該権利の完全な実現につき締約国に対して明確な義務を設定しようとする規約の存在理由に照らして、読まれなければならない」としている。つまり、本条項は、「その目標に向かって可能な限り迅速にかつ実効的に行動する義務」を国家に課していると説明する。したがって、締約国である日本は社会保障についてのすべての者の権利の完全な実現という目標に向かって可能なかぎり迅速かつ実効的に行動する法的義務を有することになる。

一方、日本国憲法の下では社会保障を受ける権利については、つねに健康で文化的な最低限度の生活を享受する権利を規定する憲法25条の解釈が問題

---

10) General Comment No.3(1990).

となる。憲法25条の生存権保障を具体化する立法の合憲性に関して、その審査基準を示した最初の判決として、堀木訴訟上告審判決がある11)。憲法25条の法的性質をめぐる学説には、従来からプログラム規定説、抽象的権利説および具体的権利説があるが、当該判決において裁判所は、憲法25条が裁判規範としての効力を有することを認めながらも、そのような立法措置が「著しく合理性を欠き明らかに裁量の逸脱・濫用と見ざるをえない場合」は、当該立法措置に関する選択決定は、裁判所が審査判断することができるとしたものの、立法府の立法措置について広い裁量を認めた。この点、規約9条は法的性質を有さない「政治的宣明」として裁判規範性さえも否定されており、1948年の食糧管理法違反事件判決において憲法25条についてとられたプログラム規定説と変わらない状況である。しかしながら、堀木訴訟上告審判決において裁判規範性は認められたものの、先の食糧管理法違反事件判決を引用しており、プログラム規定説と結びつけた広範な立法裁量論をとっており、実質はプログラム規定説からの発展はなきに等しいともいわれる12)。

生存権を規定する憲法25条をもつ日本において、社会権規約9条が問題となる場合には、同時に憲法25条が問題となる。規約9条違反を問うには、日本の最高規範である憲法25条の解釈を発展させることが必要である。規約9条を「政治的宣明」と解するかぎりは、社会保障を受ける権利が問題となる具体的な訴訟において、堀木訴訟上告審判決を判例とする現在の判断枠組みを変えることは難しいように思われる。仮に規約9条を裁判において直接適用することが困難であっても、憲法25条の解釈・適用に規約9条の内容を反映させることは可能である13)。たとえば規約9条から導き出される権利の完全な実現に向けて行動する国家の義務は、国家の不作為をも問題とすることができる14)。

(2) 社会保障を受ける権利と非差別平等原則

社会権規約の締約国である日本が、すべての人に対する社会保障を受ける権利の完全な実現に向かって可能なかぎり迅速かつ実効的に行動する場合、外国人に対する社会保障の問題は、規約2条2項が定める平等原則に照らして問題とされるべきである。

規約2条2項には「国籍」が差別禁止事由として列挙されていないことから、

---

11) 最高裁1982年7月7日判決（判例時報1051号29頁、判例タイムズ477号54頁）。
12) 堀木訴訟上告審判決の批判は数多くある。たとえば、芦部信喜『人権と憲法訴訟』（有斐閣、1994年）219～232頁。西原博史「〈社会権〉の保障と個人の自律―〈社会権〉理論の50年における〈抽象的権利説〉的思考の功罪」憲法理論研究会編『憲法50年の人権と憲法裁判』（敬文堂、1997年）106～111頁。中村睦男「障害福祉年金と児童扶養手当の併給禁止と違憲性―堀木訴訟」『社会福祉判例百選〔第3版〕』ジュリスト153号6～7頁など。
13) 今井直「国際人権法の国内裁判所における適用の現状と課題」法と民主主義304号6～9頁参照。
14) 立法不作為の違憲性については、不作為違憲確認訴訟は権力分立制との抵触（また、その違憲性を裁判所が確認しても国家には立法義務が法的に生じるわけではないので実効性に欠ける）から認められないが、憲法25条を直接の根拠として立法不作為を国家賠償請求訴訟で争うことは理論上可能であるとされる（中村・前掲論文、戸松秀典「司法審査の基準④―社会権の保障」法学教室190号22～25頁、井上英治『憲法講義II』（法曹同人、1993年）453～459頁など参照）。社会権規約における国家の義務については、申惠手『人権条約上の国家の義務』（日本評論社、1999年）、今井直「社会権規約における締約国の義務の性質」島田征夫・江泉芳信・清水芳雄編『変動する国際社会と法―土井輝生先生古稀記念』（敬文堂、1996年）219～244頁参照。

差別禁止事由に国籍が入るか否かについて日本でも社会権規約の批准を契機に、早くから学説上の議論があり、起草過程を丹念に考察した論文も発表されている[15]。

規約2条2項に国籍への言及がないことは確かであるが、国籍を理由とする差別的取扱いを許容する明文の規定はない。また、本項の列挙する差別事由は例示的であるとの立場を委員会はとっている。同規定は、「いかなる種類の差別もなく(without discrimination of any kind as to race,....birth or other status)」、規約が規定する権利が行使されることを保障することを締約国に義務づけているのであるから、明示されていない差別事由については「その他の地位」に含ませることが可能である[16]。日本の裁判所は本項が非差別平等原則を規定したものであることは認めているが、ただし社会権規約9条の定める社会保障を受ける権利について、裁判所は一貫して、「外国人に対する生存権保障の責任は、第一次的にはその者の属する国家が負うべきである」として、社会保障上の施策において在留外国人をどのように処遇するかについては、立法府の広い裁量に委ねられているとする。そして規約2条2項の平等原則は憲法14条1項の規定と同趣旨であり、「合理的な理由のない差別を禁止する趣旨であって、各人に存する経済的、社会的その他の種々の事実関係上の差異を理由としてその法的取扱いに区別を設けることは、その区別が合理性を有する限り違反するとはいえない」とする。そして、限られた財源の下で福祉的給付を行うにあたり、自国民を在留外国人より優先的に扱うこと、すなわち国籍に基づく異なる取扱いには合理性があるとする。

しかしながら、国際人権規約の基礎となった世界人権宣言23条は、「すべて人は、社会の一員として、社会保障を受ける権利を有し」とし、社会保障を受ける権利が「社会の一員である」ことに基づいて保障される権利であることを示している。規約9条が、「すべての人」とするのも同趣旨であると解する。裁判所の見解は、日本国籍を有する者のみが日

---

15) 高野雄一「国際人権（A）規約における人権保障と差別禁止条項」上智法学論集24巻特別号（1979年）。同論文では、規約1条3項が「開発途上にある国は、人権および自国の経済の双方に十分な考慮を払い、この規約において認められる経済的権利をどの程度まで外国人に保障するかを決定することができる」と定めていることに着目し、2項および3項の起草過程全体を通して、2項には国籍による差別の禁止が含まれるとする。ただし、社会権規約が、自由権規約のように「いかなる区別"without distinction"」ではなく、「いかなる差別"without discrimination"」となっていることから、国籍による異なる取扱いが、必ずしもすべて「差別」として禁止されるのではないとする。加えて、「しかしながら、異なる取扱いをすべて『合理的区別』として合法化することは不当であり、法的に正しくない」とし、社会権規約上の権利についての国籍による異なる取扱いについては、その合理性の判断基準が問題となることが示唆されている。久保教彦「社会保障に対する権利の国際的保障と内外人均等待遇」神奈川法学15巻2・3合併号（1979年）。同論文では、起草過程および規定の全体的趣旨からも2項に国籍による「区別」の禁止が含まれると解するには無理があるとし、合理性の範囲内でこれを許容するものとするのがより素直な解釈であるとする。社会保障に対する権利に関する内外人均等待遇を促進することはきわめて大切であるが、この目的のために社会権規約に依拠することは適切であるとはいえないとし、「外国人の社会保障に対する権利を保障する目的で国際条約の力を借りようとするのであれば、社会権規約ではなく、ILOの均等待遇条約であるべきであり、または直接に各国との二国間社会保障協定を締結する道を選ぶべきである」とする。日本政府は、批准にあたっての国会審議において国籍が「国民的出身」に含まれるとの解釈をとったが、上記論文ではいずれも否定されている。2条2項の「国民的出身」に国籍が含まれるとする見解は、宮崎繁樹編著『解説国際人権規約』において支持されている（社会権規約9条に関する「本条の意義」（神尾真知子執筆）60頁）。
16) 委員会は障害、年齢といった差別事由が「他の地位」に該当するとしている（前掲・宮崎編著書31頁）。非差別平等原則を規定する自由権規約2条1項では、自由権規約委員会は、国籍が「他の地位」に該当するとの解釈を行っている（Gueye et al. v. France No.196/1985）。

本社会を構成しているとする排外主義的な古い国民国家の観念にしばられているといわざるをえない[17]。

規約2条2項の平等原則を受けた、規約9条の「社会保障を受けるすべての人の権利」であることを考えれば、社会保障を受ける権利は国籍が異なることのみを理由に否定されることは許されない。また社会保障が、共同体内の相互扶助としての性格を有することからすれば、その社会の構成員としての当該個人と社会の連結性が問題とされるべきである[18]。また、内外人平等を原則とする規約2条2項を憲法14条1項の平等原則の解釈に反映させることによって、外国人の生存権保障において平等原則に関わってなされる憲法14条1項の下での違憲審査基準を、より厳格な審査基準に変えていくことができるのではないだろうか。

5.第2次報告書の概要と問題点

日本の第2次報告書は1998年に提出された。個人の資格からなる社会権規約委員会の新生によって社会権規約が蘇生し、報告書の提出方式が旧来の3分割方式から一括方式に変更された後に、はじめて出された報告書である[19]。現在のところ、規約委員会による審議は2001年8月(第26会期)に予定されており、多くの日本のNGO関係者から期待をもって待たれているところである[20]。ここでは、改正ガイドラインに照らして、日本が提出した第2次報告書の内容について問題点をいくつか指摘することにする。

第2次報告書は、おおむね改正ガイドラインに沿った構成となっており、第1部の一般的なコメントと第2部の規約の各条に関する逐条報告に分かれている。第1部は、「自決権」、「外国人の地位および権利」、「外国人の公務員への採用」、「国内法における差別取扱禁止規定」、「他国に対する国際協力」、「公共の福祉」、「社会的弱者対策」、「男女共同参画社会の実現」、「あらゆる形態の人種差別の撤廃に関する国際条約」の9つの項目からなる。第2部は逐条報告であるが、第1次報告書と同様、関連法令と諸制度の説明が中心である。

---

17) 外国人に対する生存権保障を認めるべきであるとする説は近年有力に主張されている。高藤昭「内外人平等待遇の原則とわが国の法体系・法理論—生存権の外国人権利主体性論を中心に」季刊社会保障研究24巻4号414頁参照。
18) 河野正輝「外国人と社会保障—難民条約関係整備法の意義と問題点」(ジュリスト781号47〜53頁)では、「社会保障はニードによって、すなわち政治的背景ではなく経済的背景から生まれてきたという事実を考慮すると、社会保障の法理においても国籍の有無という形式的要件よりも共同体の一員として生活しているという社会経済的事実に着目して適用対象を画することが本来の姿である。つまり、社会保障権の享有主体を国籍を有する者に限る根拠は理論的にみても乏しい」(51頁)とされる。
19) 日本の第2次報告書は、98年8月28日に提出された(E/1990/6/Add.20)。仮訳文が外務省人権難民課より入手可能。社会権規約は、社会権規約委員会および多くの学者が指摘するように、自由権規約との相互不可分性が表面上は認められながらも、日本だけでなく多くの国でそして国連の国際的人権保障体制の下においても事実上置き去りにされ、無視されてきた。社会権規約が生まれ変わるのは、まさしく個人資格の委員からなる社会権規約委員会が活動を開始してからであった。この過程については阿部浩己「「対抗思潮」としての社会権—社会権規約の可能性と課題」アジア・太平洋人権レビュー1998、36〜38頁参照。社会権規約委員会は報告書の提出方式を一括方式に変えるとともに、1991年には報告書の形式と内容に関する改正ガイドラインを採択し、締約国に対して、より詳細な情報を報告書に盛り込むことを示した。また、一般的意見の採択によって締約国が規約上負っている義務の内容の明確化にも意欲的に取り組んでいる。
20) 2000年5月には、NGO Committee for the Reporting on the ICESCR(社会権規約NGOレポート連絡会議)がNGOレポートを提出し、詳細な情報を提供している。また、社会権規約委員会は同年5月15日から19日まで会期前作業部会を開き、第2回日本政府報告書に対する質問表(list of issues)を採択している(E/CN.12/Q/JAP/1)。

全体として、規約履行上の問題および障害原因についての記載がなく、第1次報告書において見られた「義務の履行上問題はない」とする態度がとられている。

先に述べたように、日本においては社会権規約の具体的条項を援用して、外国人に対する社会権規約上の権利の保障をめぐって、いくつかの裁判が提起されており、社会権規約における国内法の位置づけについて一定の判断が国内裁判所によって下されている。改正ガイドラインは、第1部の報告の中で、規約の法的地位と具体的実施について、詳細な報告を求めていることに注目しなければならない。この点は、1998年の第19会期において採択された一般的意見9においても、その重要性が再度強調されており、「とくに、委員会は、締約国が、規約上の規定を利用する国内裁判所からの重要な一連の判決の詳細を提供することを要請する」となっている21)。したがって、第2次報告書が、国内裁判所によって示された社会権規約の法的地位や判決に関してまったく触れていないのは問題であるといわざるをえない。

また、外国人に対する規約上の権利の保障については、改正ガイドラインは、「外国人がどの程度およびどのような方法で規約上の権利を保障されていないか。差異がある場合、どのような正当化事由があるか」を記載するように求めている。この点、日本の報告書は、外国人の権利保障に対して裁判所において示されてきた「権利性質説」に依拠しながら、「外国人についても、基本的人権尊重および国際協調主義を基本理念とする憲法の精神に照らし、参政権等性質上日本国民のみを対象としている権利を除き、基本的人権の享有が保障されている。我が国は、本規約で認められた権利を外国人にも等しく保障するよう努めている」と説明し、労働、社会保障、教育そして外国人の公務員への採用について報告している。

社会保障については、国内に適法に在住する外国人に対しては、内外人平等の原則に立ち、日本国民と同様の社会保障を実施するように努めていると報告し、国民年金、児童扶養手当、児童手当、特別児童扶養手当、障害児福祉手当、特別障害者手当および経過的福祉手当、国民健康保険の諸制度について国籍要件が撤廃されているとする。ここでは、国内に適法に在住する外国人に対する日本国民と同様の社会保障の実施が、日本が規約上の権利保障について非差別平等を規定する規約2条2項に関連した、すべての者に対する社会保険その他の社会保障についての権利を規定する9条の義務の履行の一環であると理解しているか否かが明確にされていない。「実施するように努める (make efforts to provide)」という表現の法的な意味が明確にされるべきである。また、権利の実現に向けた努力義務があることを認める立場であるならば、そのような努力によって進展した状況のみならず、現存する異なる取扱いおよび後退した事項についても具体的に報告し、そ

---

21) General Comment No.9 (1998), para.12.

れらを正当化する理由を示すことが求められている。後退事項としては、1990年10月5日に厚生省から生活保護法適用の対象を出入国管理及び難民認定法別表2記載の者（永住者、日本人の配偶者等、永住者の配偶者等、定住者）に限定する旨の口頭による指示が出されたため、それまで生活保護法に準じた措置がとられてきた適法な短期在留の外国人は措置の対象から除外されたことが報告されるべきである。それによって、地方自治体が生活保護法に準じた措置をとっても、国が予算措置として費用を交付しなくなったため、自治体の負担となっている22)。

また、規約11条の十分な住居に対する権利について、ガイドラインは「住居に関して弱いまたは不利な立場にある以下のグループに関して詳細な情報を提供すること」として、ホームレスの人々や「不法」と分類される居住地または住居に生活している人、過去5年間に強制退去を受けた人などの数を含む詳細な情報の提供を求めているが、この点、報告書は「なお、ホームレス、違法居住者および強制退去に関する統計的データはない」としている。近年の長引く不況の下、日本でもホームレスの人々の数は増加傾向にあり、地方自治体による駅や公園からのホームレスの人々の追い出しなどが問題となっている。しかしながら報告書ではホームレスの人々に関する統計も情報を提供していないことから、ホームレスの人々が社会的に弱い立場にあるグループとして把握されていない点が最も問題ではないだろうか。

6. おわりに

人権は、「人が生まれながらにしてもつ固有の権利である」と一般に説明される。日本で法学にそれほどなじみのない人が「人権」という言葉を聞いて思い浮かべる具体的な権利は、「生存権」、「教育を受ける権利」、「最低限度の文化的生活を営む権利」などであり、自由権よりも社会権であることが圧倒的に多い。それほど、社会権は私たちの生活の身近にある権利である。しかしながら、法学の世界では人権といえば、まず自由権である。憲法25条に規定された生存権の法的性質には、依然として議論があることはすでに見たとおりである。法学の世界が語る人権と普通の人々が語る人権には大きな隔たりがある。国際人権法の分野においても、同時に採択された自由権規約と社会権規約のどちらが研究対象となってきたかといえば、圧倒的に自由権規約である。

日本の裁判所における社会権規約の不当な位置づけ、規約が規定する経済的、社会的および文化的諸権利の法的権利性の不明瞭性、そして不当に広範な立法府の裁量。国際人権法学者を含む法学者たちの社会権に対する法的権利性への疑念、社会権確保への無関心あるいは社会権の主張が国家権力の増大を招くのではないかという懸念が、こ

---

22) スリランカ人留学生が、くも膜下出血で倒れ、その治療費および入院費を生活保護法に準じる救済措置として実施した市の支出について、市の住民が生活保護の適用として国が負担するべきであったとし、国に対して住民訴訟を提起した事例がある（神戸地裁1995年6月19日判決、判例自治139号58頁）。

のような日本の裁判所の判決を支えてきたことも、また事実である。

　1979年の2つの国際人権規約の批准、さらには1981年の難民条約および1982年の難民議定書への加入を契機に、社会保障制度における国籍条項がすべてではないが撤廃されていったことによって、内外人平等を基本とする国際人権条約の意義が法実務家の間でも認識された。とりわけ社会権規約は、規約に定める諸権利をすべての者の権利として認めることを締約国に義務づけており、これらの権利の保障にあたってはいかなる差別もしないことを締約国は約束している点で、本来、単一民族神話の下で構築された社会権保障における国民優先の考え方に変更を迫るものである。しかし、この点については、日本の裁判所は人権保障の砦としての司法府の役割を果たしていない。

　「司法府＝人権保障の砦」論が、世界人口の8割を占める発展途上国での人権保障に関する司法府の役割を検討することなく「一般理論」とされていることに対しては、司法府の拘束力ある判決による強制のみが人権保障にとって最も有効な手段であるとは限らないとの観点から問題提起がなされており、「司法権による人権保障」という固定観念からいったん離れて、人権の実現を図る最も有効な手段は何かという観点から人権を捉えるという視点の転換が自由権と社会権を相対的な関係で捉える傾向を助長・強化するとの見解は傾聴に値する[23]。この点、筆者は依然として「司法権による人権保障」に固執し、司法権による社会権保障に向けての理論構築の必要性を唱えていることに気がつかされる。そのような視点の転換が重要であることは理解できるが、しかし、社会権は司法的強制に適さない権利であるか否かについて、司法の役割とは何かという観点も含めてもう少しさらなる検討を加えたい、また加えられるべきではないかとの思いが筆者にあることも確かである。社会権規約の履行という問題は、人権と個人と国家の関係のあり方を自由権と社会権の相互不可分性という観点からもう一度問い直すことをわれわれに求めているように思われる。

23）大沼保昭『人権、国家、文明―普遍主義的人権から文際的人権観へ』（筑摩書房、1998年）200～205頁参照。

● アジア・太平洋地域における社会権規約の履行

Implementation of International Covenant on Economic, Social and Cultural Rights in the Philippines: on the Right to Housing

フィリピンにおける社会権規約の履行
住居の権利を中心として

岡田仁子 ● Okada Kimiko

1.はじめに

　農村から都市部への人口の移動は多くの国に見られる現象であり、フィリピンにおいてもそのためにさまざまな問題が引き起こされている。都市人口の増加は、適切な価格の住居の不足を招き、貧困層の人にスラムや無断占拠（squatting）による居住を余儀なくさせてしまう。一方、都市人口増加により、住宅供給だけではなく、インフラストラクチャーの整備・開発の必要が生じ、時にはそのためにスラムや無断占拠を撤去せざるをえない事態も起こりうる。商業的開発のために強制退去が行われる場合もある。政府はそのような事態に際し、居住する人の住居の権利とのバランスを図らなければならない。フィリピンの例は、そうした場合において社会権規約が示す一定の基準を表している。

　フィリピンは1976年に社会権規約に加盟し、現在までに4回の報告と2回の追加情報を提出している[1]。ただしその報告はいずれも3～4条ずつに関する分割報告であり、最も新しい1994年の報告によってようやく規約の実体的権利全条に関する報告を一巡したことになる。

　10条から12条に関する1994年報告は、社会権規約委員会（以下、委員会）において1995年に審議され[2]、結論的見解が採択された[3]。審議および結論的見解では、ストリート・チルドレンや子どもの労働などの子どもの保護の問題、海外労働者、農地改革の問題と並んで、無断占拠と強制退去の問題が大きく取り上げられている。ここではフィリピンの政府報告、審議および結論的見解などを住居の権利に焦点を当ててまとめる。委

---
1) E/1978/8/Add.4（6～9条）、E/1984/7/Add.4（6～9条）、E/1988/5/Add.2（13～15条）、E/1986/3/Add.7（10～12条）、Additional Information E/1986/3/Add.7（13～15条）、E/1989/5/Add.11（10～12条）。
2) E/C.12/1995/SR.11-12,14.
3) E/C.12/1995/7.

員会がこの権利についてとくに問題としたのは、無断占拠と強制退去の問題のなかでも、無断占拠の犯罪化、強制退去からの保護、移転先の有無などの問題である。

2.社会権規約における住居の権利および委員会の解釈

はじめに社会権規約における住居の権利とその権利に関する委員会の解釈に触れておく。規約11条1項は相当な生活水準に関する権利を規定しており、そのなかで相当な食料、衣服とともに住居の権利を挙げている。委員会はこの権利に関し、一般的意見4を1991年に、7を1997年に採択している。一般的意見4では委員会は住居の権利を、「すべての経済的、社会的及び文化的権利の享受にとって中心的重要性を持」ち、規約の他の権利と密接に関連しているものとしてその重要性を強調している。そしてその権利の一側面として保有の法的安全を挙げ、「保有の種類に関わらず、すべての人は、強制退去、嫌がらせ及び他の恐れに対する法的保護を保障する程度の保有の安全を有するべきである」と述べている。また、強制退去についてはさらに、それが最も例外的な状況において、かつ関連する国際法の原則に従ってのみ認められるとしている。

フィリピンの報告検討後に採択された一般的意見7では、とくに強制退去が取り上げられ、それに対する法的保護の重要性が強調されている。同意見は、強制退去に対する有効な保護の一環として立法を挙げているが、その内容として、保有の安全を確保すること、規約に適合すること、そして強制退去が認められる状況をコントロールすることを挙げ、強制退去を実施する場合の適正手続き、違法な強制退去を防止し、処罰する立法および他の措置の必要性を挙げている。フィリピンの報告審議や結論的見解はこのような点に基づいて展開されている。

3.フィリピンにおける強制退去・取壊しの状況

フィリピン政府報告は、人口増加と人口の都市への移動によって住宅事情がさらに困難に直面していると説明している。報告によると、フィリピンの人口は90年には6200万人に達し、80年時に比べると23％の人口増加が見られた。人口の48.6％が首都圏を含む都市部に住み、政府は都市と農村の経済格差や都市における賃金と住宅コストの格差など

---

4) E/1992/23 Annex III、申惠丰「『経済的、社会的および文化に関する委員会』の一般的意見」青山法学論集38巻1号102〜110頁。
5) E/C.12/1997/4.
6) supra. n.4, para.1、申・前掲102頁。
7) ibid. para.7、申・前掲104頁。
8) ibid. para.8(a)、申・前掲104頁。
9) ibid. para.18、申・前掲109頁。
10) supra. n5, para.10.
11) ibid. paras.10, 12, 16.
12) E/1986/3/Add.17, para.339.

が無断占拠を招いているとしている[13]。報告は、農村などから都市に流入した人々の数に見合うだけの低コスト住宅を政府は確保できず、多くの人は貧困のために無断占拠をせざるをえないことを認めている[14]。90年の政府とUNICEFの共同調査では、全人口の17%、都市人口の40%がスラムに居住するか無断占拠による住居に住んでいた[15]。そのような住居に住む人が最も多いのがマニラで、240万人いるとされた。報告には、強制退去・取壊しの具体的な数字を挙げられていない。政府は、違法な強制退去が若干数行われたと認めているが、慣例として、または大規模な強制退去は実施しておらず、容認もしていないと主張している[16]。

それに対し、委員会はNGOからの情報をもとに、92年7月から94年末の間に15000世帯が強制退去させられたことを指摘し、その規模に懸念を表明している[17]。政府は、規約には強制退去を規制する規定はないとして、委員会の解釈に反対したが[18]、委員会は結論的見解において、規約が強制退去に関しても及ぶことを明示して懸念を示している[19]。

4.無断占拠の犯罪化

報告審議の中で委員会が示した懸念の主要な点の1つに、無断占拠に対する刑法の適用があった。政府報告は、住宅事情の対応の困難を説明するなかで、貧困のために住居を確保できない人の「正当な無断占拠」と、住居を確保するだけの所得をもちながら、住居費を払いたくない人による、あるいは経済的利益のために無断占拠を行う「職業的無断占拠」との区別が必要であると述べている[20]。後者、および無断占拠「シンジケート」は、都市貧困層の受けるべき援助や権利を横取りしてしまうことになる。政府はこれらの取り締まる必要があること、および他の強制退去・取壊しの対象となった人のために確保した移転先の無断占拠を回避するために、無断占拠を刑法によって取り締まることが必要であると主張して、この措置を正当化している[21]。

委員が問題とした法、大統領令772号は、1975年マルコス大統領によって発令され、暴力、脅迫によってあるいは地主の不在、寛容に乗じて居住、商業的および他の目的のために無断占拠する者に6カ月以上1年以下の禁固、もしくは5,000ペソ以上100,000ペソ以下の罰金を科すことを規定している。占拠者が企業または団体であれば、より厳しい刑が科されるが、規定自体は無断占拠の目的、あるいは占拠者が「正当」であるか

---

13) ibid. para.342.
14) ibid. para.342.
15) ibid. para.344.
16) ibid. para.366.
17) E/C.12/1995/SR.14, para.12. 別の委員は1992年7月から1994年4月の間に84,000人に影響を及ぼす、強制退去・取壊しがあったとしている。E/C.12/1995/SR.12, para.61.
18) ibid. para.11.
19) supra. n3, para.17.
20) supra. n12, para.368.
21) ibid. para.369, E/C.12/1995/SR.12, para. 72.

否かは区別していない。

　審議の中で、多くの委員が同法に対する懸念を表明し、同法が規約に違反するという意見も示された[22]。その結果、結論的見解では同法が無断占拠者に刑罰を科す根拠となっていることに懸念を示し[23]、住居問題に対し、第一義的に刑法あるいは取壊しの措置に頼るべきでないとして、同法を廃止するよう勧告している[24]。一般的意見4では保有の法的安全を「非公式の定住」を含むあらゆる保有にも保障されるべきとしており、無断占拠にも保障が及ぶ。無断占拠の撤去についても、刑法による犯罪取締りのかたちによるのではなく、より強硬でない手段をとることが要求されていると見ることができる。

5.強制退去からの保護

　上記のとおり、一般的意見4は強制退去が最も例外的な状況のみに認められるとしており、政府にはその原則を確保する手段をとることが求められる。結論的見解は共和国法7279号がその役割を担うことを想定し、この法が有効に執行されるよう勧告している[25]。

　共和国法7279号は強制退去を実施できる場合や実施する際の手続きを規定している。28条は強制退去・取壊しが認められる場合として、鉄道、河川敷などの危険地に住居がある場合、政府のインフラ事業、および強制退去・取壊しの裁判所命令がある場合を挙げている。また、貧困層の人やホームレスが影響を受ける強制退去・取壊しの際には、少なくとも30日前の通告、代表者との十分な話合い、退去・取壊し時の政府代表の立会い、十分な移転先の用意、あるいはそれが可能でない場合には金銭的支援が提供されることなどの措置が義務づけられている。同法は貧困者層やNGOなどの支持を受け92年に制定され、貧困者を保護する法となることを期待されていた[26]。しかし、報告審議時には、政府代表は同法がまだ制定から時間が経っておらず、退去・保護からの保護としての役割を果たしえていないとも述べている[27]。

　一方、87年のフィリピン憲法も住居の権利を規定するほか、強制退去・取壊しに対する一定の保護をも規定している。その規定によると強制退去・取壊しは法に基づき、公正で人道的な方法によって実施されなければならず、移転の際には移転される側および移転先の共同体とも十分な話合いがもたれなければならない[28]。

　また、結論的見解では、不法な強制退去を防止する法的責任をもつ、強制退去を監督、記録、再審査する独立した機関設置を勧告している[29]。審議の中で、ある委員はフィリピンの最高裁がフィ

---

22) ibid. paras.61, 62, 76, supra. n17, para.13.
23) supra. n3, para.15.
24) ibid. para.31.
25) ibid. para.31.
26) Marlene V. Gatapan "The City's Homeless," p.12, *Human Rights Forum* Vol.7 No.2, Philppine Human Rights Information Center, 1998, Joel Raquedan, "The Philippine Public Housing Sector," p.5, *the Human Rights Agenda* Vol.4 No.11, Institute of Human Rights, 1999.
27) Article 13 (9), (10).
28) supra. n12, para.437, supra. n17, para.27.

リピンの国内人権委員会の取壊しの是非を検討する権限を否定した判例に言及して懸念を示した30)。

6.移転先

委員会は、やむをえない状況において強制退去が行われた場合、影響を受けた人がホームレスになってはならず、政府は利用できる資源を最大限用いて移転先を確保する適切な措置をとらなければならないと解釈する31)。その移転先は、単に住居を提供するだけでなく、水道、医療、教育など生活に必要な基本的サービス、職場へのアクセスなどを備えていなければならない。

審議の中で、委員から強制退去を受けた世帯のなかに移転先がない場合が見られたと指摘があり、あるいは移転された先に現実的な雇用機会がない、生活に必要な基本的サービスがないなどの問題があるとの懸念が示された32)。委員の1人は、人の尊厳を尊重するということは、移転先に屋根と四方の壁があるだけでは十分ではないと述べている33)。

また、委員から今後20万世帯を移転する予定があるのに対し、政府には15万世帯を移転する予算しかないとの指摘があった。それについて結論的見解の懸念事項として、強制退去の脅威にさらされているかなりの人数の人が十分な移転先がないことが挙げられ、そのような状況は住居の権利の尊重と相容れないとの見解が表明されている34)。したがって、委員会の解釈として、移転先に関し国家は利用できる資源を最大限用い、適切な措置をとる義務を負う一方、強制退去により相当数のホームレス、住居のない人が生じることも規約違反となりうると、一定の結果の義務も失うとみることができる。また、提案と勧告事項では、移転にあたり、移転される人の雇用機会、学校、病院など医療施設、交通機関などを考慮すべきであるとしている35)。

共和国法7279号は強制退去・取壊しの際には移転先を確保することを義務づけている。貧困者あるいはホームレスが影響を受ける強制退去・取壊し命令の場合、命令発布の45日後までに自治体と国家住宅庁が他の政府機関の支援を受け、移転を行う。もし期限内に移転が可能でない場合には、60日分の最低賃金に相当する金額が支援金として影響を受けた世帯に提供されることが規定されている36)。

7.その後の状況

結論的見解の後に、フィリピンの無断占拠・強制退去の状況は変わったのだ

---

29) supra, n3, para.32. 同委員は人権委員会差別防止および少数保護小委員会の「相当な住居に関する権利」に関する特別報告者の第2報告 (E/CN. 4/Sub. 2/1994/20, para.62)を引用している。最高裁の判決は、1994年1月5日のBrigido R. Simon JR et al vs Commission on Human Rights, No.100150. 実際には、本判決で対象となったのは住居ではなく、路上の屋台などの撤去であった。
30) supra. n17, para.19.
31) General Comment No.7, n5, para.17.
32) supra. n17, para.16.
33) supra. n17, para.34.
34) supra. n3, para.16.
35) ibid. para.31.
36) Section 28.

ろうか。結論的見解が採択された後、間もなく委員会の懸念事項に対する回答のかたちで追加情報が送付されている[37]。この96年の追加情報では、政府は住居不足の対応として自ら772号法に依拠したことはないが、土地の私的所有者が同法を援用したことはあると認めている[38]。また、議会下院の司法委員会と住宅および都市開発委員会において同法の廃止が検討されていると述べている[39]。

一方、政府の主張していた「正当な無断占拠」以外の無断占拠の取締りは、7279号法の「職業的無断占拠」に対する規定によって維持されている[40]。同法は「職業的無断占拠」を、地主の明示の許可なしに土地を占拠し、なおかつ合法的住居をもつ十分な所得を有している、または政府から以前に土地または住居を付与され、それを売却、賃貸または移転して同じあるいは別の場所を占拠する者と定義し、無断占拠「シンジケート」とともに、地方自治体、警察などにそれらの活動を阻止することを要求している。また、そのような占拠は撤去され、占拠者には禁固、または罰金が科される。この規定は「正当な無断占拠」者に対して強硬な措置をとらずに、不当に権利を横取りされることから保護し、その権利を確保しようとするものと考えられる。また、移転

先の確保について、政府は追加情報において、インフラ事業に関わる政府機関は予算の一定の割合を7279号に基づき影響を受ける世帯の移転に当てることを義務づけたと述べた[41]。

最後に、追加情報以降のフィリピンの情勢について見ると、全般的な経済情勢に関して、政府報告では91年の貧困発生率を40.7%としており、98年までには30%としたいとしていた[42]。実際には貧困発生率は97年には37.5%にまで減少している[43]。この年のGDP成長率は5.7%であった[44]。しかし97年のアジア経済危機の影響はフィリピンにも及び、GDP成長率は−0.5%に後退した[45]。政府の調査では国民の94%の人々が経済危機によってなんらかの影響を受けたと回答し、18%は失業、あるいは減給があったとしている[46]。このことは、低価格の住居の必要性の増大につながる一方、政府が対応するための財政力にも影響せざるをえない。無断占拠を犯罪化していた772号法は97年に廃止する法が制定された[47]。もっとも、委員会の結論的見解以前にもフィリピン国内の議会などに同法廃止を要求する意見が見られたことは、報告審議中に政府代表も認めていることである[48]。

強制退去・取壊しについてみると、

---

37) E/1989/5/Add.11.
38) ibid. para.53.
39) ibid. para.54.
40) Section 27.
41) supra. n36, para.56.
42) supra. n12, para.298.
43) *Philippines Poverty Statistics*, National Statistical Coordination Board, 1997.
44) National Statistical Coordination Board.
45) Press Release, Jan. 28, 2000, National Statistical Coordination Board.
46) *1998 Annual Poverty Indicators Survey*, National Statistics Office.
47) Republic Act No. 8368.
48) supra. n17, para.11.

NGOのUrban Poor Associates（UPA）は99年に12,000強の世帯の取壊しをモニターしたと報告している49)。マニラに限ると、97年に8,067世帯、98年には、3,754世帯（47.6％減）、99年には、7,873世帯と報告しているが、UPA自身、これが発生件数全体をカバーしていると考えていない。12,000強の世帯のうち、移転先を提供されたのは3,800世帯（29.58％）であり、マニラについては45.54％が移転先を提供された。それぞれの事例の詳細なしに政府の責任を検討することはできないが、依然として高割合の世帯が移転先が確保されないまま強制退去させられたということであり、委員会の示した基準に適合していないおそれがある。

7279号法についても、審議中、政府は法制定から時間が経っておらず、徹底できていないと述べていたが、その後、同法の実施が確保されているかどうかが問題となる。UPAの報告は、1999年の取壊しにあった世帯のうち、5,521世帯については、暴力を伴う取壊しがあったとしている。UPAは国家当局は取壊しに関する法を順守しているが、地方当局の役人などは法を守っていないと批判している。また、住民自身が本法を利用して住居を守ったり、よりよい条件を交渉したりする一方、地方自治体や司法機関への本法の周知がまだ達成されておらず、法に違反した強制退去や取壊しが行われているとの指摘もある50)。

8.おわりに

委員会の見解では、規約はフィリピンに無断占拠も含めて強制退去は最も例外的な措置としてとるよう、またその際にも一定の保護を確保するよう要求している。フィリピン政府はそのための制度を整えつつあるが、しかしその実施など、不十分な面も見られる。そのことは直ちに規約の義務違反を意味しないが、2回目の報告において政府の対応がこの基準に従い再び審議されることになるだろう。今後の動きが注目される。

---

49) *Urban Poor Associates Demolition Monitor 1999*.
50) Gatapan, supra. p.15.

●アジア・太平洋地域における社会権規約の履行

The Protection of Social Rights in India

インドにおける社会権の保障

野沢萌子●Nozawa Moeko

1.はじめに

　インドにおける「人権」というと、カースト差別や貧困、宗教に関連してヒンドゥとムスリム間の対立やキリスト教徒に対する迫害など、ひどく悪いイメージを思い浮かべる人が多いかもしれない。たしかに「人権」に関しては、カシミール地方やアッサム州などの政治的に不安定な場所において、軍や準軍隊による反政府組織や市民に対する暴力や殺人など国際社会から厳しく批判されているような国家による人権侵害や、「不可触民制」に起因する差別の存続やアトロシティの増加、ムスリムをはじめとする宗教的マイノリティや「先住民」に対する蔑視や差別、隷属的状況にある労働者など社会的な人権侵害も重大な問題となっている。しかしインドが9億を超える人々とさまざまな民族や宗教、文化を包含する多様な国であるように、「人権」の保障のためにもさまざまな取組みがなされている。たとえば、いわゆる「不可触民」や「先住民」などの社会的弱者の社会進出を促進するために、公務や教育、議席における枠の留保などの優遇措置が採用されている。また1993年には連邦人権委員会が設置され、警察や軍など国家による暴力・人権侵害の救済を中心に成果をあげている。

　社会権規約との関連においては、インドは植民地支配の結果としてイギリス法を導入したことから、裁判所がその判決において世界人権宣言や社会権規約の規定を引用することはあるが、直接的な適用はなされない。しかしながらインドにおける「社会権」は、社会活動訴訟（正式には公益訴訟）の展開のなかで、その権利実現をめざす積極的な試みがなされている点が注目される。本稿ではインドにおける「社会権」の保障について、まず憲法における社会権の認識を確認し、次にインドにおける人権保障の主たる手段として発展してきた社会活動訴訟（公益訴訟）における社会権の保障を考察する。また人権委員会による社会権の保障についても検討することで、インドにおける社会権保障の現状に

87

ついて検討したい。

2.インド憲法における人権

(1) 市民的・政治的権利:「基本権」(Fundamental Rights)

インド憲法における人権規定は、市民的・政治的権利を定める「基本権」(第3編)と、社会的・経済的権利を定める「国家政策の指導原則」(第4編)に分けて規定されている。

憲法第3編「基本権」は大きく分けて、平等権(14～18条)、自由権(19～22条)、搾取に対する権利(23～24条)、宗教の自由(25～28条)、文化および教育に対する権利(29～30条)、憲法上の救済(32～35条)について規定する。ここに規定される基本権については、それと抵触または侵害する一切の法を無効とする違憲審査権が規定されるとともに(13条)、基本権が侵害された場合には最高裁判所あるいは高等裁判所に令状請求訴訟を提訴することで(32条・226条)その保障を強化している。

(2) 社会的・経済的権利:「国家政策の指導原則」(Directive Principles of State Policy)

1947年に独立したインドにとって、貧困を追放し経済的不平等の是正を進めることは最大の政治的目標であった。また、人々が社会的・経済的な権利を確保できなければ、市民的・政治的権利の確保も困難になることは自明であり、インドは平等と社会的・経済的正義に根ざす社会を構築するために社会主義的な「福祉国家」の建設をめざした。したがって1950年インド憲法では、第4編「国家政策の指導原則」として社会的・経済的権利が規定された[1]。「国家政策の指導原則」については、「この編で定められた規定は、裁判所による強制が保障されるものではないが、ここで示された原則は国(State)[2]の統治にとって基本的なものであり立法にあたってこれらの原則を適用することは国の義務である」(37条)と規定されている。

「国家政策の指導原則」は基本権とは異なり、裁判によって実現することができない権利(非司法的権利)として規定されたが、「国は、社会的・経済的・政治的正義が国民生活のすべてにいきわたるよう、社会秩序をできるかぎり効果的に保障、保護することによって国民の福祉を増進することに努めなければならない」(38条1項)。また「国は異なった地域に居住し、または異なった職業に従事する個人間においてのみならず、それらの異なった国民集団相互間においても、とくに収入の不平等の減少に努め、地位、便宜および機会の不平等の

---

1) 「国家政策の指導原則」では、国家の義務として、国民の福祉増進のための国家による社会秩序の確保(38条)、国家の遵守すべき一定の政策原則(39条)、平等な裁判と無料法律扶助(39条A)、村会の組織(40条)、労働、教育の権利および公的扶助権(41条)、労働条件および母性の保護(42条)、労働者に対する背かつ賃金、工場運営への労働者の参加(43条)、統一民法典(44条)、義務教育(45条)指定カースト・指定部族その他の弱者層に対する教育上および経済上の利益促進(46条)、栄養水準および生活水準の向上ならびに公衆衛生の改善に関する国家の義務(47条)、農業および牧畜の組織化、環境、森林、野生動物の保護(48条)、重要な史跡などの保護(49条)、行政と司法の分離(50条)、国際平和および安全の促進(51条)を規定する。
2) 「国」とは、文脈の許すかぎり第3編と同じ意味で用いられ(36条)、インドの政府および国会、各州の政府および議会ならびにインド領内またはインド政府の監督下にあるすべての地方機関その他の機関を含む(12条)。

除去に努めなければならない」(38条2項)と規定されるように、国は統治において、国民の一部でなくあらゆる人々に対して福祉を促進するために、社会的・経済的秩序を確保することが要請されている。つまり「国家政策の指導原則」は社会的・経済的・政治的正義を実現するための福祉国家としての方向性を宣言したものであり、インドのめざすべき社会的・経済的秩序の基本を表明している。

(3)「基本権」と「国家政策の指導原則」の関係[3]

1970年代初め頃までの裁判所は、財産権などの「基本権」の保障を「国家政策の指導原則」よりも重視していたために、国会が社会的・経済的改革のために制定する農地改革法などの法律を違憲とした[4]。それに対して国会は憲法改正(368条)によって対抗し、裁判所と国会の対立状態が続いた。しかし次章で述べるように両規定は次第に調和的に解釈されるようになり、1974年の「基本権事件判決」で最高裁は、「国家政策の指導原則と基本権との間に不調和は存在しない。なぜなら、それらは憲法で謳われた社会革命の実現と福祉国家の確立という同じの目標をめざしているという点で互いに補い合うものである」[5]

と宣言しているように、現在では両規定は相反するものではなく、ともに憲法の基本精神を表しており、相互に補い調和するものであると融合的に解釈されている。

3.社会活動訴訟 (Social Action Litigation) による社会権の保障

(1) 社会活動訴訟[6]

1970年代後半になると最高裁を中心として、「人権」や社会的弱者の権利が積極的に保障されるようになり、社会権の保障も重要視されるようになった。その背景には、言論・表現の自由や集会・結社の自由などの基本権が停止され、野党の指導者など多数の人が逮捕・拘禁されるなど夥しい人権侵害が横行した1975～77年の非常事態[7]の影響から、裁判所や社会の側で人権保障の機運が高まったこと、また非常事態の後、最高裁判事に任命されたクリシュナ・アイヤール判事とバグワティ判事が社会改革のための裁判所として、社会的弱者の権利救済に取り組み、その主たる手段として展開した社会活動訴訟(正式には公益訴訟〔Public Interest Litigation〕)の影響が大きい。この訴訟形式の原型はアメリカの公共訴訟

---

3) 孝忠延夫「インド憲法における基本権の保障と国家政策の指導原則」関西大学法学論集43巻1-2合併号(1993年)を参照。
4) この経緯については、安田信之「インド憲法における財産権―財産権の変容と国家政策の指導原則」大内穂編『インド憲法の基本問題』(アジア経済研究所、1978年)に詳しい。
5) たとえば、Kesavanada Bharati v. State of Kerala, (1973) Supp.S.C.R.I.
6) 社会活動訴訟の詳細は、安田信之『アジアの法と社会』(三省堂、1987年)、稲正樹『インド憲法の研究』(信山社、1993年)を参照。
7) 憲法352条「非常事態宣言」が布告されると、憲法19条で保障される言論および表現の自由、集会および結社の自由、居住および移転の自由、財産の取得および処分する自由、職業選択の自由が停止される。また基本権に対する裁判請求権が停止される(359条1項)。

(Public Law Litigation)にあるが、社会的・経済的な不平等や不公正の著しいインドでは、貧しい人々や社会的に虐げられた人々の権利救済といった公益のために、裁判所と社会活動家や弁護士、さらには公的機関などによる協同的な努力として、裁判所の主導により展開された点に特徴がある[8]。

社会活動訴訟の事件には、刑務所や女性保護施設における暴行や非人間的取扱など、国家やその公務員による暴力や権力の恣意的な行使に関する事件や、隷属的状況にある労働者や人身売買等の私人間の権利侵害について国家の防止義務を求める事件、スラムや路上生活者に対する強制的な立退きなど国家による経済的社会的権利の侵害などさまざまな事例がある。最近では都市部におけるごみ処理の問題や飲料水の汚染、環境汚染の原因となる企業の移転などの環境に関する事件や、政治家や公務員の贈収賄疑惑に対して説明責任を求める事件も多く扱われている。

社会活動訴訟にはさまざまな形態があるが、一般に、NGOや社会活動家、弁護士などが、搾取される隷属的労働者や不当な扱いを受ける刑務所や拘置所の被収容者、立退きを迫られるスラム居住者などの国家の横暴や社会的な不正義の下で苦しむ人々の権利の救済を求めて、裁判所に手紙を提出し、裁判所はそれを令状請求訴訟として認知し、当該政府に対して改善措置や当該問題に対する一般的ガイドラインなどの中間命令を下し、それらの実施状況の報告を求めるという形式をとる。

この訴訟は、①人権侵害の被害者でなくても提訴できる（当事者適格の修正）、②令状請求訴訟を定める憲法32条において、とくに訴訟の形式を定めていないことから、NGOや一般市民による手紙による訴えであっても受理される（訴えの形式の修正）、③裁判所が令状請求訴訟の手紙を受理すると対審的手続きをとらず、事実の調査と救済計画を確定するための専門家や弁護士を特別委員として任命し、裁判所はその報告に基づいて、当該政府や関係者に対して、改善措置を命じ、あわせてその報告を求めるという形式をとる（非対審的手続の採用）等の特徴をもつ。

(2) 社会権に関連する事例

社会活動訴訟のなかで、裁判所は法的支援や等しい労働に対する等しい賃金の支払い、教育、健康への権利などを、基本権としてあるいは基本権と調和的に解釈するようになり[9]、「市民的・政治的権利」と「社会的・経済的権利」の枠を越えた「基本的人権」の概念を発展させたと評価されている。次ではそのような社会権的権利の保障に関するいくつかの事例の概観を見てみたい。

(a) 法的支援

法的支援の分野で活動するボランティア組織あるいは社会活動グループ

---

8) Upendra Baxi, "Taking Suffering Seriously: Social Action Litigation in the Supreme Court of India", Rajeev Dhavan et al.(eds.), Judges and the Judicial Power, Bombay: N.M. Tripathi, 1985, pp.289-315.
9) S.L.A.Khan, "Justice Bhagwati on Fundamental Rights and Directive Principles", Deep &Deeo Publications, 1996, p201.

が、州政府によって支援されることを求めたCenter of Legal Research and another v. State of Kerala 10)では、最高裁は、州政府には憲法39条A（平等な裁判と無料法律扶助）によって、平等に基づく正義を推進するシステムを確保する包括的な法的支援のプログラムを確立する義務がある、さらに行政による訴訟支援を中心とする伝統的な法律扶助だけでなく、ボランティア組織などによる、社会経済的状況を考慮した総合的な法的支援へのコミットの有効性を重視し、国家は法的支援プログラムの実行において、ボランティア組織や社会活動グループを支援するべきであると命じた。

(b) 労働関連（等しい労働に対する等しい賃金の支払い・正当で人間らしい労働条件）

1982年のRandhir Singh v. Union of India 11)では、憲法39条(d)（等しい労働に対する等しい賃金の支払い）は憲法上の救済によって達成しうると初めて宣言した。同じくState of Madhya Pradesh v. Pramod Bhartiya 12)でも、39条(d)は、憲法14条（法律の前の平等）に反するものではなく、また憲法第3編と第4編は互いに排他的な関係ではなく補足しあうものであると解釈された。Daily Rated Casual Labour v. Union of Indiaでは、憲法38条2項（国は、異なった地域に居住し、または異なった職業に従事する個人間においてのみならず、それらの異なった国民集団相互間においても、とくに収入の不平等の減少に努め、地位、便宜および機会の不平等の除去に努めなければならない）に基づいて、日雇い労働者に対して正規職員と等しい賃金の支払いを命令した。

(c) 教育への権利

教育への権利は、近年とくにその重要性を増している。Mohini Jain v. State of Karnataka and others 13)では、教育への権利を憲法21条（生命および人身の自由の保護）に読み込み、生命への権利と個人の尊厳は、教育への権利を伴わなければ十分に保障できないために、州政府はすべての国民に教育の機会を提供する義務があるとした。続いてUnni Krishna, J.P. and others v. State of A.P. and others 14)でも、最高裁は、教育への権利は21条に含まれる、また21条は第4編の「国家政策の指導原則」に照らして解釈されなければならないとした。

(d) 健康への権利

人への毒性のおそれがある化学物質を使用している大豆の種子の販売停止を求めたShaibya Shukla v. State of U.P 15)において、アラハバード高裁は、憲法41条（労働、教育の権利）、47条（栄養水準および生活水準の向上ならびに公衆衛生の改善に対する国家の義務）、48条（農業および牧畜業の組織化）に規定される国家政策の指導原則に照らして、憲法21条は健康な生活への権利

---

10) A.I.R. 1986 S.C 2195.
11) A.I.R. 1982 S.C 879.
12) A.I.R. 1993 S.C 286.
13) 1992(2) SCALE 17[90].
14) (1993) 1 S.C.C.645.
15) A.I.R.1993 All 171.

を含むと解釈した。

また石綿産業で働く従業員の健康障害および疾病について訴えたConsumer Education and Research Center v. Union of India[16]で最高裁は、在職中または退職後の健康への権利は、憲法21条に含まれると宣言した。

(e) 生計・生活手段への権利

社会活動訴訟の中で、憲法21条には生活手段や生計への権利も含まれると解釈されるようになり、多くの訴訟が展開されている。

リーディング・ケースとして、路上生活者の強制立退きとスラム解体の停止を求めたOlga Tellis v. Bombay Municipal Corporation[17]で、最高裁は、路上での生活は違法であるとしたが、生命への権利（21条）は生計への権利を含むと初めて解釈した。山間部の住民が道路の建設を要求したState of Himachal Pradesh and others v. Umed Ram Sharma and others[18]では、最高裁は、憲法19条1項(d)（移動の自由）と、38条2項を、21条と融合して解釈し、生命の自由は身体的に自由であるだけでなく生活の質（quality of life）も意味すると解釈し、山岳部の住民にとって道路へのアクセスは生命そのものへのアクセスであるとし道路建設の要求を認めた。

(f) 人間の尊厳

アグラの女性保護施設での被収容者の非人間的な状況の改善を求めたUpendra Baxi v. State of U.P[19]で、最高裁は、保護施設の生活状況と運営の方法を改善し、被収容者らの人間の尊厳を尊重した生活を求めた。同様の事例として、パトナの保護施設で、女性の被収容者らが崩れかかった建物に食料や医療ケアが不十分な非人間的状況で収容されている状況の改善を求めたVikram Deo Singh Tomar v. State of Bihar[20]でも、最高裁は、インドは憲法によって統治される福祉国家であり、とくに社会の弱者層に対する福祉に重点を置き、その経済的および社会的地位の改善をめざしている、人間の尊厳をもって生きることは基本的権利であると述べ、州政府に対して施設と運営の改善を命じた。

このように社会活動訴訟では、法的支援や教育の権利など「国家政策の指導原則」に規定される「社会権的」権利が、裁判によって強制される権利として次々に認められ、「国家政策の指導原則」の基本権化が促進された。とりわけ生活の質や生活手段に対する権利を基本的権利として認め、憲法21条の定義を拡大したことは、経済的発展途上国において実質的に権利を保障するための有効な技術である。社会活動訴訟については、権力分立の原則から外れて行政権を侵害するものであるとする批判や、政府が裁判所の命令を遵守しない場合もあるため、その実効性が問題となることもある。

しかしながら、インドにおいて社会活

16) (1995)3 S.C.C. 42.
17) A.I.R. 1986 S.C 180; (1995) SCC 545(1985/7/10).
18) AIR 1986 S.C. 847; (1986) 2.S.C.C. 68(1986/2/11).
19) 1982(1) SCALE 84[502] (1983)2 S.C.C. 308; (1986)4 S.C.C. 106; A.I.R. 1987 SC 191.
20) A.I.R. 1988 S.C 1782.

動訴訟を推進した中心人物の1人であるバグワティ判事は、社会活動訴訟は社会的に虐げられた人や立場の弱い人など、より多くの人々が裁判手続きに接しやすくなるために必要な制度であり、裁判所が社会正義の実現のために積極的にその権限を行使することは避けることができないと主張する[21]。対審構造を前提とする伝統的な訴訟形式を大幅に修正し、裁判所の主導の下に、広く社会と公的機関の協力を得て、支配階層や公務員等による権力の恣意的な行使や、社会的な不公正、搾取、抑圧、権利や財産の剥奪に苦しむ社会的弱者の権利を救済しようとする社会活動訴訟の展開は、法や裁判にアクセスすることが困難な人々に対して、社会的な公正や正義を達成するために必要な手段であるといえる。

4.連邦人権委員会による社会権の保障

(1)インド連邦人権委員会

1993年に設置されたインド連邦人権委員会(以下、委員会)の主な機能は、拘置所や刑務所における暴力や死亡事件、警察や軍が関与する失踪事件等、国家および公務員による人権侵害について調査・救済することであるが、公務員による人権侵害防止の過失について調査する権限や[22]、裁判所において係争中の人権侵害訴訟に参加する権限[23]、刑務所や保護施設などにおける生活状況を調査・勧告するために訪問する権限[24]などがある。社会権関連では、たとえば隷属的労働者や児童労働、飢餓、精神病院や保護施設の適切な運営など、最高裁から委員会へ移送または関与が要請された事例もある。その一例として、次にオリッサ州における飢餓を例に、委員会による権利保障の方法を見てみたい。

(2)社会権保護に関連して：オリッサ州における飢餓のために住民が死亡した事例[25]

オリッサ州のカラハンディ、ボランギ、コラプット (Kalahandi, Bolangi, Koraput) 等8つの県において飢餓のために複数の住民が死亡している事件について、委員会は法的扶助および助言委員会 (Indian Council for Legal Aid and Advice) をはじめとする複数の申立てを受理した。委員会は委員会事務局長や調査スタッフからなる調査団を迅速に派遣し、州政府など関係機関との協議の結果、飢餓の問題に対処するためには対審的手続きではなく、当該地域の経済状況や、社会や環境の歴史などあらゆる状況を把握したうえで、関係機関の関与と協力を得て総合的な飢餓対策を短期および長期に分けて実施する必要があると判断し、短期対策として次

---

21) P.N.Bhagwati,"Social Action Litigation: The Indian Experience" 1987, p21.
22) 1993年人権保護法12条 (a) (i) (ii) 。
23) 1993年人権保護法12条 (b) 。
24) 1993年人権保護法12条 (c) 。
25) Human Rights News Letter, Vol.5, No.3, March 1998, National Human Rights Commission. Annual Report 1997-97, pp54-57, National Human Rights Commission.

のような勧告を行った26)。

①モニタリング：州政府の事務局長（Chief Secretary）の監督下に委員会の勧告内容の実施を監視するモニタリング委員会を設置し、さらに当該地区の状況を総合的に監督するための特別報告者の任命。

②飢餓対策プログラムの策定：州政府と協議のうえで飲料水、社会保障、土壌管理、初等健康管理に関してプログラムを策定し、3カ月ごとの評価と対応策について報告すること。

③緊急食料供給プログラム：既存の食料供給プログラムについて、その供給期間や食料の種類やカロリーに関する見直し。

④高齢者年金や障害者年金の給付：年金など社会保障政策の対象者でありながらその益を受けていない対象者に対する年金の即時の支払いと、遅滞なく支払いやサービスが提供されるように監視するシステムの設定。

⑤農業の振興：農業分野における雇用の創出や土壌の保全、灌漑設備の整備とその監視システムの設定。

⑥飲料水：破損している井戸の修理とメンテナンスについてモニタリング委員会が十分に配慮すること。

⑦土地改革：飢餓を引き起こす主要な要因である土地改革や土地の分配の不足、移民や病気などについて検討する特別委員会を設置し、委員会の指定する期間内に報告すること。

委員会は、刑務所や拘置所における公務員による殺人や暴力事件などについては、報告書の提出だけでなく関係者の訴追と補償金の支払いを当該政府機関に勧告するという手続きをとる。しかし、最低限度の人間としての生活を送ることさえままならない人の多いインドのような国においては、この事例のように人権委員会は対審的手続きによるのではなく、社会的、経済的側面などから総合的な解決策を関係機関と協議・策定し、その実施の経過と成果についても引き続き報告するように勧告する。つまり、当該政府機関を人権侵害として批判するだけではなく、人権の保障のためのシステムや制度などの総合的な環境を協同で整備することで、持続的に人権を保障しようとするのである。社会活動訴訟において最高裁より関係政府機関へ改善措置のためのさまざまな命令がなされた場合でも、それが遵守されないために、委員会に移送される事例もある。社会活動訴訟の事例で取り上げたアグラやパトナの女性保護施設についても、被収容者の置かれた非人間的状況の改善のためにそれぞれ救済措置が指令されてきたが、それが適切に遵守されなかったために、最高裁は委員会へ裁判所の命令の実行に関する監視ないし当該問題への介入を要請している27)。また児童労働や隷属的労働者の権利救済についてもたびたび社会活動訴訟で取り上げられているが、これらの問題は搾取されている児童や労働者を解放できたとしても、その後の代替的な収

---

26) 委員会の1997～98年次報告書の段階では、長期対策については検討中となっている。
27) Human Rights News Letter, Vol5 No.2, February 1998, National Human Rights Commission.

入手段の確保やリハビリなど多くの対策をとらなければ真の権利救済とならない。したがって最高裁は、委員会にこれらの問題解決についても取り組むように要請している28)。

5.むすびにかえて

インド憲法前文に規定される民主主義、セキュラリズム、自由、平等および個人の尊厳は、インド憲法の基本的理念を表している29)。その具体化としての基本権と国家政策の指導原則は、裁判によって強制できる権利とそうでない権利として分割して規定されたが、両規定は互いに補いあうものとして解釈されるようになった。つまりインド憲法の人権規定は、「市民的・政治的権利」と「経済的・社会的権利」という分類にとらわれずに、個人の権利と社会的必要の微妙なバランスの間で、人権の保障をめざしているといえる30)。

インドのような経済的に発展途上にあり、社会的・経済的な格差や権利侵害が著しい社会においては、バグワティ判事が言うように、資源の分配と社会的経済的秩序を再構築し、人々が、経済的、社会的および文化的権利を実現することで、より多くの人々にとって市民的・政治的権利を意味のある権利にすることができる31)。そのような状況下で裁判所は、社会経済的な改革のための手段となり、大衆に社会正義を届ける活動的な役割を果たすことを期待されている32)。なかでも社会活動訴訟は、社会的に立場の弱い人々の法的権利や特権を確保し、社会正義を達成するために、社会の側と、公的機関そして裁判所による共同的あるいは協働的な努力として位置づけられる33)。ここでいう社会正義とは、「国家政策の指導原則」に示されているような平等主義的な社会・経済秩序の達成のみならず、すべての人が人間としての尊厳をもって生活できることを意味している。

このようにインドにおける社会権は、市民的・政治的権利と社会的・経済的権利といった規定にとらわれず、社会活動訴訟においては、健康や教育、環境などへの権利を基本的権利として解釈することで憲法上の救済を可能とし、またその担い手として裁判所だけでなく、政府機関や社会の側に協同的努力を要請することで、社会的・経済的秩序の変革を促し、社会正義の実現という共通の理念の下で保障しようとする。さらに1993年より活動を開始した連邦人権委員会の権限は、裁判所のように強制力のあるものではないが、行政や政治そして社会に対して、制度改革や教育を通じて総合的に人権を尊重する社会や制度を構築することをめざしているといえよう。

---

28) Human Rights News Letter, Vol5 No.11, November 1998, National Human Rights Commission.
29) Kesavanada Bharati v. State of Kerala, A.I.R. 1973 S.C.1461.
30) P.L.Metha and Neena Verma, "Human Rights Under the Indian Constitution: The Philosophy and Judicial Gerrymandering", Deep & Deep Publications, 1999, p 50.
31) A.I.R.1982, S.C.1473.
32) Id., p.196.
33) Id., p.1477.

第Ⅱ部

Part2 Development of Human Rights Activities in the Asia-Pacific Region
アジア・太平洋地域の人権の動向

●国連の動向とアジア・太平洋地域の人権
United Nations' Human Rights Activities in 1999

1999年の国連の動き

　子どもの権利条約採択10周年を迎えた1999年は、子どもの権利への注目がいっそう高まるなか、2001年に開催される「反人種主義・差別撤廃世界会議」の準備会合の開始、さらにコソボ地域での「民族浄化」や東ティモールの独立をめぐる大規模人権侵害など、民族紛争・自決権問題が大きく注目された1年であった。以下、アジア・太平洋地域を中心に、国連人権活動の概要を紹介する。

1.国連人権委員会

　1999年人権委員会は、その第55通常会期は会期と並行して悪化の道をたどったコソボ問題に議論が集中し、さらに9月には、委員会の歴史上第4回目の特別会期を、東ティモールの状況に関して召集した（過去92および93年に旧ユーゴスラビアに関し、そして94年には、ルワンダの状況に関して、それぞれ特別会期が開かれている）。「反人種主義・差別撤廃世界会議」の準備委員会の役割を担う人権委員会はまた、通常会期前に世界会議の準備のための諸提案を検討するための作業部会も開催している。半世紀以上の長い委員会の歴史上稀な女性議長が生まれたのも、注目された。

　第55通常会期では、合計82の決議、13の決定、さらに経済社会理事会での採択のための1つの「決議案」および31の「決定案」が採択されている（E/1999/23-E/CN.4/1999/167）。なお、今会期より、議題項目の構成が新しくなっている。

(1) 1503手続きによる非公開の人権状況の審議

　第55会期では、計6カ国が取り上げられ、アジア・太平洋地域の国としてはネパールが含まれていたが、他の3カ国とともに、その審査の打ち切りが決定された。なお、チャドについては、人権委員会はその人権状況の審査を終了し、今後当該問題を「人権分野における諮問サービスおよび技術協力」の議題の下に検討する決定を採択し（決定1999/102）、またシエラレオネの人権状況に関しては、今後は公開審議にすることを決定している（決議1999/1）。

(2) 個別の国の人権状況に関する決議

　助言サービス対象国、テーマ別手続きの下で取り扱われたものを含む、個別の国・地域の人権状況に関する決議は、今会期は計24が採択された（表1）。最も注目されたのはコソボ問題で、NATOによる空曝問題の賛否が問われるなか、人権委員会は人権高等弁務官、難民副高等弁務官、旧ユーゴスラビアに関する特別報告者等を迎えた特別

表1●国連人権委員会における人権状況に関する決議および議長声明一覧

決議番号	決議名	賛成数／反対数／棄権数
1999/1	シエラレオネの人権状況	無投票
1999/2	コソボの人権状況	44/1/6
1999/4	西サハラ問題	無投票
1999/5	パレスチナを含む占領下のアラブ地域の人権侵害の問題	31/1/21
1999/6	占領下のシリア・ゴランの人権	32/1/20
1999/7	占領下のアラブ地域へのイスラエルの入植	50/1/2
1999/8	キューバの人権	21/20/12
1999/9	アフガニスタンの人権状況	無投票
1999/10	ブルンジの人権状況	無投票
1999/11	ナイジェリアの人権状況	無投票
1999/12	南レバノンおよび西ベカーの人権状況	49/1/3
1999/13	イラン・イスラム共和国の人権状況	23/16/14
1999/14	イラクの人権状況	35/0/18
1999/15	スーダンの人権状況	無投票
1999/17	ミャンマー（ビルマ）の人権状況	無投票
1999/18	ボスニア・ヘルツェゴビナ共和国、クロアチア共和国、ユーゴスラビア連邦共和国（セルビア、モンテネグロ）の人権状況	46/1/6
1999/19	赤道ギニアの人権状況および人権分野における援助	無投票
1999/20	ルワンダの人権状況	無投票
1999/43	ウガンダ南部からの子どもの誘拐（子どもの権利に関して）	28/1/24
1999/55	占領下のパレスチナの状況	44/1/8
1999/56	コンゴ民主共和国の人権状況	無投票
1999/75	人権分野におけるソマリア援助	無投票
1999/76	カンボジアの人権状況（人権分野における助言サービス）	無投票
1999/77	ハイチの人権状況（人権分野における助言サービス）	無投票
議長声明		

ハリケーン「ミッチ」後の復興と修復における中米の人権に関する議長声明（E/1999/23-E/CN.4/1999/167, chap.III）
コロンビアの人権状況に関する議長声明（E/1999/23-E/CN.4/1999/167, chap.III）
東ティモールに関する議長声明（E/1999/23-E/CN.4/1999/167, chap.IX）

出典●E/1999/23-E/CN.4/1999/167

討論会を開くとともに、毎週金曜日には人権高等弁務官により最新報告が委員会に伝えられた。関連決議案も3つ提出され、このうちロシア提出のものを除く2つが長い議論の末に採択されている。1998年人権委員会で、1991年以降初めて否決されたキューバの人権状況に関する決議は、今会期僅差で採択された（賛成21、反対20、棄権12）。

アジア・太平洋地域では、前年に引き続き、ミャンマー（ビルマ）、アフガニスタン、およびカンボジア（助言サービス）に関する決議が採択されている。

第54会期では提出が見送られた中国の人権状況に関する決議案は、今会期米国により単独で提出されたが、過去同様、採択にかけない（「ノーアクション」）という動議が中国により要求され、これが投票により承認された（22/17/14）。

東ティモールに関しては、人権委員会と同時進行するかたちでニューヨークにおいて進められていた国連事務総長代表とインドネシアおよびポルトガルの代表者間協議において、両国が東ティモール

表2●国連人権委員会の特別報告者などの一覧（99年第55会期報告提出分）

特別報告者などによる報告	報告書文書番号
1967年以降に占領されたパレスチナの地域	E/CN.4/1999/24
コンゴ民主共和国	E/CN.4/1999/31
イラン	E/CN.4/1999/32*
ルワンダ	E/CN.4/1999/33*
ミャンマー（ビルマ）	E/CN.4/1999/35
ナイジェリア	E/CN.4/1999/36
イラク	E/CN.4/1999/37
スーダン	E/CN.4/1999/38
アフガニスタン	E/CN.4/1999/40
赤道ギニア	E/CN.4/1999/41
旧ユーゴスラビア	E/CN.4/1999/42
ブルンジ	A/53/490（第53会期総会に提出された中間報告書）

* 人権委員会特別代表による報告

テーマ別特別報告者・作業部会		
テーマ	文書番号	取り上げられたアジア・太平洋地域の国名
1.人種主義、人種差別および外国人排斥	E/CN.4/1999/15	インド、インドネシア
	E/CN.4/1999/15/Add.1	―
2.超法規的、略式または恣意的処刑	E/CN.4/1999/39	インド、インドネシア、韓国、日本、フィリピン、シンガポール、スリランカ、中国、マレーシア、ミャンマー（ビルマ）、タイ
	E/CN.4/1999/39/Add.1	中国、インドネシア（東ティモール）、インド、日本、マレーシア、ミャンマー（ビルマ）、ネパール、パキスタン、フィリピン、韓国、シンガポール、スリランカ、タイ
3.表現と意見の自由	E/CN.4/1999/64	中国、日本、マレーシア、韓国、スリランカ、ベトナム
	E/CN.4/1999/64/Add.1	マレーシア
	E/CN.4/1999/64/Add.2	―
4.裁判官と法律家の独立	E/CN.4/1999/60	カンボジア、インド、インドネシア、マレーシア、ニュージーランド、パキスタン、フィリピン、スリランカ
5.国内避難民*1	E/CN.4/1999/79	スリランカ
	E/CN.4/1999/79/Add.1	―
	E/CN.4/1999/79/Add.2	―
6.傭兵	E/CN.4/1999/11	
7.宗教的不寛容	E/CN.4/1999/58	中国、インド、インドネシア、マレーシア、ミャンマー（ビルマ）、ラオス、韓国、スリランカ
	E/CN.4/1999/58/Add.1	
	E/CN.4/1999/58/Add.2	ベトナム
8.子どもの売買、子どもの買春、子どものポルノ	E/CN.4/1999/71	日本、バングラデシュ、カンボジア、中国、ネパール、パキスタン、スリランカ、タイ、ベトナム、ネパール、インド、台湾
	E/CN.4/1999/71/Add.1	ラオス
9.拷問、非人道的または品位を傷つける取扱いまたは刑罰	E/CN.4/1999/61	オーストラリア、バングラデシュ、カンボジア、中国、インド、インドネシア、日本、ラオス、マレーシア、ミャンマー（ビルマ）、ネパール、フィリピン、韓国、スリランカ、タイ、ベトナム
	E/CN.4/1999/61/Add.1	
10.有害廃棄物	E/CN.4/1999/46	ニュージーランド、インド、フィリピン
	E/CN.4/1999/46/Add.1	―

	E/CN.4/1999/68	オーストラリア、日本、ミャンマー（ビルマ）、ニュージーランド、フィリピン、シンガポール
11.女性に対する暴力、その他の原因および結果	E/CN.4/1999/68/Add.1	中国、インドネシア、ネパール、スリランカ
	E/CN.4/1999/68/Add.2	―
	E/CN.4/1999/68/Add.3	インドネシア・東ティモール
	E/CN.4/1999/68/Add.4	中国
12.恣意的拘禁に関する作業部会	E/CN.4/1999/63	ベトナム、インドネシア、フィリピン、韓国、中国
	E/CN.4/1999/63/Add.1	ベトナム、インドネシア、韓国
	E/CN.4/1999/63/Add.2	―
	E/CN.4/1999/63/Add.3	―
	E/CN.4/1999/63/Add.4	―
13.強制的または非自発的失踪に関する作業部会	E/CN.4/1999/62	バングラデシュ、カンボジア、中国、インド、インドネシア、ラオス、マレーシア、ネパール、パキスタン、フィリピン、スリランカ
	E/CN.4/1999/62/Add.1	―
	E/CN.4/1999/62/Add.2	―
14.教育権	E/CN.4/1999/49	一般的データのみ
15.人権と極度の貧困*2	E/CN.4/1999/48	
16.人権の完全な享受に対する構造調整政策の及ぼす影響*2	E/CN.4/1999/50	フィリピン、バングラデシュ、ミャンマー（ビルマ）、ラオス、ベトナム
17.人権および基本的自由の重大な侵害の被害者の原状回復、賠償およびリハビリテーションへの権利*2	E/CN.4/1999/65	―
18.経済的、社会的および文化的権利の完全な享受に対する外国負債の及ぼす影響	口頭による報告のみ	

*1 事務総長特別代表による報告
*2 独立専門家による定期報告

技術協力プログラムに関連する独立専門家など	
国名	文書番号
カンボジア（事務総長特別代表）	E/CN.4/1999/101
ハイチ	A/53/564&530(E/CN.4/1999/102)
ソマリア	E/CN.4/1999/103

の人々の自決への道を認める合意が得られる見込みがみられたこともあって、人権委員会が出した議長声明は手続き的な問題に絞った簡潔な内容のものとなった。しかしながら、会期終了後の同年夏、この「自決」をめぐって実施された住民投票の結果東ティモール人が選択した独立に対し、これに反対する武装勢力側による同地域における大規模人権侵害を受け、人権委員会は9月23日～27日、東ティモールの状況に関する特別会期を召集し、東ティモールの人権侵害に関する情報を収集する国際調査委員会の設置を国連事務総長に求める決議を採択している。

(3) 国別の特別報告者など（表2参照）

特別報告者などにより第55会期人権委員会に提出された12の国・地域に関する報告書のうち、アジア・太平洋地域に関するものとしては、アフガニスタン（カマル・ホサイン・特別報告者）に関す

る報告書（E/CN.4/1999/40）と、ミャンマー（ビルマ）の状況（ラズスーマー・ララー・特別報告者）についての報告書（E/CN.4/1999/35）がある。

さらに事務総長が東ティモールの人権状況（E/CN.4/1999/28）、ならびにミャンマー（ビルマ）の状況（E/CN.4/1999/29）に関して、各々報告書を提出している。

重要性が高まる国連人権高等弁務官事務所が展開する人権分野における技術協力対象地域に関する独立専門家等による定期報告では、カンボジア（事務総長特別代表、E/CN.4/1999/101）、ハイチ（A/53/564（E/CN.4/1999/102））、ソマリア（E/CN.4/1999/103）の状況が取り上げられている。

(4) 課題別特別報告者（または作業部会）

第55会期には、前年と同じ13項目に関する課題別特別報告者（作業部会）に加え、新しく任命された教育権に関する特別報告者と、「人権と極度の貧困」、「人権の完全な享受に対する構造調整政策の及ぼす影響」、「人権および基本的自由の重大な侵害の被害者の原状回復、賠償およびリハビリテーションへの権利」に関する独立専門家の報告書がそれぞれ提出された。また、子どもと武力紛争に関する事務総長特別代表が1998年国連総会に提出した報告書も議論の対象となっている。なお、1998年に新しく任命された、「経済的、社会的および文化的権利の完全な享受に対する外国負債の及ぼす影響」に関する特別報告者は、その任命が遅れた（8月）こともあり、第55会期人権委員会では口頭による簡単な報告のみが行われた。

なお、これらの報告書には、宗教的不寛容に関する特別報告者はベトナム、表現と意見の自由に関する報告者はマレーシア、女性に対する暴力に関する特別報告者はインドネシアおよび東ティモール、子どもの売買、子どもの買春、子どものポルノに関する特別報告者はラオス、それぞれの国への視察報告が含まれている。恣意的拘禁に関する作業部会もインドネシアに視察団を派遣（99年1月31日〜2月12日）したが、今会期は非公式・予備的報告書のみ提出され、公式報告書は2000年人権委員会で審議される見込み。以上のほか、各種報告書で取り上げられているアジア・太平洋地域諸国について、主なものは表2にまとめたとおり。

(5) 人権基準策定

人権基準策定作業の中心的役割を担う国連人権委員会では、1999年現在、以下のような国際人権文書の作成が着手、あるいは提案されている。

(a) 条約・選択議定書
【すでに着手されているもの】
①子どもの売買、子どもの買春および子どものポルノの防止に関する子どもの権利条約選択議定書案

1999年1月25日〜2月5日に開催された第5会期でも、同問題に関する特別報告者の貢献にもかかわらず、引き続き、定義問題に関してコンセンサスは見ることはできなかった（E/CN.4/1999/74）。意見の相違が見られる1つの問題は、子

どもの売買の目的および形態を制限するか否か。目的や形態がなんであれ子どもの売買は処罰されるべきだとする政府がある一方、目的は性的搾取に限定すべきだとする政府がある。

　2000年における採択に向け、起草作業をスピードアップさせるため、作業部会議長は非公式協議を次会期までに数回もつことを提案している。第6会期は2000年1月24日〜2月4日に開催予定。
②子どもの武力紛争への関与に関する子どもの権利条約選択議定書案

　1993年世界人権会議のアピールを受け、子どもの権利委員会が同年、条約38条2項に規定されている敵対行為への参加が許される者の最低年齢15歳を引き上げることを主な目的とする議定書を提案。1995年より人権委員会の下に設置された作業部会において検討されており、第5会期は1999年1月11〜22日に開かれた（E/CN.4/1999/73）。議長が進めた諸政府との非公式協議では、敵対行為への参加のための年齢制限に関し、これを15歳以上に引き上げることについては合意が得られたものの、18歳という数字については、まだコンセンサスがないことを明らかにさせた。子どもの権利条約発効10周年にあたる2000年は、第6会期が1月10〜21日に開催される。
③拷問およびその他の残虐な、非人道的なもしくは品位を傷つける取扱いまたは刑罰を禁止する条約の選択議定書案

　拷問の発生防止のために拘禁施設を訪問することを可能にするメカニズムの設置を目的とした選択議定書案。20年前に現在の「拷問反対協会」（NGO）

が提案した議定書案を基にしている。第7会期は1998年9月28日〜10月9日に開かれた（E/CN.4/1999/59）。今会期の第2読会はそのほとんどを非公式協議に費やすことにより、さらに3カ条（12bis条、18条1項2項、19条1項2項）が採択され、19条3項を削除することが決定したが、依然として全25カ条中、選択議定書の中核となる重要な8条項が合意が得られないままになっている。

　第8会期作業部会は1999年10月4〜15日に開催されている。
④経済的、社会的および文化的権利に関する国際規約選択議定書案

　社会権規約委員会において起草された、経済的、社会的および文化的権利に関する国際規約に選択的通報制度（個人および集団）を設ける選択議定書案が、1997年より人権委員会において検討されている。人権高等弁務官を通し、すべての（社会権）規約締約国に対し、選択議定書案についての意見を人権委員会に送付するよう強く要請しているが、第55会期に事務局から報告されたのは、フィンランドとクロアチア、および一研究機関からのコメントのみ（E/CN.4/1999/112）。回答を寄せた2カ国とも議定書を基本的に支持する立場を示す一方、研究機関は一連の修正を提案している。

　人権委員会は、決議1999/25において、人権高等弁務官は、すべての規約締約国に対し、選択議定書案についてのコメントを提出するよう強く求めるよう、再度要請している。
【提案されているもの】

⑤あらゆる者の強制失踪からの保護に関する国際条約案（E/CN.4/Sub.2/1999/19, annex）

その決議1998/25に基づき、人権推進・擁護小委員会（元差別防止・少数者保護小委員会；以下、人権小委員会）が人権委員会にさらなる検討を委託した草案。1996年の司法の実施に関する作業部会にジョワネ人権小委員会委員により提出された原案を基にしている。作業部会の設置を提案するNGOもあったが、人権委員会は、それを時期尚早だとして、事務総長に対し、政府、国際機関、NGOに意見を求め、その結果を次会期に報告するよう求めるにとどまった（決議1999/38）。

(b) 宣言
【すでに着手されているもの】
①国連先住民族の権利に関する宣言案
　人権小委員会先住民作業部会により起草された宣言草案が、1995年より人権委員会作業部会で検討されている。1998年11月30日〜12月11日に開かれた第4会期では、宣言案全45カ条のうち、自決権に関する3条や、教育へのアクセスを規定する15条を含む計11条項が検討されたが、いずれもコンセンサスに至ることができなかった。また、宣言案の適用範囲、およびそれに関連し、「先住民族」の定義の必要有無に関する非公式会合も開かれた（E/CN.4/1999/82）。第5会期は、1999年10月18〜29日に開かれている。

【提案されているもの】
②人権と極度の貧困に関する宣言案
　第54会期（1998年）人権委員会は、人権と極度の貧困に関する独立専門家を任命。専門家に対し、当該問題に関する可能な宣言案の主要点についての提案を第55会期に提出するよう要請した。独立専門家はその報告書（E/CN.4/1999/48）の中で、そのような宣言案を準備することの必要性を唱え、可能な宣言案の基本的要素を起草するための専門家会合を開くよう要請。これを受け、人権高等弁務官事務所はワークショップを1999年8月30〜31日に開いている。

(c) その他
①人道に関する最低基準
　1990年フィンランドで開かれた専門家会合で採択された人道に関する最低基準宣言案（E/CN.4/Sub.2/1991/55；修正版E/CN.4/1995/116）が1994年に人権小委員会から人権委員会に提出されて以降検討されている。第55会期人権委員会には、第2回分析的報告書が、国連事務総長により提出された（E/CN.4/1999/92）。最低基準を設ける必要性は、主に国内暴動および国内武力紛争に関する国際基準が現在のところ明らかにされていないことから発している。第1回報告書以降のこの分野における最大の進展は、1998年7月の国際刑事裁判所法の採択で、事務総長報告書も当該裁判所法に大きく言及している。前回に引き続き、「非政府行為者」の活動の扱いに関する問題も取り上げられている。
②人権および基本的自由の（重大な）侵害の被害者の原状回復、賠償およびリハビリテーションへの権利に関する基本的原則およびガイドライン

テオ・ヴァン・ボーヴェン元人権小委員会特別報告者により1996年人権小委員会に提出された同基本原則・ガイドラインの修正版を基に、さらなる修正版を準備することを任務とする独立専門家（チェリフ・バシューニ）が1998年人権委員会により任命され（決議1998/43）、第55会期委員会に予備的報告書を提出した（E/CN.4/1999/65）。報告書はヴァン・ボーヴェン氏自身により作成された93年版と96年版原則の法的比較、ならびにヴァン・ボーヴェン氏のこれらの原則と小委員会のもう1人の専門家、ジョワネ委員が免罪に関する彼自身の研究の枠組み内で作成したガイドラインの比較を、各々行っている。この報告書については、ヴァン・ボーヴェン氏の原則起草過程における議論がまったく考慮されていないとする批判もある。独立専門家は、第56会期人権委員会に最終報告書と修正基本的原則およびガイドラインを提出するよう要請されている（決議1999/33）。

③構造調整プログラムと経済的、社会的および文化的権利に関する基本政策ガイドライン

1996年人権委員会により設置された作業部会が、1999年3月1～3日、第2回目の会合を開いた（E/CN.4/1999/51）。当該作業部会の作業を助けるために任命された独立専門家もこの会合に出席し、さらに第55会期人権委員会に包括的な報告書を提出している（E/CN.4/1999/50）。第3会期作業部会は2000年2月28日～3月2日に開かれている。

④免罪と闘うための措置を通じた、人権の保護・伸長のための諸原則（市民的および政治的権利）（E/CN.4/Sub.2/1997/20/Rev.1）

ジョワネ小委員会特別報告者により作成されたもので、小委員会からの委託により、第54会期（1998年）より人権委員会においてさらに検討されている。決議1998/53に基づき国連事務総長が各国政府、国際機関、NGOに出した見解およびコメントの要請に対し応じたのは2メンバー政府（コロンビア、メキシコ）、3国連機関と4NGOのみ（事務総長報告E/CN.4/1999/57）。第55会期人権委員会は事務総長に対し、同様の要請を再度行っている（決議1999/34）。

⑤死刑廃止

国連事務総長により、死刑に関する法および実施の変化に関する第2回年間報告書が、第55会期人権委員会に提出された。報告書によると、1998年1月1日以降死刑制度を廃止したのは3カ国（エストニア、アゼルバイジャン、ネパール）、死刑の対象範囲を制限したのは1カ国（タジキスタン）、死刑の撤廃を規定する自由権規約第2選択議定書を採択したのは2カ国（コスタリカ、ネパール）、などとなっている。アジア・太平洋地域はとりわけ死刑制度を維持している国が多く、採決にかけられた死刑に関する決議で反対票を投じた11カ国の人権委員会メンバーのうち6カ国がアジア諸国（バングラデシュ、中国、インドネシア、日本、パキスタン、韓国）である一方、賛成30カ国に参加したのはネパール1カ国のみ。

(6) 発展の権利

1996～97年に2回の会期をもった、発展の権利の実施および伸長のための戦略を練ることを任務とした作業部会の作業をフォローアップする、新しい作業部会が第54会期(1998年)人権委員会により設置された。この作業部会の主な任務は、発展の権利宣言の中で詳細に述べられている発展の権利の伸長および実施における進展状況を監視することにある。また、作業部会の作業を補佐するため、調査研究を行う独立専門家も同時に任命されている。作業部会は第1回目会合を1999年9月13～14日に開いている。第55会期人権委員会には、関連報告書が人権高等弁務官と国連事務総長より、さらに独立専門家からは仮作業計画を含むワーキングペーパーが、各々提出されている。

(7) 移住者
　移住者の人権の効果的かつ完全なる保護に対する障害について、各国政府、NGO、その他の情報源からあらゆる関連情報を収集し、移住者の人権のさらなる伸長、保護ならびに履行のための勧告を検討することをその任務とする5名の専門家からなる作業部会が、1997年に引き続き2つの会期(1998年11月23～27日、1999年2月8～12日)を期間中に開催。計4回の会期を通して展開されたいわゆる「不法労働者」や人身売買問題を含む広範な移住者の人権問題に関する議論の結論と、今後のフォローアップのための一連の勧告を採択した(E/CN.4/1999/80)。米国等からの反対もあったが、作業部会の勧告を受けた第55会期人権委員会は、特別報告者(ガブリエラ・ロドリゲス・ピザーロ)を任命している(人権委員会決議1999/44)。

2.国連人権小委員会

　直接の上位機関である人権委員会において進められている機構改革の一環で、1999年より名称を差別防止・少数者保護小委員会から人権擁護・推進小委員会に変えた、調査研究を主要任務とする人権小委員会の第51会期は、1999年8月2～27日に開催され、30の決議と17の決定、人権委員会での採択のための9つの決定、および6つの議長声明が採択された(E/CN.4/2000/2-E/CN.4/Sub.2/1999/54)。

(1) 1503手続きによる非公開の審議
　大規模かつ重大な人権侵害の事態を特定することを目的とした非公開通報手続き。小委員会会期前に開かれる「情報に関する作業部会」および人権小委員会本会議による予備審査を通過した通報が、さらに国連人権委員会(通報作業部会および本会議)に付託される。1.(1)参照。

(2) 個別の国の人権状況に関する決議
　1996年以降、国連人権委員会との作業の重複を避けるため、小委員会は、人権委員会が検討中の(1503手続きは除く)個別の国・地域の状況については原則的になんらの措置もとらないことになっている。第51会期小委員会では、コンゴ共和国、トーゴ、ベラルーシ、および

インドネシアに関する決議案が提出されたが、採決・採択されたのはコンゴ共和国に関する決議のみ。残り3カ国については、メキシコとともに、その人権状況に関する議長声明が代わって出されている。

また、今会期新しい傾向として、テーマ別決議内に特定国を言及するものが多数登場。「人権擁護者の権利侵害」に関する決議では、スリランカの人権活動家ニーラン・ティルチェルバムなど近年殺害された人権擁護者の名が決議本体で言及されるとともに、その安否が気遣われている人々のリストが添付され、とくに「少年犯に関する死刑」に関する決議では90年以降少年犯の死刑が執行された19カ国が言及され（アジア地域では、イランとパキスタンが含まれている）、そして「国際人権条約の下の義務の継続」に関する決議には北朝鮮等5カ国に対する勧告が含まれている。また、同様の手法を用い、ブータン難民とトルコの国内避難民を大きく取り上げた「長期難民および国内避難民の状況」に関する決議案は、関係国との協議と委員間の長い議論の結果、ブータン難民に関しては議長声明に代え、決議案の残りの箇所については次会期に審議を持ち越すことを小委員会は決定した。

さらに、テーマ別議題項目の下、「アフガニスタンの女性と女児の状況」に関する決議（1999/14）と人道的見地より通商禁止を解くよう国際社会、とりわけ国連安全保障理事会に対し求める「イラクの人道状況」に関する決定（1999/110）も、採択されている。

(3) 作業部会による検討
(a) 現代奴隷制に関する作業部会

奴隷関連3条約をその作業の基礎とする1974年設立の作業部会。人身売買および性的搾取をメインテーマにした第24会期は、1999年6月23日～7月2日に開かれた（E/CN.4/Sub.2/1999/17）。会期直前の2日間、IMADRは他の3つのNGOと「人身売買、売買春、グローバル性産業に関するNGOとUN/IGO協議会」を共催。この会議の参加者の多くが、作業部会会期初日から始まった同テーマの議論にも活発に参加した。

また、前年の作業部会の勧告に基づいて、ワイスブロード小委員会委員と奴隷制反対国際協会（ASI）によりまとめられた「奴隷制に関する条約の編纂ならびに批評」の検討にも、作業部会は時間を大きく費やした。なおこの批評には、現代奴隷制関連諸問題（人身売買を含む）の定義や、作業部会の今後についての諸提案も含まれている。

以上のほか、作業部会では、強制労働、子どもの労働、債務労働、移住労働者、臓器売買、などの問題も議論された。

債務奴隷をメインテーマにした第25会期は、2000年6月14～23日に開かれている。

また、同作業部会に関連する人権小委員会の「武力紛争下の組織的レイプ、性的奴隷・奴隷類似慣行」に関するゲイ・G・マクドゥガル特別報告者の第51会期小委員会への報告は、非公式報告書のみが提出された。本非公式報告書は、第2次世界大戦中の日本の軍事的

性奴隷システムに関する進捗状況をとくに扱うセクションが含まれている。
(b) 先住民作業部会

人権小委員会直前の7月26～30日、例年どおり大多数の参加者を迎えた第17会期がジュネーブで開かれた（E/CN.4/Sub.2/1999/19）。今会期の2つのメインテーマは、「先住民と彼らの土地との関係」と「先住民族の健康問題」。また、前者に関するダエス委員による第2回進捗ワーキングペーパー（E/CN.4/Sub.2/1999/18）と、アルフォンゾ・マルチネス特別報告者による「国家と先住民との間の条約等建設的な取極」に関する研究の最終報告書（E/CN.4/Sub.2/1999/20）も今会期の議論の中心となった。

土地問題に関するワーキングペーパーに対しては、先住民族は個人権よりもむしろ集団権を土地に対してもつことの重要性にもかかわらず「先住民族（peoples）」という単語を使用しないことや、土地への「権利」ではなく先住民族と土地との「関係」を取り扱っている点などが、北米先住民族を中心に批判された。

マルチネス報告は、先住民族を主にヨーロッパ諸国による植民地化との関連で定義し、よって、アジア、アフリカ諸国のほとんどの自称「先住民族」は先住民族とはいえず、よくてマイノリティだとする結論に至っており、これはアジアとアフリカの先住民族代表、およびサアミ民族より厳しく批判されている。

このほか、作業部会では、民間セクターによる鉱山開発等に関する原則・ガイドライン策定の可能性や先住民族のための常設機関に関して議論が行われた（次会期：2000年7月24～28日）。
(c) マイノリティに関する作業部会

1995年に設立された作業部会。1999年5月25～31日に開かれた第5会期（E/CN.4/Sub.2/1999/21）では、前会期アイデ委員により提出された「『マイノリティ宣言』に関するコメンタリー」（E/CN.4/Sub.2/AC.5/1998/WP.1）と、これに対して政府、専門機関、NGOおよび専門家から寄せられた意見（E/CN.4/Sub.2/AC.5/1999/WP.1）が引き続き活発に議論され、これを受けて、アイデ委員に対し修正コメンタリーを次会期に提出するよう、作業部会は要請している。

このほか、今会期、「市民権と非市民のマイノリティの権利」、「マイノリティの効果的参加」、「多文化および相互文化教育とマイノリティの保護」などに関するワーキングペーパーが提出されている。また作業部会は、ILO、UNHCR、WHOおよびUNICEFの代表者より、各々の機関のマイノリティ関連活動についての報告も受けている。

2000年5月22～26日に開催の第6会期作業部会には、今会期提出が見合わされた「マイノリティの存在および認識」などに関するワーキングペーパーが委員より提出される予定。

(4) 調査研究
(a) 特別報告者による調査報告のテーマ
第51会期に提出された前掲以外の特別報告者による調査報告のテーマは以

下のとおり。
①女性と子どもの健康に影響を与える伝統的な慣行（E/CN.4/Sub.2/1999/14）

　1994年小委員会で採択された「女性と子どもの健康に悪影響を与える伝統的な慣行の撤廃のための行動計画」（E/CN.4/Sub.2/1994/10/Add.1(Corr.1)）の各国での実施状況をフォローアップする、ワルザジ委員による第3回報告書。今回の報告書には、1999年5月にブルキナファソで開かれた「西アフリカ経済通貨連合（UEMOA）加盟国における女性の生殖器切断の慣行に対する調和した行動に関する地域ワークショップ」で採択された宣言文が収められている。
②テロリズムと人権（E/CN.4/Sub.2/1999/27）

　新しく任命されたクーファ特別報告者により、予備的報告書が第51会期小委員会に提出され、委員会メンバーの高い関心を呼び、活発な議論が展開された。報告書は、個人の生命、自由と尊厳、民主的社会、および社会的平和と公序の3つのレベルで当該問題を検討。テロリズムとテロリストの定義問題や、私人であるテロリストによりとられた行動に対して果たして政府は責任を負うべきか否か、といった問題を提起している。
（b）ワーキングペーパーによる研究

　以下のテーマに関するワーキングペーパーが第51会期小委員会に提出された：人権小委員会の作業方法；非市民の権利；グローバル化と人種主義；貿易、投資および財政政策の主要目的としての人権；食糧への権利；人権教育を含む教育権の実現；人権条約への留保；人権文書の全世界的受入れの奨励と、国連人権条約への非締約国による世界人権宣言に収められている人権と基本的自由の遵守。

(5) 人権基準策定
・先住民の文化遺産の保護のための原則およびガイドライン案（E/CN.4/Sub.2/1994/31,annex）

　先住民の文化遺産の保護に関する特別報告者により起草された「原則およびガイドライン案」をさらに検討するためのセミナーが第16会期（1998年）先住民作業部会開催までに開かれるよう小委員会が1997年に要請、これが1998年人権委員会により承認された。セミナーは2000年3月にジュネーブにおいて開かれている。

3.国連人権高等弁務官事務所

　新居パレ・ウィルソンでの第2代高等弁務官と副高等弁務官の体制がようやく確立した新生国連人権高等弁務官事務所。以下、過去1年間の新しい動きを含めた弁務官事務所の主な活動を簡潔に紹介する（E/1999/96、A/54/36、E/CN.4/2000/12）。

(1) 国連人権高等弁務官事務所
(a) 機構

　事務所の事業関連部は引き続き、①調査および発展の権利部、②支援サー

ビス部、③活動・計画部の3つからなるが、加えて、高等弁務官が優先事項とするいくつかの問題については（広報、国内人権機関、人身売買など）、高等弁務官へのアドバイザーが任命されている。

(b) 財政

依然として低い国連通常予算の人権部門への配分のなか、拡張する活動を可能なかぎり遂行すべく、国連人権活動はその活動資金の多くを政府その他からの寄付、あるいは外部資金（財団の助成金）に頼っている。現在、国連高等弁務官の下には、従来の、人権保護・伸長のための「技術的協力のための自発基金」、現地活動一般のための「人権現地活動自発的基金」、さらに特別手続きおよび各種プログラムのための「拷問被害者のための自発的基金」、「現代奴隷制自発的基金」、「先住民自発的基金」、「『世界の先住民の国際10年』自発的基金」、「『第3次人種差別と闘う10年』自発的基金」などに加え、マイノリティに関する作業部会へのマイノリティ参加者を支援するための自発的基金が新しく設置されている。このほかにも、下記の特別プログラムのほとんどが、外部資金に頼っている。

(2) 各国政府との調整・支援

(a) 現地視察・調査団派遣

重大かつ深刻な人権侵害が多発した1999年、ロビンソン高等弁務官は積極的かつ早急に、本人または特別に任命した自分の代表による現地視察を行った。3月に北大西洋条約機構（NATO）が開始したセルビア共和国への空爆キャンペーン以降状況が悪化したコソボへは、情報収集を目的に弁務官代表と人権委員会特別報告者を緊急に現地へ派遣し、5月には弁務官自身が、コソボからの難民が大量に流入した近隣諸国（マケドニア、アルバニア、ボスニア・ヘルツェゴビナ、クロアチア、およびセルビア、モンテネグロ両共和国）を視察訪問。さらに6月30日にはプリシュティナ（コソボ）にも足を運び、現地の状況を人権委員会役員に報告している。

99年8月30日に実施された国民投票の結果住民が選択した独立に反対する勢力による大規模な人権侵害が発生した東ティモールにも、9月11～13日、高等弁務官は現地の人権状況の査定のために訪れるとともに、オーストラリア・ダーウィンにおいて東ティモール難民と面会、さらにジャカルタにおいてインドネシア大統領と東ティモールのリーダーたちと会合を行った。

深刻な人権侵害が依然として続くシエラレオネにも、6月24～25日に高等弁務官は訪問。訪問中、同国大統領、国連事務総長代表とともに、「人権声明」に署名している。

(b) 現地活動

ここ数年、人権高等弁務官事務所の現地活動への関与は著しく増加し、1992年には1つだった独自の現地事務所の数は1999年には19にまで増加。このうち、8つの事務所は人権の推進・擁護ならびに技術協力活動を、そして残りの11の事務所では技術協力活動を実施している。アジア・太平洋地域では、前者にはカンボジアとアフガニスタンが、

そして後者にはインドネシアとモンゴルが含まれている。

さらに高等弁務官事務所は、平和維持／平和構築活動の一環で、国連平和維持活動部と政治問題部との共同現地事務所を6カ国に置いており、これら事務所はその活動だけでなく現地の人権状況に関しても、定期的に報告を行っている。

なお、現地事務所への支援の改善のため、高等弁務官事務所は、他の国連機関、国際機関、NGOなどとの協力関係を展開させ、また有能なスタッフを確保するための効果的な手続きや現地スタッフのトレーニングにいっそう力を入れてきている。

(c) 人権のための技術協力と助言サービス

国内および地域レベルにおけるあらゆる人権の擁護・推進を助けるべく、人権高等弁務官事務所が展開する技術協力プログラムは、主に「人権分野における技術協力のための自発的基金」を通して資金助成されている。関係政府からの要請により実施される活動の数は過去数年急激に増加しており、第56会期（2000年）人権委員会に提出された高等弁務官の報告書（E／CN.4／2000/105）によると、1999年度、アジア・太平洋地域に関する4つを含む計9つのプロジェクトが完了。実施中の国内、地域および世界プロジェクトの数は45に及び、これにはアジア・太平洋地域では、3つの地域プロジェクトと5つの国内プロジェクト（ブータン、ネパール、パレスチナ、インドネシア、モンゴル）が含まれている。またフィリピンと中国における国内プロジェクトを含む3つのプロジェクトが、準備の最終段階にある。

技術協力プログラムのなかで、高等弁務官事務所はとりわけ国内人権委員会の設立・強化と国内人権行動計画の施行・実施を重要視。後者に関しては、国家、国内機関およびNGOと情報を共有するとともに、行動計画の展開に関するハンドブックの発行も予定している。ちなみにこのような行動計画を採択、あるいはすでに実施している国は現在のところ11カ国ある（アジア・太平洋地域ではオーストラリア、インドネシア、フィリピン）。

また、技術協力活動の実施において、高等弁務官事務所は他の国連機関、とりわけ国連開発計画（UNDP）との協力関係の強化を追求している。

経済的、社会的および文化的権利の重要性が強調されるなか、高等弁務官はこれらの権利を事務所の技術協力活動のすべての側面に統合するための特別プロジェクトを実施。そのために事務所内の専門性を高めるためのトレーニング・プログラムが1999～2000年に展開している。さらに、技術協力プログラムと現地活動のためのマニュアルや各種資料に経済的、社会的および文化的権利を盛り込んできている。これらの権利の推進における国内人権委員会の役割の重要性に鑑み、弁務官事務所はまた、国内人権委員会の活動およびプログラムに同権利を統合するのを手助けするためのハンドブックも準備中。

(3) ローカルの人々の直接支援

1998年、人権高等弁務官事務所はUNDPと共同して、個人、地方団体などによる人権の促進および保護を奨励することを目的とした、「コミュニティを共に支援するプロジェクト（ACT）」に着手。98年度は24カ国の人権イニシアティブに69の助成金（総額13万米ドル）を支給。99年11月に開始した第2期ACTでは、すでに16の国および地域が選ばれている。

(4) パートナーシップの構築
(a) 国連システム内のパートナーシップ
　人権の擁護および推進を国連システム全体に統合させることの重要性に鑑み、人権高等弁務官事務所も、国連の他の部門、機関、プログラムとの活動の調整ならびに協力関係の強化を図ってきている。
　とりわけ経済的、社会的および文化的権利の領域での展開が最近は著しく、以下、いくつかの具体的な協力事例を紹介する：
・弁務官事務所は、開発分野における国連の主要政策・調整機構である国連開発グループの発展の権利に関する暫定グループの議長を務め、発展の権利および持続的発展のためのその実施に関する国連スタッフのトレーニング・プログラムの策定などをリード。
・人権ならびに経済開発および社会発展への統合したアプローチを確保すべく、UNDPおよび世界銀行と緊密に連絡。
・1996年世界食糧サミットの勧告を受け、食糧権の内容の決定およびその実施に関し、国連食糧農業機関（FAO）と世界食糧計画、およびNGO、専門家と協力。
・99年3月、相当な居住への権利の実際的側面に関する専門家会合をHABITATと共催。既存の人権現地事務所の1つで、居住権に関する試験的プログラムを同2機関で展開させることを同意。
・健康の領域では、UNAIDSとの協力関係を発展させ、「HIV/AIDSと人権に関する国際ガイドライン」の普及、HIV/AIDS感染者の権利の保護の視点から刑法と更生システムの見直しおよび改正、「国際ガイドライン」の国連機関およびプログラムの政策ならびに諸活動への統合、などを実施。
・UNDPと、持続的発展への人権的アプローチの促進を含む、「人権強化（HURIST）」のための共同プログラムを展開。

(b) ビジネスセクターとのパートナーシップ
　多くのビジネスが個人および共同体の尊厳と権利に大きく影響を与えることがいっそう明らかになってくるなか、1998年1月、国連事務総長は世界経済フォーラムにおいて、世界市場に人間の顔を与えるための共有価値と原則の「グローバル協約（Global Compact）」を提案。この「グローバル協約」の第一義的目的は、ビジネス・コミュニティの任務に普遍的価値観を統合すること、これらの価値観を履行するために経営方法を修正すること、そして経験を共有することにある。事務総長はさらに、国際労働機関（ILO）、国連環境計画（UNEP）および人権高等弁務官に対し、「協約」に関しビジネスを助け、ビジネスとその他の社会集団との間の対話を促進する用意をするよう

要請。これを受け、高等弁務官事務所は複数のビジネス連合体と協力関係を築き、その活動に労働組合やNGOを巻き込んでいる。また、企業による人権侵害に対する国際的説明責任問題も追及している。

(5) 人権教育のための国連10年 (1995〜2004年)

「人権教育のための国連10年」のための行動計画 (A/49/261/Add.1-E/1994/110/Add.1) の1999年度実施状況に関する事務総長報告書が、第54会期国連総会 (A/54/399およびAdd.1) と第56会期人権委員会 (E/CN.4/2000/93) に提出されている。報告書の各国政府による関連活動紹介では、アジア・太平洋地域では、オーストラリア (98年12月に人権教育国内委員会を設置)、ニュージーランド、イランおよび日本が取り上げられている。

高等弁務官事務所は、人権教育の領域において多数の会議、セミナーあるいはトレーニングを主催または共催しているが、前述の報告書では、99年12月に韓国で開かれた学校での人権教育に関する東アジア・ワークショップや、同年6月に弁務官事務所が欧州評議会と欧州安全保障協力機関 (OSCE) と共催した人権の監視に関する現地スタッフのための試験的トレーニング・コースなどについて、紹介されている。

出版活動分野では、「10年」に関するシリーズの発行が開始し、これまでのところ、「『10年』」のための国際行動計画」と「人権教育のための国内行動計画のためのガイドライン」をまとめた「国連人権教育の10年 (1995-2004)」(No.1)、「人権教育と人権条約」(No.2)、そして、人権教育に関連する国際および地域文書からの抜粋を収めた「人権教育への権利」(No.3) が発行されている。

以上に加え、さまざまな人権侵害の防止に焦点を当てた第56会期人権委員会への高等弁務官報告 (E/CN.4/2000/12) では、人権教育を通した人権侵害の防止の重要性が唱えられている。

(6) 人種主義、人種差別、外国人排斥および関連のある不寛容に対する世界会議

2001年夏／秋に南アフリカで開催予定のいわゆる「反人種主義・差別撤廃世界会議」の事務総長を務める人権高等弁務官は、以下のような各種準備活動を実施あるいは計画している：「世界会議」に関する特別ホームページの開設；広報の役割を担う親善大使の任命；各種研究・調査活動の実施または専門家／機関によるそのような研究の補佐；地域専門家会議の開催 (アジア地域専門家会議は2000年9月にバンコクで開催予定)；政府間地域準備会議開催の援助。

(7) 人身売買

1998年以降高等弁務官は、人身売買問題を事務所の活動の優先事項としており、1999年3月には、国際、地域および国内の反人身売買イニシアティブへの人権の統合を目的とした「反人身売

プロジェクト」に着手。このプログラムは大規模な新規プロジェクトを展開することを目的としたものではなく、むしろ弁務官事務所は、さらなる発展を刺激する機関として、すでにあらゆるレベルで存在するイニシアティブを支援するよう努めている。

現在のところ、弁務官事務所は、国際レベルでは国際組織犯罪の枠組みで起草されている人身売買および移民の密入国それぞれに関する議定書に格別に注目している。地域レベルでは、欧州評議会とともに、中・東欧における人身売買防止活動に焦点を当てた共同プロジェクトに着手。また、南アジア地域協力連合（SAARC）の女性と女児の人身売買に対する条約草案に対する事務所の見解を提出するなどしている。

(8) ジェンダー

1999年5月、人権高等弁務官事務所は、国連人権システムへのジェンダーの視点の統合に関するワークショップを国連女性の地位向上部および国連女性開発基金（UNIFEM）と共催。このワークショップには特別報告者などや条約機関議長が参加している。

弁務官事務所はまた、ジェンダー問題と女性の人権に関する活動計画を準備中。現地事務所／現地活動におけるジェンダー問題の強化、現地活動の上層部への女性の起用、なども注目している。

4.女性の地位委員会

人権委員会同様、経済社会理事会の機能機関の1つである女性の地位委員会は、毎年3月に国連本部（ニューヨーク）で開催される。1999年は、「女性と健康」ならびに「女性の地位の向上のための機構」を主要テーマとした第43会期が3月1〜19日に開かれ、3月15〜19日は北京行動綱領の実施状況を総括するために2000年に開かれる総会特別会期の準備のための議論に費やされた（E/1999/27）。

また、同委員会は、検討を続けていた女性差別撤廃条約の選択議定書（個人通報手続きを規定）案をようやく採択。この選択議定書は、99年10月6日、国連総会により無投票で採択されている。議定書は、10カ国目の締約国による批准／加入の3カ月後に効力が発生することになる。

5.人権条約機構

主要人権条約の締約国による履行を監視するため、6つの委員会がこれまでに設置されている。

2000〜2001年の条約機関の会合は表3のとおり。アジア・太平洋地域の各国の条約の批准状況は、表4参照。

・一般的意見および勧告

多くの条約機関は、担当条約に関する見解や、締約国の義務についての解釈を、一般的意見（または勧告）を採択する。

・選択議定書の検討

「2.国連人権委員会」、「4.女性の地位委員会」参照。

（田中敦子／反差別国際運動国連代表）

表3●2000-2001年の国連条約機関の検討仮日程

会期	期間	審議される国（予定）
\	\	社会権規約委員会
第22会期	2000.4.25-2000.5.19	コンゴ(*)、エジプト(1)、グルジア(1)、イタリア(3)
第23会期	2000.8.14-2000.9.1	オーストラリア(3)、ベルギー(2)、ホンジュラス(1)、ヨルダン(2)、キルギスタン(1)、モンゴル(3)、スーダン(1)
第24会期	2000.11.13-2000.12.1	**日本**(2)、モロッコ(2)、ポルトガル(3)、ベネズエラ、ユーゴスラビア(2)
第25会期	2001.4.23-2001.5.11	ボリビア(1)、**中国（香港）**(1)、パナマ(1)、**韓国**(2)、シリア(2)、ウクライナ(4)
第26会期	2001.8.13-2001.8.31	フィンランド(4)、ドイツ(4)、**ネパール**(1)、セネガル(2)、スウェーデン(4)、ウクライナ(4)
\	\	自由権規約委員会
第68会期	2000.3.13-2000.3.31	アフガニスタン(2)、コンゴ(2)、ガイアナ(2)、**モンゴル**(4)、英領地域(4)、英国(5)、ベネズエラ(3)
第69会期	2000.7.10-2000.7.28	**オーストラリア**(3)(4)、アイルランド(2)、**クウェート**(1)、**キルギスタン**(1)
第70会期	2000.10.16-2000.11.3	アルゼンチン(3)、デンマーク(4)、ガボン(2)、ペルー(4)、トリニダートトバゴ(4)、**ウズベキスタン**(1)
\	\	人種差別撤廃委員会
第56会期	2000.3.6-2000.3.24	**オーストラリア**(10-12)、**バーレーン**(1-5)、**バングラデシュ**(*)、デンマーク(14)、エストニア(1-4)、フランス(12-14)、ガーナ(12-15)、ギリシャ(*)、レソト(7-14)、マルタ(14)、**ネパール**(14)、**カタール**(*)、ルワンダ(8-12)、スロベニア(*)、スペイン(14-15)、**トンガ**(14)、**ベトナム**(*)、ジンバブエ(4)
第57会期	2000.7.31-2000.8.25	アルゼンチン(15)、チェコ共和国(3-4)、フィンランド(15)、ガーナ(12-15)、バチカン(13-15)、アイスランド(15)、モーリシャス(14)、**ネパール**(12-14)、オランダ(13-14)、ノルウェー(15)、スロバキア(1-3)、スロベニア(1-4)、スウェーデン(13-14)、英国(15)、**ウズベキスタン**(1-2)
\	\	子どもの権利委員会
第23会期	2000.1.10-2000.1.28	アルメニア(1)、コスタリカ(2)、グレナダ(1)、**インド**(1)、マケドニア(1)、ペルー(2)、シエラレオネ(1)、南アフリカ(1)
第24会期	2000.5.15-2000.6.2	**カンボジア**(1)、ジブチ(1)、グルジア(1)、ヨルダン(2)、**キルギスタン**(1)、**イラン**(1)、マルタ(1)、ノルウェー(2)、スリナム(1)
第25会期	2000.9.18-2000.10.6	ブルンジ(1)、中央アフリカ共和国(1)、コロンビア(2)、コモロ(1)、フィンランド(2)、**マーシャル諸島**(1)、スロバキア(1)、**タジキスタン**(1)、英国海外領土（マン島を含む）(1)
第26会期	2001.1.18-2001.1.26	コンゴ(1)、デンマーク(2)、エジプト(2)、エチオピア(2)、グアテマラ(2)、レソト(1)、リヒテンシュタイン(1)、リトアニア(1)、サウジアラビア(1)
第27会期	2001.5.21-2001.6.8	**ブータン**(1)、コートジボワール(1)、ドミニカ共和国(1)、ラトビア(2)、レバノン(2)、**パラオ共和国**(1)、パラグアイ(2)、ポルトガル(1)、英国海外領土(1)
第28会期	2001.9.17-2001.10.5	ベラルーシ(2)、ベルギー(2)、チリ(2)、モナコ(1)、**オマーン**(1)、スペイン(2)、スーダン(2)、チュニジア(2)、トルコ(1)
\	\	女性差別撤廃委員会
第22会期	2000.1.17-2000.2.4	ベラルーシ(3)、ブルキナファソ(2-3)、コンゴ(1&2&3)、ドイツ(4)、**インド**(1)、ヨルダン(1)、ルクセンブルグ(3&4)、**ミャンマー（ビルマ）**(1)
第23会期	2000.6.12-2000.6.30	**オーストラリア**(5)、キューバ(4)、カメルーン(1)、**イラク**(2&3)、リトアニア(1)、マルトバ共和国(1)、ルーマニア(4&5)
\	\	拷問等禁止委員会
第24会期	2000.5.1-2000.5.19	アルメニア(2)、**中国**(3)、エルサルバドル(1)、オランダ(3)、オランダ領アンティル＆アルバ島(3)、パラグアイ(3)、ポーランド(3)、ポルトガル(3)、スロベニア(1)、アメリカ合衆国(1)
第25会期	2000.11.14-2000.11.24	アルメニア(2)、**オーストラリア**(2)、ベラルーシ(3)、カメルーン(2)、カナダ(3)、グアテマラ(3)
第26会期	2001.4.20-2001.5.18	ブラジル(1)、ボリビア(1)、チェコ(2)、ギリシャ(3)、グルジア(2)、スロバキア(1)
第27会期	2001.11.12-2001.11.23	未定

注1●国連人権高等弁務官事務所のホームページより（2000年7月20日）。審理済みを含む。
注2●審議される（予定）国の太字はアジア・太平洋地域。
注3●審議される国の後の( )内は対象となる報告、(*)は報告書なしの審理。

表4●アジア・太平洋地域各国の人権条約批准状況[1,2]（2000年5月15日現在）

	社会権規約	自由権規約	第一選択議定書	第二選択議定書	人種差別撤廃条約	アパルトヘイト禁止条約	アパルトヘイト・スポーツ禁止条約	ジェノサイド条約	戦争犯罪時効不適用条約	子どもの権利条約	女性差別撤廃条約
採択時期	66/12	66/12	66/12	89/12	65/12	73/11	85/12	48/12	68/11	89/11	79/12
世界192カ国中の締約国数	142	144	95[3]	43	156	101	58	130	43	191	165
アジア太平洋地域内（42カ国）の締約国数総計	20	18	11	3	27	14	5	25	7	42	31
<東アジア>											
韓国	90/4	90/4a	90/4		78/12			50/10		91/11	84/12
北朝鮮	81/9	81/9[1]						89/1	84/11	90/9	
中国[2]	s	s			81/12	83/4	s	83/4		92/3	80/11
日本	79/6	79/6			95/12					94/4	85/6
モンゴル	74/11	74/11	91/4		69/8	75/8	87/12	67/1	69/5	90/7	81/7
<東南アジア>											
インドネシア					99/6		93/7			90/9	84/9
カンボジア	92/5	92/5			83/11	81/7		50/10		92/10	92/10
シンガポール								95/8		95/10	95/10
タイ	99/9	96/10								92/3	85/8
フィリピン	74/6	86/10a	89/8		67/9	78/1	87/7	50/7	73/5	90/8	81/8
ブルネイ					s					95/12	
ベトナム	82/9	82/9			82/6	81/6		81/6	83/5	90/2	82/2
マレーシア							s	94/12		95/2	95/7
ミャンマー（ビルマ）								56/3		91/7	97/7
ラオス					74/2	81/10		50/12	84/12	91/5	81/8
<南アジア>											
アフガニスタン	83/1	83/1			83/7	83/7		56/3	83/7	94/3	s
インド	79/4	79/4			68/12	77/9	90/9	59/8	71/1	92/12	93/7
スリランカ	80/6	80/6a	97/10		82/2	82/2		50/10		91/7	81/10
ネパール	91/5	91/5	91/5	98/3	71/1	77/7	89/3	69/1		90/9	91/4
パキスタン					66/9	86/2		57/10		90/11	96/3
バングラデシュ	98/10				79/6	85/2		98/10		90/8	84/11
ブータン						s				90/8	81/8
モルジブ					84/4	84/4	s	84/4		91/2	93/7

[1] 97年8月、北朝鮮は国連事務総長に対し、規約の廃棄を通告したが、同規約には廃棄条項が設けられていないため、事務総長はすべての締約国による同意が得られないかぎり、そのような廃棄は不可能だという見解を出している。
[2] 香港とマカオを含む。
[3] 97年10月23日、ジャマイカは議定書の破棄を通告した。

移住労働者権利条約	難民議定書	難民条約	無国籍者の地位に関する条約	無国籍者削減に関する条約	人身売買禁止条約	奴隷制廃止補足条約	改正奴隷条約※	拷問等禁止条約	結婚最低年齢に関する条約	既婚女性の国籍条約	女性の参政権条約	合計
90/12	67/01	51/07	54/09	61/08	49/12	56/09	53/12	84/12	62/11	57/01	52/12	
12	134	134	49	21	73	118	94	119	49	69	114	2254
3	16	16	4	2	11	18	16	16	7	7	21	339
	92/12	92/12	62/8		62/2			95/1			59/6	13
						s						5
	82/9	82/9						88/10				8
	82/1	81/10			58/5			99/6			55/7	10
						68/12	68/12		91/6		65/8	14
								98/10			58/12	6
	92/10	92/10				82/6		92/10				11
					66/10	72/3			66/3			6
											54/11	5
95/7	81/7	81/7	s	s	52/9	64/11	55/7	86/6	65/1		57/9	19
												1
												8
					57/11					59/2		5
					s		57/4				s	4
					78/4	57/9					69/1	9
					85/5	66/11	54/8	87/4			66/11	12
					53/1	60/6	54/3	s		s	61/11	13
96/3					58/4	58/3	58/3	94/1	s	58/5		14
						63/1	63/1	91/5			66/4	14
					52/7	58/3	55/9			s	54/12	9
98/10					85/1	85/2	85/1	98/10		98/10	13
												2
												5

※国連で採択をした人権条約は25あるが、そのうち奴隷条約、奴隷条約改訂議定書、改正奴隷条約は実質的に同じものであるため、23として計算した。批准（加入）の時期は国連事務総長に批准書もしくは加入書が寄託された年月による。

	社会権規約	自由権規約	第一選択議定書	第二選択議定書	人種差別撤廃条約	アパルトヘイト禁止条約	アパルトヘイト・スポーツ禁止条約	ジェノサイド条約	戦争犯罪時効不適用条約	子どもの権利条約	女性差別撤廃条約
<太平洋>											
オーストラリア	75/12	80/8a	91/9	90/10	75/9b			49/7		90/12	83/7
キリバス										95/12	
サモア										94/11	92/9
ソロモン諸島	82/3				82/3					95/4	
ツバル										95/9	
トンガ					72/2			72/2		95/11	
ナウル										94/7	
ニュージーランド	78/12	78/12a	89/5	90/2	72/11			78/12		93/4	85/1
バヌアツ										93/7	95/9
パプアニューギニア					82/1			82/1		93/3	95/1
パラオ										95/8	
フィジー					73/1			73/1		93/8	95/8
マーシャル諸島										93/10	
ミクロネシア										93/5	
<中央アジア>											
ウズベキスタン	95/9	95/9	95/9		95/9					94/6	95/7
カザフスタン					98/8			98/8		94/8	98/8
キルギスタン	94/10	94/10	94/10		97/9	97/9		97/9		94/10	97/2
タジキスタン	99/1	99/1	99/1		95/1					93/10	93/10
トルクメニスタン	97/5	97/5	97/5		94/9					93/9	97/5
<参考・植民地>											
宗主国・ポルトガル	78/7	78/6	83/5	90/10	82/8			99/2		90/9	80/7

女性の参政権条約	既婚女性の国籍条約	結婚最低年齢に関する条約	拷問等禁止条約	改正奴隷条約※	奴隷制廃止補足条約	人身売買禁止条約	無国籍者削減に関する条約	無国籍者の地位に関する条約	難民条約	難民議定書	移住労働者権利条約	合計
74/12	61/3		89/8c	53/12	58/1		73/12	73/12	54/1	73/12		17
						83/11	83/11					3
		64/8							88/9	94/11		5
81/9			81/9	81/9					95/2	95/4		8
									86/3	86/3		3
												3
												1
68/5	58/12	64/6	89/12c	53/12	62/4				60/6	73/8		16
												2
82/1			82/1						86/7	86/7		8
												1
72/6	72/6	71/7	72/6	72/6				72/6	72/6	72/6		12
												1
												1
97/9			95/9									8
									99/1	99/1		6
97/2	97/2	97/2	97/9	97/9	97/9	97/9			96/10	96/10		17
99/6			95/1						93/12	93/12		10
99/10			99/6	97/5	97/5				98/3	98/3		12
	s		89/2		59/8	92/9			60/12	76/7		

a:自由権規約の第41条にもとづく他の国による人権侵害の申立の審査についての規約人権委員会の権限の受理
b:人種差別撤廃条約14条にもとづく他の国による人権侵害の申立の審査についての人種差別撤廃委員会の権限の受理
c:拷問禁止条約21条（委員会の締約国義務不履行検討）、22条（個人の通報と委員会の権限）にもとづく委員会権限の受理
s:署名のみ
出典●Office of the United Nations High Commissioner for Human Rights, Status of Ratifications of the Principal International Human Rights Treaties, as of 15-May-00 Status of Ratifications, as of 9-May-00
国連人権高等弁務官事務所ホームページwww.//unhcr.ch/にて参照可能

資料1

条約委員会による アジア・太平洋地域の 1999年の国別人権状況審議

条約委員会の概要

社会権規約委員会
【概要】

経済的、社会的および文化的権利に関する国際規約（社会権規約）16条は、締約国が権利の実現のためにとった措置およびこれらの権利の実現についてもたらされた進歩に関する報告を国連事務総長に提出し、それを経済社会理事会が審議することを定める。当初、この審議は同理事会の会期内作業部会で担当したが、報告制度の活性化を図るため、1985年以降、18名の個人資格の専門家で構成する社会権規約委員会が設置された。報告は、規約全体に関する単一の包括的報告書（グローバル・レポート）を、発効後2年以内に、2回目以降は5年ごとに提出することになっている。審査は年2回、各3週間の会期で行うが、事前に、5名の委員からなる非公式な会期前作業部会において、審査予定国に送付するための質問リストが作成される。報告審査はこの質問リストに基づいて質疑応答の形式で行われる。その際、委員会は責任追及ではなく「建設的対話」をめざす。審査後、結論的見解を採択し、当該国に送付するとともに内容を公表する。報告義務を果たさない締約国に対しては、利用可能な情報に基づいて審査の対象となる。また、報告審査には関連する国連専門機関やNGOが参加を認められることもある。

【99年の検討対象】

本書の対象地域のなかでは、20カ国（および香港とマカオ）がこの条約の履行義務を負う。第20会期（99年4月～5月）にソロモン諸島が報告書未提出のまま審議された。

自由権規約委員会
【概要】

市民的および政治的権利に関する国際規約（自由権規約）28条により設置。締約国は、規約40条1項により条約発効後1年以内に報告を提出する義務を課されている。1981年以来、1回目の報告後、5年ごとに報告を提出するものとされている（CCPR/C/19/Rev.1, 26 Aug. 1982）。審査後は結論的見解を採択。各会期の直前5日前には、報告書審査のための質問リスト作成と個人通報について2つの作業部会が開かれている。前者の作業部会はNGOの情報提供を受けている。現在、年3会期（3～4月、7月、10～11月）、各3週間開かれている。

【99年の検討対象】

本書対象地域のなかでは、18カ国（およびマカオ）がこの条約の履行義務を負う。第66会期（7月）でカンボジア、第67会期（10～11月）で韓国、そして特別行政区である香港、マカオの報告書が審議された。

人種差別撤廃委員会
【概要】

あらゆる形態の人種差別撤廃に関する国

際条約（人種差別撤廃条約）8条により設置。18名の個人資格の専門家から構成される。9条は報告の提出について、条約発効後1年以内に、その後は2年ごとに、かつ委員会が要請するときにはいつでも国連事務総長に提出すると定めるが、現在では包括的報告書を4年ごとに、その中間年に追加報告書を提出することになっている。報告書の形式は、委員会が作成したガイドラインに従って、第1部に国内法制などの概説を、第2部に各条文の実施状況を説明するものである。11条に基づく国家通報も当該委員会が受理する。
【99年の検討対象】
　本書の対象地域のなかでは、27カ国がこの条約の履行義務を負う。第54会期（99年3月）に韓国とモンゴルの報告書が審議され、第55会期（99年8月）にはモルジブとキルギスタンの報告書が審議された。

子どもの権利委員会
【概要】
　子どもの権利条約43条により設置。締約国は、条約44条1項により、条約発効後2年以内に第1報告、その後は5年ごとに報告書を提出する。また委員会は追加情報の提出を要請でき（同条4項）、委員会の活動報告は、隔年で国連総会に提出される（同条5項）。審査終了後に結論的見解を採択。現在、年3会期（1月、5～6月、9～10月）、各3週間開かれている。会期の直後に次期会期で審議される報告書のための質問リスト作成のため会期前作業部会が5日間開催されている。条約45条a項などから、NGOは助言や情報提供を行うことができる。
【99年の検討対象】
　本書対象地域のなかでは、42カ国がこの条約の履行義務を負う。第22会期（9～10月）でバヌアツの報告書が審議された。

女性差別撤廃委員会
【概要】
　女性に対するあらゆる形態の差別の撤廃に関する条約（女性差別撤廃条約）17条により設置。締約国は、条約発効後1年以内に第1報告、その後少なくとも4年ごと、および委員が求めるときに報告書を提出することになっている（18条）。条約20条は、同委員会が2週間を超えない範囲で会合をもつことを規定しているが、締約国数が多く報告書を十分に検討できないため、委員会は20条の改正を求めており、現在は暫定的に年2会期（1～2月、6月）が開かれている（一般的意見22）。94年より報告書審査後に最終コメントを採択している。会期前作業部会は、99年から前回会合の終了直後に開かれ、そこで作成された質問リストに対する回答を定期報告書審査前に書面で提出するように締約国に求めている。NGOのヒアリングにも積極的で、会合および昼休み中に行われている。
【99年の検討対象】
　本書の対象地域のなかでは、32カ国がこの条約の履行義務を負う。99年には、第20会期（1月）にキルギスタン、タイ、香港、第21会期（6月）にネパールの報告書が審査された。

拷問禁止委員会
【概要】
　拷問およびその他の残虐な若しくは品位を傷つける取扱いまたは刑罰を禁止する条約（拷問等禁止条約）17条により設置。締約国は、条約発効後1年以内に第1報告書を提出、その後は4年ごとに新しくとった措置に関する追加報告および委員会が要請する他の報告を提出することになっている（19条1項）。20条では委員会による調査制度が規定されている。会期前作業部会はないが、90年より人種差別撤廃委員会にならって国別報告者が任命され、審査をリードする。審査後に結論見解を採択。現在、

年2会期が、4〜5月、11月に開かれている。
【99年の検討対象】
　本書の対象地域のなかでは、16カ国がこの条約の履行義務を負う。99年には、第22会期（11月）においてキルギスタン、ウズベキスタンの報告書が審査された。

国別の審議・報告書提出状況

《東アジア》
韓国（未批准：なし）
（1）社会権規約（90年7月10日発効）
　第2報告は99年7月1日に提出された（E/1990/6/ADD.23）。
（2）自由権規約（90年7月10日発効）、自由権規約第1選択議定書（90年7月10日発効）
　第2報告が97年10月2日に提出され（CCPR/C/114/Add.1）、第67会期（99年10月）で検討され、結論的見解が採択された（CCPR/C/79/Add.114）。その勧告の概要は以下のとおり。
・規約に規定された権利の国内法上の位置づけが不明確であることを留意する。
・規約9、18、19条などの条項に一致していない国家保安法を段階的に廃止すること。
・「反国家団体」を助長する活動の定義が不当に広範であり、個人通報からも規約19条3項の表現の自由に合致していないことが明確である社会安全法7条を緊急に改正すること。
・家庭内暴力を防止し、罰する法制を制定し、また女性に対する差別を助長、強化するような法や実行をなくすこと。
・規約3、26条の遵守を確保するために、99年1月に制定された性差別禁止および救済法の実効的な実施を伸長し、女性の雇用機会と条件の均等を保障する積極的な措置をとること。
・規約9条に規定された拘留中の人の権利

の尊重を確保するように法を改正すること。
・拷問について申立てを調査する独立の組織の設立、刑事手続きの修正を遅滞なくすべきこと。
・釈放を条件とした「法遵守宣誓」を受刑者に課すことを廃止すること。
・司法の独立に関して、裁判制度の詳細と裁判官任命の実際の実行について詳細な情報を付すこと。
・都市の主要道路での集会の禁止などは、規約21条の規定する制限の基準に一致せず、いき過ぎであること。
・教職員その他公務員の結社の自由の制限は規約22条2項に合致しておらず、規約22条に基づく権利をあらゆる韓国人が享有するために公務員の結社の権利に関する立法計画を継続すること。
・14条5項および22条の留保を見直すこと。
・個人通報で見解が出た通報者に、国内裁判所を通した救済を求めるように要請したのは不適切であり、むしろ見解を即座に実施すること。
・公務員に対して人権教育を行う努力を継続すること。また公務員だけでなくあらゆる人権関係の専従者、ソーシャルワーカーおよび医療関係者にも義務的な教育をすることを検討すること。
・2003年10月31日までに第3回報告書を付託し、その報告書は委員会の採択した改正ガイドライン（CCPR/C66/GUI）に従って準備し、本結論的見解で提起された問題を考慮すること。本結論的見解と次回定期報告を、広く周知させること。
（3）人種差別撤廃条約（79年1月4日発効）
　第9、第10報告が98年1月12日に提出され（CERD/C/333/Add.1）、第54会期（99年3月）で検討され、結論的見解が採択された（CERD/C/304/Add.65）。その勧告の概要は以下のとおり。

- 条約2、4条が国内法に反映されるように適切な立法措置をとること。
- 次回報告で条約5条についてとられた措置について報告すること。
- 外国人労働者の労働条件の差別に対してさらに措置をとること。あらゆる季節労働者、とくに非合法者の地位についての改善措置をとること。
- 韓国で生まれ、あるいは居住している外国人が差別の対象とならないように保障するさらなる措置をとること。亡命者と結婚した女性や、外国人との間に生まれた子どもに対する保護についての適切な措置をとること。
- 裁判所、行政体に差別について訴えた事例がないが、条約14条に設けられた手続きを含む条約の関連規定に取り組む訴追メカニズムへのアクセスを簡便化するように努力すること。
- 人種差別行為の被害者への法的救済を与え、弱者による訴追手続きを容易にすること。
- 次回報告は、本結論的見解の提案と勧告に取り組む最新の報告書にすること。

（4）子どもの権利条約（91年12月20日発効）

　第2報告（期限：98年12月19日）は未提出。

（5）女性差別撤廃条約（85年1月26日発効）

　第19会期（98年7月）で第3報告（ＣＥＤＡＷ／Ｃ／ＫＯＲ／3）、第4報告（CEDAW/C/KOR/4）が検討され、結論的見解が採択された（Ａ／53／38／Ｒｅｖ.1, paras.347-386.）。

（6）拷問等禁止条約（95年1月9日発効）

　第1報告（期限：2000年2月7日）は未提出。

朝鮮民主主義人民共和国（未批准：自由権規約第1選択議定書、人種差別撤廃条約、女性差別撤廃条約、拷問等禁止条約）

（1）社会権規約（81年12月14日発効）

　第2（期限：92年6月30日）～第3報告（期限：97年6月30日）は未提出。

（2）自由権規約（81年12月14日発効）

　第2（期限：87年10月13日）～第4報告（期限：97年10月13日）は未提出。

（3）子どもの権利条約（90年10月21日発効）

　第2報告（期限：97年10月20日）は未提出。

中国（未批准：社会権規約（署名済み）、自由権規約（署名済み）、自由権規約第1選択議定書）

（1）人種差別撤廃条約（82年1月28日発効）

　第8（期限：97年1月28日）～第9報告（期限：99年1月28日）は未提出。

（2）子どもの権利条約（92年4月1日発効）

　第2報告（期限：99年3月31日）は未提出。

（3）女性差別撤廃条約（81年9月3日発効）

　第5報告（期限：98年9月3日）は未提出。

（4）拷問等禁止条約（88年10月4日発効）

　第3報告は99年5月4日に提出された（CAT/C/39/Add.2）。第24会期（2000年5月）に検討予定。

日本（未批准：自由権規約第1選択議定書）

（1）社会権規約（90年7月10日発効）

　第2報告は98年10月15日に提出された（E/1990/6/Add.20）。第24会期（2001年4月）に検討予定。第3報告は99年6月21日に提出された。

（2）自由権規約（90年7月10日発効）

　第64会期（98年10月）で第4報告（CCPR/C/115/Add.3 and Corr.1）が検討され、結論的見解が採択された（CCPR/C/

79/Add.99)。
(3) 人種差別撤廃条約（96年1月14日発効）
第1（期限：97年1月14日）〜第2報告（期限：99年1月14日）は未提出。
(4) 子どもの権利条約（94年5月22日発効）
第18会期（98年5月）で第1回報告（CRC/C/41/Add.1）が検討され、結論的見解が採択された（CRC/C/15/Add.90）。勧告の概要は、『アジア・太平洋人権レビュー1998』を参照のこと。98年以降、新しい動きなし。
(5) 女性差別撤廃条約（85年7月25日発効）
第4報告は98年7月24日に提出された（CEDAW/C/JPN/4）。98年以降、新しい動きなし。
(6) 拷問等禁止条約（99年7月29日発効）
第1報告の提出期限は2000年7月29日。

モンゴル（未批准：拷問等禁止条約）
(1) 社会権規約（90年7月10日発効）
第3報告は98年4月21日に提出された（E/1994/104/Add.21）。第23会期（2000年11月）に検討予定。
(2) 自由権規約（90年7月10日発効）、自由権規約第1選択議定書（91年7月16日発効）
第4報告は98年4月20日に提出された（CCPR/C/103/Add.7）。第68会期（2000年3月）に検討予定。
(3) 人種差別撤廃条約（69年9月5日発効）
第11〜第15報告（CERD/C/338/Add.3）が、第54会期（99年3月）に検討され、結論的見解が採択された（CERD/C/304/Add.73）。その勧告の概要は以下のとおり。
・エスニック・マイノリティに関する包括的な法律の制定を真剣に考慮し、人種、皮膚色、世系もしくは国民的あるいは民族的出身に基づく差別を撲滅すること。条約7条および本委員会の一般意見8に従って法曹関係者に対する訓練を継続すること。
・領域内に住むあらゆるエスニック・グループへの特別保護を与える措置についての調査・研究を継続すること。次回報告書にさまざまなエスニック・マイノリティの社会経済状況についての統計データを含めること。
・条約4条を遵守するのに必要な措置をとること。その発展のために次回報告では、刑法の関連規定を含めること。
・条約の規定と原則、とくに5、6条を遵守するために、民事法、刑事法を見直すこと。
・条約8条6項の修正を批准すること。
・条約14条の宣言をなしていないことについて、その可能性を検討すること。
・次回報告では、本結論的見解を考慮にいれた最新の報告とすること。
・報告書と結論的見解を、一般に広く配付し知らせること。
(4) 子どもの権利条約（90年9月2日発効）
第2報告（期限：97年9月1日）は未提出。
(5) 女性差別撤廃条約（81年9月3日発効）
第3、第4報告が98年12月8日に提出された（CEDAW/C/MNG/3-4）。第5報告（期限：98年9月3日）は未提出。

〈参考〉香港（中国）
(1) 社会権規約
中国による第1報告（E/1990/5/Add.43）が99年7月4日に提出された。
(2) 自由権規約
中国による第5報告（CCPR/C/HKSAR/99/1）が、第67会期（99年11月）で検討され、結論的見解が採択された（CCPR/C/79/Add.117）。その勧告の概要は以下のとおり。
・結論的見解の勧告（A/51/40, paras. 66-

72; A/52/40, paras. 84-85）がいまだに実施されていないことを留意する。
・香港の人権侵害と規約の実施を調査・監督する独立の機関がないこと、また司法の独立性について、基本法の規定が公正な裁判の権利を害していることを留意する。
・警察に対する申立てを処理する、独立の審査機関を備えること。
・香港居住者の民主的代表制の維持と強化に必要な措置をとること。
・法や実行が17条に基づくプライバシー権を保護するように保障すること。
・退去に関して6、7条の遵守を保障するために、死刑、拷問、非人道的な取扱いを課される危険に対して、退去手続きが実効的保護を備えること。
・規約26条を遵守するために、性差別に対して利用できる法制を制定すること。
・性に関係なく労働に対して等価値で支払われるように積極的な措置をとること。
・条約24条による子どもの権利を保障するために刑事責任の年齢を高くすること。
・反逆・煽動に対する罪を定めた法が、規約19条の表現の自由を侵害するように広い文言で規定されているので、規約に合致させなければならない。
・集会の自由に関して、公秩序法令を見直し規約21条を遵守するような文言にすること。
・結社の自由に関して、規約22条に基づく権利を十分に保護するように社会法令を見直すこと。
　（3）子どもの権利条約
　　98年以降、新しい動きなし。
　（4）女性差別撤廃条約
　　中国による第3、第4報告（CEDAW/C/CHN/3-4/Add.2）が、第20会期（99年1月）に検討され、結論的見解が採択された（A/54/38 paras.251-336）。勧告の概要は、『アジア・太平洋人権レビュー1998』を参照のこと。

マカオ（中国）
　ポルトガルが行政権を有していたが、1999年12月20日に中国へ返還された。
　（1）社会権規約
　　98年以降、新しい動きなし。
　（2）自由権規約
　　ポルトガルによる第4報告（CCPR/C/POR/99/4/Add.1）が99年3月1日に提出され、第67会期（99年10～11月）で検討され、結論的見解が採択された（CCPR/C/79/Add.115）。その勧告の概要は以下のとおり。
・返還の後もマカオの住民が規約の十分な保護を受けることを確保すること。
・人権を監督する独立の機関が設立されること。
・法曹関係者、通訳者の不足を憂慮する。これらの人々が人権についての専門性を備えるようにトレーニングを行うようさらに努力すること。
・女性の地位の不平等をなくすこと。
・女性の人身売買を防止し、被害者のためのリハビリ・プログラムを備えること。被害者は法と政策によって保護および支援されなければならない。
・刑事法は、規約14、15条、とくに14条7項の一事不再理、15条の遡及処罰の禁止に沿って制定されなければならない。
・現在二重市民権を有する人の権利を保護する実効的措置をとること。
・マカオ居住民が規約の保護を享有し、中国の他の地域へ移送されるときに保護を失うべきでないこと。
・将来の表現の自由を保障する実効的措置をとること。

《東南アジア》
インドネシア（未批准：社会権規約、自由権規約、自由権規約第1選択議定書）
　（1）人種差別撤廃条約（99年7月29日発

効)

第1報告の提出期限は2000年7月25日。
（2）子どもの権利条約（90年10月5日発効)

第2報告（期限：97年10月4日）は未提出。

（3）女性差別撤廃条約（84年10月13日発効)

第2報告および第3報告（CEDAW/C/IND/2-3）が、第18会期（98年2月）に検討され、結論的見解（CEDAW/C/1998/I/L.1/Add.8）が出された。第4報告（期限：97年10月13日）は未提出。

（4）拷問等禁止条約（98年10月28日発効)

第1報告（期限：99年11月27日）は未提出。

カンボジア（未批准：自由権規約第1選択議定書）

（1）社会権規約（92年8月26日発効）
第1（期限：94年6月30日）～第2報告（期限：99年6月30日）は未提出。

（2）自由権規約（92年8月26日発効）
第1、第2報告が97年11月24日に提出され（CCPR/C/81/Add.12）、第66会期（99年7月）で検討され、結論的見解が採択された（CCPR/C/79/Add.108）。その勧告の概要は以下のとおり。

・人権侵害と人道に対する罪を犯したクメール・ルージュに対して、独立に構成された裁判所で、一般に認められた国際基準で裁判を遅滞なく行うことを確保すること。
・「クメール市民」にかぎらず、規約の権利が差別なく享有されること。
・司法制度を強化し、その独立性を保障する措置を緊急にとること。汚職への訴追や、司法制度への過度の圧力に対して緊急に取り組むための措置をとること。
・公務員に対する訴追に、大臣の許可が必要であるとしたカンボジア公務員共通規定51条を、遅滞なく廃止すること。
・公務員による拷問その他の残虐な行為の申立てを受理し調査できる、適切な財源と人材をもった常設で独立の人権監視組織を法によって設立すること。
・殺人、失踪や拘留中の死亡、とくに97年、98年の選挙の間に起こった事件について、そのような事件が起こらないようにするための措置を遅滞なくとり、事件の申立てを調査し、規約を侵害した人に対する裁判を行うこと。
・刑法および規約9条を遵守するために、法曹・警察関係者に人権トレーニングを含む確固たる措置をとること。
・規約7条1項および10条1項の侵害を防止し、調査、裁判を行うこと。強制による自白を証拠から除外し、女性の受刑者は女性刑務官によって保護され、受刑者による申立てを調査する実効的な手続きを確保すること。
・規約10条を十分に実施し、刑務所、拘置所の最低基準に合致させる措置をとること。
・規約7、9、10条の厳密な遵守を保障し、規約24条に従って子どもを保護する適切な措置をとること。
・労働、性的搾取あるいは売春のための密入国をなくし、被害者を保護し、責任ある者を訴追し、法執行官に対する買収をさせない措置を実施するための積極的措置をとること。
・女性と少女の教育へのより広範なアクセス、雇用機会の均等、政治参加を保障すること。十分な同意のない婚姻の禁止を法によって保障し、家庭内暴力に対する法による実効的保護を求めることができるように措置をとること。
・ジャーナリストを保護し、侵害行為を調査し、裁判を行うこと。新聞法は19条を遵守するようにすること。
・先住民の共同体のメンバーの権利を尊重

する措置をとり、次回報告ではこれらの情報を含むこと。
・2002年に次回報告を逐条ごとに、委員会の新しいガイドライン（CCPR/C/66/GUI）に従って準備すること。またカンボジアの言語によって本結論的見解を一般の人々に周知させること。
（3）人種差別撤廃条約（83年11月28日発効）

第2報告（期限：86年12月28日）〜第7報告（期限：96年12月28日）までを1つの報告書として97年に提出（CEDR/C/292/Add.2）。第52会期（98年3月）に検討され、結論的見解（CERD/C/304/Add.54）が採択された。第8報告（期限：98年12月28日）は未提出。
（4）子どもの権利条約（92年11月14日発効）

第1報告は97年12月18日に提出済み（CRC/C/11/Add.16）。2000年5、6月の第24会期にて討議される予定。第2報告（期限：99年11月13日）は未提出。
（5）女性差別撤廃条約（92年11月14日発効）

第1（期限：93年11月14日）〜第2報告（期限：97年11月14日）は未提出。
（6）拷問等禁止条約（92年10月15日発効）

第1（期限：93年11月13日）〜第2報告（期限：97年11月13日）は未提出。

シンガポール（未批准：社会権規約、自由権規約、自由権規約第1選択議定書、人種差別撤廃条約、拷問等禁止条約）
（1）子どもの権利条約（95年11月4日発効）

第1報告（期限：97年11月3日）は未提出。
（2）女性差別撤廃条約（95年11月5日発効）

第1報告（期限：96年11月4日）は未提出。

タイ（未批准：自由権規約第1選択議定書、人種差別撤廃条約、拷問等禁止条約）
（1）社会権規約（99年12月5日発効）

第1報告の提出期限は2001年6月30日。
（2）自由権規約（97年1月29日発効）

第1報告（期限：98年1月28日）は未提出。
（3）子どもの権利条約（92年4月26日発効）

第1報告は96年8月3日に提出され（CRC/C/11/Add.13）、第19会期（98年10月）に検討され、結論的見解（CRC/C/15/Add.97）が採択された。第2報告（期限：99年4月25日は未提出）。
（4）女性差別撤廃条約（85年9月8日発効）

第2、第3報告は97年3月3日に提出され（CEDAW/C/THA/2-3）、第20会期（99年1月）に検討され、結論的見解が採択された（A/54/38 paras.213-250）。その勧告の概要は以下のとおり。
・タイの国内女性問題委員会は他国の憲法上の発展について研究するとともに、男女平等を確保するために条約を利用する女性の能力を高めるための実効的な手段について研究すること。
・条約1条を遵守するように、特別な反差別法を導入すること。
・立法、行政、司法、その他健康や教育分野を含むその他の専従者に対してジェンダーに敏感なプログラムを提供すること。教科書の定型化された女性像を削除し、女性の人権問題を含めること。
・4条1項に従って、目標と状況に取り組むタイムテーブルをもったアファーマティブ・アクションまたは暫定措置を導入すること。
・児童労働に関する法律が本条約、子どもの権利に関する条約の関連規定に適合すること。

127

・移住労働者の地位、および重大な人権問題である商業的売春の問題を検討すること。
・問題の取組みにおいては、他国との協力、NGOとの共同による可能性を検討すること。
・山岳民の女性と少女の権利を実効的に保護する法制度、その他の措置をとること。
・女性の自殺率および精神病の女性への広まりについて研究すること。そして次回報告でその情報を含めること。
・家庭、共同体、企業におけるセクシャル・ハラスメント、レイプ、家庭内暴力を認識し、女性に対する暴力の撤廃に関する宣言および委員会一般勧告19を考慮して刑法を修正すること。
・定型化された性を撤回するように法律、政策、教科書を見直すこと。メディアは非定型化された女性像を助長すること。
・地方の女性のニーズを留意し、あらゆる分野における政策・プログラム、とくに立法、健康、教育、社会サービスへのアクセスが受益できるようにすること。
・外国人と婚姻したとき、クレジット、土地所有に対する女性の権利が制限されている氏名法と国籍法を修正すること。
・次回報告では、本結論的見解で提起された特定の問題について答えること。
・法律上、事実上女性の平等を確保するためにとられ、さらにとられる措置を、人民に認識させるために本結論的見解を広く周知させること。また、広く人権および女性団体に本条約、選択議定書、一般的意見、北京宣言を周知させること。

　第4報告（期限：98年9月8日）は未提出。

フィリピン（未批准なし）

（1）社会権規約（76年1月3日発効）
　第2報告は6〜9条については提出済み（E/1984/7/Add.4）。その他の部分については未提出。

（2）自由権規約（87年1月23日発効）、自由権規約第1選択議定書（89年11月22日発効）
　第2（期限：93年1月22日）、第3報告（期限：98年1月22日）は未提出。
（3）人種差別撤廃条約（69年1月4日発効）
　第15（期限：98年1月4日）〜16報告（期限：2000年1月4日）は未提出。
（4）子どもの権利条約（90年9月20日発効）
　第2報告（期限：97年9月19日）は未提出。
（5）女性差別撤廃条約（81年9月4日発効）
　第5報告（期限：98年9月4日）は未提出。
（6）拷問等禁止条約（86年6月18日発効）
　第2（期限92年6月25日）〜第3報告（期限：96年6月25日）は未提出。

ブルネイ（未批准：社会権規約、自由権規約、自由権規約第1選択議定書、人種差別撤廃条約、女性差別撤廃条約、拷問等禁止条約）

（1）子どもの権利条約（96年1月26日発効）
　第1報告（期限：98年1月25日）は未提出。

ベトナム（未批准：自由権規約第1選択議定書、拷問等禁止条約）

（1）社会権規約（82年12月24日発効）
　第2報告（期限：95年6月30日）は未提出。
（2）自由権規約（82年12月24日発効）
　第2（期限：91年7月31日）〜第4報告（期限：98年12月23日）は未提出。
（3）人種差別撤廃条約（82年7月9日発効）
　第6（期限：93年7月9日）〜第9報告（期限：99年7月9日）は未提出。

（4）子どもの権利条約（90年9月2日発効）
　第2報告（期限：97年9月1日）は未提出。
（5）女性差別撤廃条約（82年3月19日発効）
　第2報告が99年2月に提出された（CEDAW/C/VNM/2）。第3（期限：95年3月19日）〜第5報告（期限：99年3月19日）は未提出。

マレーシア（未批准：社会権規約、自由権規約、自由権規約第1選択議定書、人種差別撤廃条約、拷問等禁止条約）
（1）子どもの権利条約（95年3月19日発効）
　第1報告（期限：97年3月19日）は未提出。
（2）女性差別撤廃条約（95年8月4日発効）
　第1報告（期限：96年8月4日）は未提出。

ミャンマー（ビルマ）（未批准：社会権規約、自由権規約、自由権規約第1選択議定書、人種差別撤廃条約、拷問等禁止条約）
（1）子どもの権利条約（91年8月14日発効）
　第2報告（期限：98年8月13日）は未提出。
（2）女性差別撤廃条約（97年8月21日発効）
　第1報告が99年3月14日に提出され（CEDAW/C/MNR/1）、第22会期（2000年1月）に検討され、結論的見解が採択された（CEDAW/C/2000/I/CRP.3/Add.2/Rev.1）。その勧告の概要は以下のとおり。
・女性問題に関する国家委員会とその組織に、十分な予算と人材、専門家を割り当てること。
・次回報告では、女性の強制労働に関する地方自治体の法を無効にする実施過程についてより多くの情報を含むこと。犯罪者について裁判を行うために必要な行動をとること。
・次回報告では、できるだけ多くのエスニック・グループにおける女性の状況、および条約に基づいてとられた措置について、より多くの情報を含むこと。
・女性の人権を侵害した者を訴追し、処罰すること。とくに軍人に対して人権教育とトレーニングを行うこと。
・次回報告では、女性および少女の人身売買の状況について、より多くの情報を含むこと。
・次回報告では、女性の人身売買および売春女性を含む、HIV/AIDSに関する女性の状況についてさらに多くの情報、保険医療へのアクセス、女性に対する教育の支援、および病気の拡大を防ぐ措置についての情報を含めること。
・次回報告では、拘禁中の女性に対する暴力と保護についてより多くの情報を含めること。
・女性が自分の望む職業を決定することができるように、高等教育を制限するような政策を修正すること。
・次回報告では、初等教育に関するより多くの情報を含め、また数値目標を設定しその実施結果について報告すること。。
・安全でない堕胎による妊産婦の死亡率を減らすために、避妊プログラムの範囲を拡大すること。次回報告で、レイプ・性暴力による妊娠と、その被害者が利用できる救済手段について、より多くの情報を含むこと。
・経済政治状況を再建し、開かれた多元的社会における女性の平等で十分な参加を確保すること。新憲法において、男女平等を保障し、性差別を定義すること、また国内法に条約を受容することが望まれる。
・次回報告では、性別の統計データを含め、条約の全規定の実施に関する情報を提供すること。委員会の会合に関する条約20条1項の修正を批准すること。
・選択議定書を署名および批准すること。

・次回報告では、本結論的見解で提起された特定の問題について答えること。
・法律上、事実上女性の平等を確保するためにとられ、さらにとられる措置を、人民に知らせるために本結論的見解を広く周知させること。また、人権および女性団体に本条約、選択議定書、一般的勧告、北京宣言を周知させること。

ラオス（未批准：社会権規約、自由権規約、自由権規約第1選択議定書、拷問等禁止条約）
(1) 人種差別撤廃条約（74年3月24日発効）
　第6（期限：85年3月24日）～第13報告（期限：99年3月24日）は未提出。
(2) 子どもの権利条約（91年6月7日発効）
　第2報告（期限：98年6月7日）は未提出。
(3) 女性差別撤廃条約（81年9月13日発効）
　第1（期限：82年9月13日）～第5報告（期限：98年9月13日）は未提出。

《南アジア》
アフガニスタン（未批准：自由権規約第1選択議定書、女性差別撤廃条約）
(1) 社会権規約（83年4月24日発効）
　第2報告（期限：95年6月30日）は未提出。
(2) 自由権規約（83年4月24日発効）
　第3、第4報告（期限：99年4月23日）は未提出。
(3) 人種差別撤廃条約（83年8月5日発効）
　第2～第8報告（期限：98年8月5日）まで未提出。第50会期（97年3月）において、報告書未提出のまま検討された（A/52/18 paras.52-56）。
(4) 子どもの権利条約（94年4月27日発効）
　第1報告（期限：96年4月26日）は未提出。
(5) 拷問等禁止条約（87年4月1日発効）
　第2、第3報告（期限：96年6月25日）は未提出。

インド（未批准：自由権規約第1選択議定書、拷問等禁止条約）
(1) 社会権規約（79年7月10日発効）
　第2、第3報告（期限：96年6月30日）は未提出。
(2) 自由権規約（79年7月10日発効）
　97年以降、新たな動きなし。
(3) 人種差別撤廃条約（69年1月4日発効）
　第15、第16報告（期限：2000年1月4日）は未提出。
(4) 子どもの権利条約（93年1月11日発効）
　第1報告（CRC/C/28/Add.10）が第23会期（2000年1月）に検討され、結論的見解が出された（CRC/C/15/Add.115）。勧告の概要は以下のとおり。
・条約の一般原則を考慮に入れて、条約と国内立法が完全に適合するよう努力すること。
・既存の法律を効果的に実施するために人的および財政的な資源配分を含むあらゆる必要な措置をとること。
・条約を実施するため、子どもの権利アプローチに基づく包括的な国家行動計画を策定し、中央と地方政府間の調整と協力に注意を向けること。
・子どもの権利の実現における進歩を評価する基礎として、分類したデータを収集するための包括的なシステムを開発すること。
・連邦、州および地方レベルで、条約の実施において権限ある、とりわけ進展を監視したり評価する法定の独立した委員会を設立すること。
・予算配分が子どもの権利の実施に及ぼした影響を組織的に査定したり、それに関す

る情報を収集し広める方法を開発すること。
・政策決定を含む、条約実施のあらゆる段階を通じて、NGOや一般に市民社会を含む組織的なアプローチを考えること。
・刑事責任の最少年齢等に鑑みて、年齢制限が条約の原則および規定に一致するように立法を再検討すること。
・最も脆弱な集団に向けた予算計画等の諸政策を再検討することによって、社会的不平等に取り組むべくあらゆるレベルで努力をすること。
・条約2条および憲法17条に従って、「不可触民」の差別的慣行を廃止し、カーストおよび種族に基づく虐待を防ぎ、それらに責任ある国家および民間の行為者を訴追するための措置をとること。
・警察署に連行された子どもについて、時間、日付、拘禁の理由等を含む登録を義務づけること。
・拘禁中の子どもの虐待について申立てと訴追のメカニズムを備えるよう少年法を修正すること。
・1997年に署名した拷問等禁止条約を批准すること。
・国内および国家間の養子縁組の立法枠組みを再検討すること。
・家庭、学校および保護施設における子どもに対する体罰や性的虐待を含む、あらゆる形態の身体的および精神的暴力を禁止する立法措置をとること。
・障害のある子どものためのリハビリテーション施設の収容力を拡大すること。
・女子の嬰児殺しおよび選択的中絶のような慣行を導く社会文化的要因を確定する研究をし、取り組むべき戦略を練ること。
・公衆の意識を高めることによりHIV/AIDSへの差別と闘うこと。
・ストリート・チルドレンに身分証、栄養、衣服および住居の提供を確保するようなメカニズムを作ること。

・14歳までのすべての子どもに無償の義務教育を提供するため、45条に従って措置をとること。
・最も脆弱な集団にある子どもが中等教育に進む機会を確保し促進すること。
・29条に規定する教育の目的を考慮すること。それはすべての人民の間の、種族的、国民的および宗教的集団の間のならびに先住民である者の間の寛容、両性の平等および友好の精神を含むこと。
・難民の子どもを保護するために、1951年難民条約および1967年同議定書等の批准を考慮すること。
・武力紛争下にある子どもの保護を目的とする人権および人道法をいかなるときも尊重すること。
・32条に関する宣言を撤回すること。
・子どもの労働者のための補償基金に関する最高裁判所決定に照らして、刑事および民事上の救済を法律で定めること。
・麻薬を統制する計画を発展させること。
・性的虐待や搾取の被害者である子どものために、申立手続き、救助ライン、監視メカニズム、リハビリテーション計画およびシェルターを設立すること。
・国内の少年司法が条約37条、40条および39条や、北京規則、リヤド・ガイドライン等の関連国際基準に従うように再検討すること。
・18歳未満の者への死刑を法律によって廃止すること。
・44条6項に照らして、報国および本結論的見解等を一般に広く利用できるようにすること。

　第2報告（期限：2000年1月10日）は未提出。
（5）女性差別撤廃条約（93年8月8日発効）

　第1報告（CEDAW/C/IND/1）が第22会期（2000年1月）に検討され、結論的見解が出された（CEDAW/C/2000/I/CRP.3/

Add.4/Rev.1）。勧告の概要は以下のとおり。
・社会的な領域における女性の発展に十分な資源を配分すること。
・女性の平等と人権を伸長するために、包括的な立法改革をすること。
・16条1項の宣言を撤回すること。
・女性団体や地方団体と協力して、出生登録を義務づけ、その実施を監視すること。16条2項の留保を撤回すること。
・教育への平等なアクセスを女児に与え、成人の非識字者をなくすべく、初等および中等教育のためのアファーマティブ・アクションを採用し、十分な資源を提供すること。
・慣行やカーストに基づく差別を禁止する既存の立法を実施すること。
・男女の役割に基づく暴力の問題と全体的に取り組むべく行動計画を発展させ、次回の報告では女性に対する暴力の統計と情報を提供すること。
・女性に平和的紛争解決へ貢献する機会を与えること。
・相続法を緊急に再検討し、農村の女性が土地および貸付を入手できるよう確保すること。
・法律を厳格に執行し、女性活動家や人権擁護者を暴力や嫌がらせ行為から保護すること。可能なかぎり早急に選択議定書に署名および批准すること。
・法律上および事実上女性の平等を確保するためにとった措置と同様に、さらに要求される措置を、人民、市民社会および政府部門に知らしめるために、本結論的見解を広く普及すること。条約、選択議定書、委員会の一般的意見、および北京宣言ならびに行動計画をすべてのその土地の言語で広めること。
　第2報告（期限：98年8月8日）は未提出。

スリランカ（未批准：なし）

（1）社会権規約（80年9月11日発効）
　第2報告（期限：95年6月30日）は未提出。
（2）自由権規約（80年9月11日発効）、自由権規約第1選択議定書（98年1月3日発効）
　第4報告（期限：96年9月10日）は未提出。
（3）人種差別撤廃条約（82年3月20日発効）
　第7～第9報告（期限：99年3月20日）は未提出。
（4）子どもの権利条約（91年8月11日発効）
　第2報告（期限：98年8月10日）は未提出。
（5）女性差別撤廃条約（81年11月4日発効）
　第3、第4合併報告（CEDAW/C/LKA/3-4）が提出された（99年10月7日）。第5報告（期限：98年11月4日）は未提出。
（6）拷問等禁止条約（91年1月3日発効）
　第2報告（期限：99年2月1日）は未提出。

ネパール（未批准：なし）

（1）社会権規約（91年8月14日発効）
　第1報告（E/1990/5/Add.45）が提出された（99年10月25日）。第2報告（期限：98年6月30日）は未提出。
（2）自由権規約（91年8月14日発効）、自由権規約第1選択議定書（91年8月14日発効）
　第2報告（期限：97年8月13日）は未提出。
（3）人種差別撤廃条約（71年3月1日発効）
　第14報告（CEDAW/C/337/Add.4）が提出された（99年3月18日）。第56会期（2000年5月）に審議予定。第15報告（期限：2000年3月1日）は未提出。
（4）子どもの権利条約（90年10月14日発

効)

第2報告（期限：97年10月13日）は未提出。

(5) 女性差別撤廃条約（91年5月22日発効）

第1報告（CEDAW/C/NPL/1）が提出された（98年11月16日）。第21会期（99年6月）に検討され、結論的見解が出された（CEDAW/C/1999/L.2/Add.5）。勧告の概要は以下のとおり。

・関連法の中に1条に従って差別の定義を含むこと。財産、相続、婚姻、国籍、出生登録等に関する差別的な法律を改正すること。
・初等レベルのすべての女児に、無償の義務教育の政策を導入すること。とくに非伝統的な分野において高等教育の女性の数を増加させる具体的措置をとること。男女の役割についての定型化された概念を撤廃するために教育課程および教科書を再検討すること。
・両親が義務教育の義務に従うように、奨励金を含む効果的な措置をとること。女性教育を奨励するために大々的な社会意識キャンペーンをすること。
・次回の報告では、性別の統計データを含め、条約のすべての条項に関して情報を提供すること。
・家族計画や性教育を通して望まない妊娠の防止を優先すること。
・女性の売春や人身売買に関する既存の立法規定と、それらに従事する者を罰する刑法を再検討すること。
・意思決定のすべての段階で女性のより広範な参加を確保するために、4条1項に従って、臨時の特別措置の導入を含む適切な措置をとること。
・女性団体やNGOを含む市民社会と調整して、女性と女児に対する差別的な文化的態勢を撤廃するよう計画を立てること。人民の間に、男女の役割の問題および女性の人権の理解を深めるために広範な公共意識キャンペーンを実施すること。
・賃金差別を禁ずる労働法を採択すること。女性のための特別貸付設備を開発し、小規模な事業を設立させて、女性が雇用のあらゆる部門に参加することを奨励する特別措置を導入すること。
・次回の報告では、マイノリティに属する女性と農村に住む女性の状況について、とくに公共事業へのアクセスに関して情報を含むこと。
・法律上および事実上女性の平等のためにとった措置とさらに要求される措置を、人民、とくに行政官や政治家に知らしめるため、本結論的見解を広く普及すること。

第2報告（期限：96年5月22日）は未提出。

(6) 拷問等禁止条約（91年5月14日発効）

第2報告（期限：96年6月12日）は未提出。

パキスタン（未批准：社会権規約、自由権規約、自由権規約第1選択議定書、拷問等禁止条約）

(1) 人種差別撤廃条約（69年1月4日発効）

第15、第16報告（期限：2000年1月4日）は未提出。

(2) 子どもの権利条約（90年12月12日発効）

第2報告（期限：97年12月11日）は未提出。

(3) 女性差別撤廃条約（96年4月11日発効）

第1報告（期限：97年4月11日）は未提出。

バングラデシュ（未批准：自由権規約、自由権規約第1選択議定書）

(1) 社会権規約（99年1月5日発効）

第1報告の期限は2000年6月30日。

(2) 人種差別撤廃条約（79年7月11日発効）

第7〜第10報告（期限：98年7月11日）は未提出。第56会期（2000年5月）において報告書未提出のまま検討予定。

(3) 子どもの権利条約（90年9月2日発効）

第2報告（期限：97年9月1日）は未提出。

(4) 女性差別撤廃条約（84年12月6日発効）

97年以降、新しい動きなし。

(5) 拷問等禁止条約（98年11月4日発効）

第1報告（期限：99年11月4日）は未提出。

ブータン（未批准：社会権規約、自由権規約、自由権規約第1選択議定書、人種差別撤廃条約、拷問等禁止条約）

(1) 子どもの権利条約（90年9月2日発効）

第1報告（CRC/C/3/Add.60）が提出され（99年4月20日）、第27会期（2001年5〜6月）に審議予定。第2報告（期限：97年9月1日）は未提出。

(2) 女性差別撤廃条約（81年9月30日発効）

第1〜第5報告（期限：98年9月30日）は未提出。

モルジブ（未批准：社会権規約、自由権規約、自由権規約第1選択議定書、拷問等禁止条約）

(1) 人種差別撤廃条約（84年4月24日発効）

第5〜第8報告（期限：99年5月24日）が未提出のまま、第55会期（99年8月）に検討され、結論的見解が出された（A/54/18,paras.314-320）。勧告の概要は以下のとおり。

・第4報告（CERD/C/203/Add.1,para.1）において、モルジブにはいかなる形態の人種差別も存在せず、それゆえ、条約規定を実施するためになんら特別な立法は必要な いとの政府の声明に関してさらなる情報を提供すること。

・移住労働者および外国人の状況、とくに彼らが条約の保護を享受しているかについて情報を提供すること。

(2) 子どもの権利条約（91年3月13日発効）

第2報告（期限：98年3月12日）は未提出。

(3) 女性差別撤廃条約（93年7月31日発効）

第1報告（CEDAW/C/MDV/1）が提出され（99年1月28日）、第23会期（2000年6月）に検討予定。第2報告（期限：98年7月1日）は未提出。

《太平洋》
オーストラリア（未批准：なし）

(1) 社会権規約（76年3月10日発効）

第3報告（E/1994/104/Add.22）が提出され（98年6月15日）、第24会期（2001年4月）に検討予定。第4報告（期限：99年6月30日）は未提出。

(2) 自由権規約（80年11月13日発効）、自由権規約第1選択議定書（91年12月25日発効）

第3、第4報告（CCPR/C/AUS/98/3、CCPR/C/AUS/98/4）が提出され（98年8月28日）、第69会期（2000年7月）に検討予定。

(3) 人種差別撤廃条約（75年10月30日発効、個人通報受諾宣言）

第10〜第12合併報告（CERD/C/335/Add.2）が提出された（99年7月20日）。第56会期（2000年5月）に検討され、結論的見解が出された（CERD/C/56/Misc.42/Rev.3）。勧告の概要は以下のとおり。

・ウィーン条約法条約27条に従って、州および準州を含む政府のあらゆるレベルで条約規定の一貫した適用を確保するために適切な措置をとること。

・先住民の権利保護を将来的に縮小するような州法および準州法に対して精密な調査をすること。
・先住民の土地の権利に影響を及ぼす決定に、彼ら共同体の効果的な参加を確保することについて、次回の報告であらゆる情報を提供すること。
・「家族から分離されたアボリジニとトレス海峡の島民の子どもに関する国民調査」に鑑みて、人種差別的実行による被害に対して適切に取り組む必要性を考慮すること。
・規定に完全な効果を与える観点で適切な立法を採択する努力をし、4条(a)の留保を撤回すること。
・1951年難民条約および1967年同議定書の規定をUNHCRと協力して誠実に実施すること。
・経済的、社会的および文化的権利の享受における先住民に対する差別に関して、差異を解消するためにできるかぎり短期間で十分な資源を配分すること。
・国家報告は、提出のときから一般に広く入手可能にし、委員会の見解も公表すること。
（4）子どもの権利条約（91年1月16日発効）
　第2報告（期限：98年5月15日）は未提出。
（5）女性差別撤廃条約（83年8月27日発効）
　第4報告（CEDAW/C/AUL/4）は提出済み（97年4月25日）。
（6）拷問等禁止条約（89年8月8日発効、個人通報受諾）
　第2、第3報告（期限：98年9月6日）は未提出。

キリバス（未批准：社会権規約、自由権規約、自由権規約第1選択議定書、人種差別撤廃条約、女性差別撤廃条約、拷問等禁止条約）
（1）子どもの権利条約（96年1月10日発効）
　第1報告（期限：98年1月9日）は未提出。

サモア（未批准：社会権規約、自由権規約、自由権規約第1選択議定書、人種差別撤廃条約、拷問等禁止条約）
（1）子どもの権利条約（94年12月29日発効）
　第1報告（期限：96年12月28日）は未提出。
（2）女性差別撤廃条約（92年10月25日発効）
　第1、第2報告（期限：97年10月25日）は未提出。

ソロモン諸島（未批准：自由権規約、自由権規約第1選択議定書、女性差別撤廃条約、拷問等禁止条約）
（1）社会権規約（82年6月17日発効）
　第1、第2報告（期限：95年6月30日）は未提出のまま、第20会期（99年4～5月）に検討され、結論的見解が出された（E/C.12/1/Add.33）。勧告の概要は以下のとおり。
・社会権規約から生じる義務を、より十分な方法でいかに果たすことができるかについて、委員会との建設的対話に参加すること。
・林業および漁業資源の過度な開発を防ぐ措置をとること。
・2条1項および23条に従って、専門機関はソロモン諸島における経済的、社会的および文化的権利の状態と享受に関する補足情報を委員会に提供し、それにより委員会と締約国が規約の実施のための適切な措置を明確化することを支援するように要請される。
（2）人種差別撤廃条約（87年3月17日発効）
　第2～第8報告（期限：97年4月16日）は

未提出。
(3) 子どもの権利条約 (95年5月10日発効)
　第1報告 (期限：97年5月9日) は未提出。

ツバル (未批准：社会権規約、自由権規約、自由権規約第1選択議定書、人種差別撤廃条約、拷問等禁止条約)
(1) 子どもの権利条約 (95年10月22日発効)
　第1報告 (期限：97年12月21日) は未提出。
(2) 女性差別撤廃条約 (99年11月5日発効)
　第1報告の期限は2000年11月6日。

トンガ (未批准：社会権規約、自由権規約、自由権規約第1選択議定書、女性差別撤廃条約、拷問等禁止条約)
(1) 人種差別撤廃条約 (72年3月17日発効)
　第14報告 (CERD/C/362/Add.3) が提出された (99年3月17日)。第56会期に検討され、結論的見解が出された (CERD/C/56/Misc.33/Rev.3)。勧告の概要は以下のとおり。
・1条に定義されるような人種差別は存在しない旨繰り返し主張していることに留意して、4条の下の明白な立法制定義務は、単に既存の条約違反に対する保護措置としてではなく防止措置としてみるべきである。人種差別の被害者による申立てや訴訟がないことは、利用可能な法的救済の認識の欠如、または関連する特別な立法の不在の結果を示している。国内立法が4条と完全に一致するように措置をとること。
・次回の報告では、いかなる人種差別が女性に対して影響を及ぼしたかを委員会が査定できるように、女性が権利を平等に享受するうえで経験した困難等について情報を提供すること。

・トンガ人と非トンガ人との婚姻の権利に公務員の書面の同意を条件づける法律 (section 10 (2)(c) of the Immigration Act of the Laws of Tonga) は、5条(d)の違反を構成する。
・次回の報告では、人種差別と闘い防止するために教育や文化の分野でとった措置に関する情報を提供すること。
・1992年1月15日の第14回締約国会議で採択された修正条項 (Art.8, para.6) を批准すること。
・14条に規定する、個人および集団からの通報を委員会が受理し、検討する権限を承認することを宣言すること。
(2) 子どもの権利条約 (95年12月6日発効)
　第1報告 (期限：97年12月6日) は未提出。

ナウル (未批准：社会権規約、自由権規約、自由権規約第1選択議定書、人種差別撤廃条約、女性差別撤廃条約、拷問等禁止条約)
(1) 子どもの権利条約 (94年8月26日発効)
　第1報告 (期限：96年8月25日) は未提出。

ニュージーランド (未批准：なし)
(1) 社会権規約 (79年3月28日発効)
　第2報告 (期限：95年6月30日) は未提出。
(2) 自由権規約 (79年3月28日発効)、自由権規約第1選択議定書 (89年8月26日発効)
　第4、第5報告 (期限：2000年3月27日) は未提出。
(3) 人種差別撤廃条約 (72年12月22日発効)
　第12～第14報告 (期限：99年12月22日) は未提出。

(4) 子どもの権利条約（93年5月6日発効）
1997年以降、新たな動きなし。
(5) 女性差別撤廃条約（85年2月9日発効）
1998年以降、新たな動きなし。
(6) 拷問等禁止条約（89年12月10日発効、個人通報受諾）
第3報告（期限：99年1月8日）は未提出。

パプア・ニューギニア（未批准：社会権規約、自由権規約、自由権規約第1選択議定書、拷問等禁止条約）
(1) 人種差別撤廃条約（82年2月26日発効）
第9報告（期限：99年2月26日）は未提出。
(2) 子どもの権利条約（93年3月31日発効）
第1、第2報告（期限：2000年3月31日）は未提出。
(3) 女性差別撤廃条約（95年2月21日発効）
第1、第2報告（期限：2000年2月11日）は未提出。

バヌアツ（未批准：社会権規約、自由権規約、自由権規約第1選択議定書、人種差別撤廃条約、拷問等禁止条約）
(1) 子どもの権利条約（93年8月6日発効）
第1報告（CRC/C/28/Add.8）が提出された（97年1月27日）。第22会期（99年9～10月）に検討され、結論的見解が出された（CRC/C/15/Add.111）。勧告の概要は以下のとおり。
・条約の原則および規定との完全な一致を確保する観点で、国内立法の再検討をすること。子どもに関する包括的な法の制定を考慮すること。とくに人権高等弁務官事務所やUNICEFから技術援助を求めること。
・子どものための国家行動計画を実施するためにあらゆる適切な措置をとること。この関連で、とくにUNICEFとWHOからの技術援助を求めること。
・包括的なデータ収集システムを開発すること。そのシステムは18歳までのすべての子どもをカバーし、とくに、障害がある子ども、虐待あるいは不当な取扱いの被害者である子ども、および遠隔の島や都市の不法占拠コミュニティに住む子ども等のとくに脆弱な子どもに重きを置くこと。
・2条、3条および6条に照らして、利用可能な手段の最大限の範囲で、必要な場合には国際協力の枠内で、子どもの経済的、社会的および文化的権利の実施を確保するために予算配分を優先することにより、4条の完全な実施に特別な注意を払うこと。
・条約を伸長させるため、絵本やポスターのような教材を含む、より創造的な方法を開発すること。条約を教育課程のすべての段階に完全に統合させること。とくに、人権高等弁務官事務所、UNICEFおよびUNESCOからの技術援助を求めること。
・刑事責任の最少年齢（10歳）や、婚姻の最少年齢の男女間差異（男18歳、女16歳）に鑑み、条約の規定と原則に完全に一致するよう立法を再検討すること。
・条約の一般原則は政策の指針であるだけでなく、子どもに影響を及ぼすすべての法改正に適切に統合するよう努力すること。
・体罰の負の効果を認識させ、家庭、学校、保護施設でそれに代わるしつけの形態をとるように措置を強化し、両親、教師、施設の専門職員のためにカウンセリング等を提供すること。
・妊婦の発病率、子どもおよび幼児死亡率の引き下げ、栄養不良の防止等の努力、安全な飲料水へのアクセスの増進、公衆衛生改善のための追加措置をとること。
・青年期の健康対策、とくに事故、自殺、暴力、飲酒および喫煙に関する政策を伸長させる努力をすること。
・28条1項(a)に照らして、合理的な期間内

にすべての子どもに無償の義務教育を漸進的に実施するため、2年以内に詳細な行動計画を策定し、委員会に提出すること。
・とくに非公式な部門における子どもの労働および経済的搾取について調査すること。
・少年犯罪について、条約の精神、とくに37条、40条および39条や、この分野の他の国連基準に則って少年司法体系を改正すること。
・44条6項に照らして、報告および本結論的見解等を一般に広く利用できるようにすること。
(2) 女性差別撤廃条約 (95年10月7日発効)
　第1報告 (期限：96年10月8日) は未提出。

パラオ (未批准：社会権規約、自由権規約、自由権規約第1選択議定書、人種差別撤廃条約、女性差別撤廃条約、拷問等禁止条約)
(1) 子どもの権利条約 (95年9月3日発効)
　第1報告 (CRC/C/51/Add.3) が提出され (98年10月21日)、第27会期 (2001年5〜6月) に検討予定。

フィジー (未批准：社会権規約、自由権規約、自由権規約第1選択議定書、拷問等禁止条約)
(1) 人種差別撤廃条約 (73年2月10日発効)
　第6〜第14報告 (期限：2000年1月11日) は未提出。
(2) 子どもの権利条約 (93年9月12日発効)
　98年以降、新たな動きなし。
(3) 女性差別撤廃条約 (95年9月12日発効)
　第1報告 (期限：96年9月27日) は未提出。

マーシャル諸島 (未批准：社会権規約、自由権規約、自由権規約第1選択議定書、人種差別撤廃条約、女性差別撤廃条約、拷問等禁止条約)
(1) 子どもの権利条約 (93年11月3日発効)
　第1報告 (CRC/C/28/Add.12) が提出され (98年3月18日)、第25会期 (2000年9〜10月) に検討予定。

ミクロネシア (未批准：社会権規約、自由権規約、自由権規約第1選択議定書、人種差別撤廃条約、女性差別撤廃条約、拷問等禁止条約)
(1) 子どもの権利条約 (93年6月4日発効)
　98年以降、新たな動きなし。

《中央アジア》
ウズベキスタン (未批准：なし)
(1) 社会権規約 (95年9月28日発効)
　第1報告 (期限：97年6月30日) は未提出。
(2) 自由権規約 (95年9月28日発効)、自由権規約第1選択議定書 (95年9月28日発効)
　第1報告 (CCPR/C/UZB/99/1) が提出され (99年7月2日)、第70会期 (2000年10月) に検討予定。
(3) 人種差別撤廃条約 (95年10月28日発効)
　第1〜第2報告 (期限：98年10月28日) は未提出．．
(4) 子どもの権利条約 (94年7月29日発効)
　第1報告 (期限：96年7月28日) は未提出。
(5) 女性差別撤廃条約 (95年8月18日発効)
　第1報告 (CEDAW/C/UZB/1) が提出された (2000年1月19日)。

(6) 拷問等禁止条約（95年9月28日発効）
第1報告（CAT/C/32/Add.3）が提出され（99年2月18日）、第23会期（99年11月）に検討された。

カザフスタン（未批准：社会権規約、自由権規約、自由権規約第1選択議定書）
(1) 人種差別撤廃条約（98年9月26日発効）
第1報告の期限は2000年9月26日。
(2) 子どもの権利条約（94年9月11日発効）
第1報告（期限：96年9月10日）は未提出。
(3) 女性差別撤廃条約（98年8月25日発効）
第1報告（CEDAW/C/KAZ/1）が提出された（2000年1月26日）。
(4) 拷問等禁止条約（98年9月25日発効）
第1報告（期限：99年9月24日）は未提出。

キルギスタン（未批准：なし）
(1) 社会権規約（95年1月7日発効）
第1報告（E/1990/5/Add.42）が提出され（98年5月5日）、第23会期（2000年11月）に検討予定。
(2) 自由権規約（95年1月7日発効）、自由権規約第1選択議定書（94年1月7日発効）
第1報告（CCPR/C/113/Add.1）が提出され（98年5月5日）、第69会期（2000年7月）に検討予定。
(3) 人種差別撤廃条約（97年10月5日発効）
第1報告（CERD/C/326/Add.1）が提出された（98年9月30日）。第55会期（99年8月）に検討され、結論的見解が出された（A/54/18,paras.439-453）。勧告の概要は以下のとおり。
・国内立法が4条(b)に一致するように措置をとること。

・種族的および民族的少数者に属する人が、5条(e)に列挙する労働の権利、健康、教育および住居の権利を実際に享受しているかについて情報を提供すること。
・異なる民族間で起きた衝突に関し、事件の再発防止のために潜在的な問題を解決するようとった措置について情報を提供すること。その事件に巻き込まれた個人に対する刑事訴訟手続きおよび有罪判決が、どの程度人種差別行為に直接的に結びつけられたかについて情報を提供すること。
・次回の報告では、1997年に設立された人権委員会の委任権限と活動、1994年の国家財産法、および帰化の基準について情報を含めること。
・条約、締約国の定期報告および委員会の結論を広めること。
・1992年1月15日の第14回締約国会議で採択された修正条項（Art.8, para.6）を批准すること。
・14条に規定する、個人および集団からの通報に関する委員会の権限を承認する宣言をすること。
(4) 子どもの権利条約（94年11月6日発効）
第1報告（CRC/C/41/Add.6）が提出され（98年2月16日）、第24会期（2000年5月）に検討予定。
(5) 女性差別撤廃条約（97年3月11日発効）
99年以降、新たな動きなし。
(6) 拷問等禁止条約（97年10月5日発効）
第1報告（CAT/C/42/Add.1）が提出され（99年2月9日）、第23会期（99年11月）に検討された。

タジキスタン（未批准：なし）
(1) 社会権規約（99年4月4日発効）
第1報告の期限は2001年6月30日。
(2) 自由権規約（99年4月4日発効）、自由権規約第1選択議定書（99年4月4日発効）

第1報告（期限：2000年4月3日）は未提出。

（3）人種差別撤廃条約（95年1月11日発効）

第1～第3報告（期限：2000年2月10日）は未提出。

（4）子どもの権利条約（93年11月25日発効）

第1報告（CRC/C/28/Add.14）が提出され（98年4月14日）、第25会期（2001年9～10月）に検討予定。

（5）女性差別撤廃条約（93年11月25日発効）

第1、2報告（期限：98年10月25日）は未提出。

（6）拷問等禁止条約（95年1月11日発効）

第1、2報告（期限：2000年2月9日）は未提出。

トルクメニスタン（未批准：拷問等禁止条約）

（1）社会権規約（97年8月1日発効）

第1報告（期限：99年6月30日）は未提出。

（2）自由権規約（97年8月1日発効）、自由権規約第1選択議定書（97年8月1日発効）

第1報告（期限：98年7月31日）は未提出。

（3）人種差別撤廃条約（94年10月29日発効）

第1～第3報告（期限：99年10月29日）は未提出。

（4）子どもの権利条約（93年10月20日発効）

第1報告（期限：95年10月19日）は未提出。

（5）女性差別撤廃条約（97年5月31日発効）

第1報告（期限：98年5月31日）は未提出。

（大塚泰寿／神戸大学大学院国際協力研究科博士課程・奥田悦子／神戸大学大学院国際協力研究科博士課程）

● アジア・太平洋地域の政府・NGOの動向
Human Rights Activities in the Asia-Pacific Region

政府・NGOの動向

オーストラリアでの国内人権会議

　オーストラリア人権および機会平等委員会（The Human Rights and Equal Opportunity Commission of Australia）は、「人権、人間の価値を今どう考えるのか」というテーマで、世界人権宣言50周年を記念する全国レベルでの人権会議を1998年12月8～10日、シドニーで開催した。人権会議での討議内容は、子どもと若者、市民と民主的プロセス、宗教とその思想、芸術と文化、社会の進歩と企業の責務、農村問題、メディアの役割、産業と労働、プライバシー、国際関係、貿易、援助と人権、スポーツと人権、平和維持のための軍隊、紛争、企業投資、法治と人権保障、法律と改革、国内人権委員会と国際監視組織、国際条約と国内統治などであった。

［連絡先→Australian Human Rights and Equal Opportunity Commission, Level8 Piccadilly Tower, 133 Castlereagh Street, Sydney NSW 2000 Australia, tel: 612-9284-9644, fax: 612-9284-9825, e-mail: hreoc@hreoc.gov.au;hri@acr.net.au; website: www.apf.hreoc.gov.au］

「アジア・太平洋における人権のための教育」地域会議

　世界人権宣言50周年の一環として、また「人権教育のための国連10年」行動計画にしたがって、「アジア・太平洋における人権のための教育」地域会議が2月3～6日、インドのマハラシュトラ州プーネ（Pune）で開かれた。会議では、アジア・太平洋地域での人権の状況、紛争を回避し、女性、子ども、弱者の立場の人々の人権保障をより確かにするための人権教育の役割、政府の役割と義務、国内組織（政府、非政府組織の両方）の役割、そしてアジア・太平洋地域における人権教育の実施のための戦略等について討論された。インドの世界平和センター（The World Peace Centre）が、インド人権委員会、インド政府、ユネスコ・ニューデリー事務所、ユネスコ人権・平和課（パリ）等と協力してこの会議を組織した。

［連絡先→Dr. Vishwanath D. Karad, MIT Engineering College, 124 Paud Road, Kothrud, Pune 411 038 M.S. India, tel: 91212-337-682; fax: 91212-342-770; e-mail: wpcpune@hotmail.com］

東南アジアでのトレーニング・プログラム同窓生会議

　カナダ人権財団（The Canadian Human Rights Foundation）は1999年1月27～28日、同財団のプログラムの修了生を対象に、東南アジアでの同窓生会議をタイのバンコクで開催した。同窓生会議は初めての試みで、今回は人権教育に焦点を当てたものであった。参加者はすべて1995年から1998年にかけてイン

ネシア、カンボジア、タイ、マレーシア、フィリピン、ビルマなどの東南アジアの国からカナダで行われた同財団の夏期人権トレーニング・プログラムに参加し修了した面々である。この会では同トレーニング・プログラムを改めて評価するとともに、東南アジアの同窓生による人権教育に関する活動が何かできないか可能性を探ることをめざした。ヒューライツ大阪にも将来この活動への参加を呼びかけている。

［連絡先→Canadian Human Rights Foundation; 1425 Rene-Levesque Blvd. West, Suite 307, Montreal, Quebec, Canada H3G 1T7 tel: 514-954-0382; fax: 514-954-0659; Email: chrf@chrf.ca; Web site: http://www.chrf.ca］

国内人権機関シンポジウム

1999年2月10～12日、(社)自由人権協会は、インドネシア法律扶助人権協会（PBHI）とともに「人権機関のあるべき姿を求めて―人権確立のための共同行動」と題したシンポジウムをインドネシアのジャカルタで開催した。目的として、比較研究を通じて国内人権委員会の機能についての理解を深めること、インドネシアにおける人権状況についての理解を深めること、インドネシア国内人権委員会とNGOの協力体制を促進すること、日本における国内人権機関の設立に向けて、そのあるべき姿を探ること、が掲げられた。シンポジウムでは、インドネシア、インド、オーストラリア、日本、タイの状況が国内人権委員会やNGOのメンバーから報告された後、人権侵害を予防し規制するための政策・立法へのアプローチ、人権教育・啓発、さらに人権機関とNGOの協力などが討論され、最後に声明を採択し終了した。

［連絡先→(社)自由人権協会、東京都港区愛宕1-6-7愛宕山弁護士ビル306号室、電話：03-3437-5466］

女性と子どもの人身売買に関する地域対話会議

反差別国際運動（IMADR）は3月21～23日、「女性と子どもの人身売買に関する地域対話会議―アジアにおける地域協力の強化を目指して」を開催した。会議では、東アジア、東南アジア、南アジアにおける女性と子どもの人身売買の現状を明らかにする報告、地域的メカニズムの強化のための提言、人身売買問題に関わるNGO間の取組みおよびNGOと政府のパートナーシップの強化、そして日本国内の市民、NGOワーカー、政策立案者、政府職員に人身売買の現状と国内、アジア地域、国際レベルのそれぞれの情勢を学ぶ機会を提供することの4つの目的を掲げた。会議にはNGO、国連組織の代表や研究者が参加した。

［連絡先→反差別国際運動（IMADR）、東京都港区六本木3-5-11松本治一郎会館、電話：03-3586-7447、ファックス：03-3586-7462、e-mail: imadris@imadr.org; URL: //www.imadr.org］

APWLDトレーニング・プログラム

アジア・太平洋女性・法律・発展フォーラム（APWLD）はアジア・太平洋地域のさまざまな国でシリーズとなるトレーニング・プログラムを実施した。フェミニストの法律理論と実践（FLTP）についてのトレーナーのためのトレーニング

から始まり、AWORCトレーニング（ソウル）と国内FLTPトレーニング（モンゴル）を6月に、国内トレーニング（チベット）と中央アジア小地域トレーニング（キルギスタン）を7月に、FLTP地域トレーニング（タイ）を9月に、そして女性、雇用、経済的権利についての地域トレーニングを10月に行った。

[連絡先→Asia-Pacific Forum on Women, Law and Development (APWLD), 3F, Satitham YMCA Building, Room 305-307, 11 Sermsuk Road, Soi Mengrairasmi, Chiangmai 50300 Thailand, tel: 6653-404-613 to 14, fax: 6653-404-615, e-mail: apwld@loxinfo.co.th]

国内人権機関職員のためのトレーニング

カナダ人権財団とフィリピン人権委員会の共催で、第2回アジア地域国内人権機関職員トレーニング・プログラムが5月8～15日、フィリピンで開催された。アジア地域の5つの国の国内人権機関の代表、新たに設立されたフィジーの国内人権機関の代表、国内人権機関の設立が間近なタイとバングラデッシュは法務省の職員、その他各国代表のNGO、計8カ国33人が参加した。主には所属組織の中間層の職員である。トレーニングは経済的、社会的および文化的権利と国内人権委員会の役割について焦点が当てられ、目的として、①相互依存性、不可分性、普遍性にとくに焦点を当てた主な人権問題と地域でのその傾向を認識すること、②経済的、社会的権利の保護・伸長のための組織としてのプログラムの戦略を検討し探ること、③今後の継続的な情報交換のための形式ばらないネットワークを奨励し発展させることが掲げられた。

[連絡先→Canadian Human Rights Foundation; 1425 Rene-Levesque Blvd. West, Suite 307, Montreal, Quebec, Canada H3G 1T7 tel: 514-954-0382; fax: 514-954-0659; Email: chrf@chrf.ca; Web site: http://www.chrf.ca]

1999ソウル世界NGO会議

1999ソウル世界NGO会議が10月10～15日、韓国・ソウルで開催された。今年の会議は「21世紀におけるNGOの役割」というテーマで過去10年の主要な世界会議において国連加盟国によって約束された取組みの実施状況を探り、政策についての対話を国内、アジア地域、そして国際間のNGOでより進めるために国連、国連機関とともにNGOのパートナーシップを強め、連絡と協力をより密にするための機会を提供することを目的としている。

[連絡先→Korea Organizing Committee, # 305 Wonseo Bldg., 171 Wonseo-dong, Chongno-gu, Seoul 110-280 Korea, tel: 822-762-2323, fax: 822-762-9833, e-mail: kocngo@ngo99korea.org, website: www.ngo99korea.org]

シンポジウム「東アジア・東南アジア諸国における法律扶助と公益的弁護士活動」

「東アジア・東南アジア諸国における法律扶助と公益的弁護士活動」についての会議が12月17～18日は東京（国際交流基金国際会議場）で、12月19日には神戸（神戸国際会議場）で開催された。この会議では、日本、韓国、タイ、ラオス、ベトナム、カンボジア、フィリピンにおけるこれまでの法律扶助、公益的弁護士活動そして大学での法律扶助の臨床教育プログラムの経験について話し

合われた。この会議は神戸大学、国際交流基金日米センター、ウィスコンシン大学東アジア法律学センター、ウィスコンシン大学アジア・パートナーシップ・イニシアティブそして日本弁護士連合会と（財）法律扶助協会が協同して組織している。

［連絡先→東京：日弁連法制二課（ファックス：03-3580-2866）、神戸：神戸大学法学部研究助成室（ファックス：078-803-6753）］

ISPCANアジア会議

ISPCAN (The International Society for the Prevention of Child Abuse and Neglect) の「第5回子どもの保護についてのアジア会議─21世紀の子どもを守る─子どもとその家族のための平和と安定を創造する」が11月25～27日、香港で開催された。

［連絡先→The Federation of Medical Societies of Hong Kong, 4f, Duke of Windsor Social Service Building, 15 Henessy Road, Wanchai, Hong Kong, tel: 852-2527-8898; fax: 852-2866-7530, e-mail: sigfmshk@netvigator.com］

「国連人権教育の10年」に関する地域会議

フォーラムアジアとアジア人権教育資料センター（ARRC）は「国連人権教育の10年のアジア・太平洋地域での発展と実施への対応と市民社会の役割」をテーマに地域会議を11月12～13日、ネパールで行った。会議では、他の政府や市民社会のメンバーが今後行動計画を作り上げ実施するように、すでに「人権教育の10年」の国内行動計画をもった国の経験が紹介された。同会議では、行動計画作りのための監視メカニズムを作ることもめざされた。

［連絡先→FORUM ASIA: 109 Suthisarnwinichai Road, Samsennok, Huaykwang, Bangkook 10320 Thailand, tel: 662-276-9826 to 27, fax: 662-693-4939, e-mail: CHALIDA@MOZART.INET.CO.TH］

（米田眞澄／京都女子大学短期大学部講師）

● アジア・太平洋地域の政府・NGOの動向

Development of National Human Rights Institutions in the Asia-Pacific Region

アジア・太平洋地域における国内人権機関の動向

1.国内人権機関創設の促進を担うネットワークの誕生

　1977年、アジア・太平洋地域において、初の国内人権委員会(ニュージーランド)が設立された頃、政府とNGOとの間には、国内人権機関に関する議論はほとんどなかった。人権に関するアジア・太平洋政府間ワークショップがこの問題を取り上げた1982年の時点でも、そのような発想はまだ漠然としており、懐疑的な政府もあった。80年代末になっても、国内人権機関の設立は、わずか3カ国に限られていた(ニュージーランド、オーストラリア、フィリピン)。

　ウィーン世界人権会議(1993年)を意識して、インドとインドネシアの2カ国で、国内人権機関が設立された。この時点でも、国内人権機関について、まだ相変わらず懐疑的な政府が多くあり、それはNGOにも見られた。90年代末には、スリランカとフィジーの2つが加わった。しかしながら、フィジーの1999年憲法が廃止されたことは残念である。これによって、フィジーの国内人権機関はその存在のための法的根拠がなくなってしまった。現在のところ、委員会の運命について明らかな情報はない。現在の政治的危機が終わった後でなければ明らかにされないであろう。他方、スリランカの国内人権委員会は最近新しいメンバーを任命した。

　それでも、20世紀末には、国内人権機関を支持する地域のイニシアチブが顕著に見られるようになった。国内人権機関の地域的ネットワーク(アジア・太平洋国内人権機関フォーラム)が1997年に設立され、国内人権機関の必要性が高められた。また、このネットワークは、加盟機関の間の地域協力を援助するシステムを創設し、地域内における国内人権機関創設へ向けた大きな運動を開始した。毎年行われる人権に関する国連地域ワークショップは、国内人権機関の議題を、政府間協力の課題のトップに掲げ、情報の普及や技術援助を促進している。東南アジアという小地域の人権保障メカニズムがすでに政府間で議論のテーマとなっているところもあり、これは、他の小地域および地域全体にとってのモデルとなる可能性がある。

　これらは地域の国内人権機関の創設を支援する諸要因である。

2.各地域の国内人権機関設立の動き

　現在、国内人権機関設立に取り組ん

でいる国がいくつかあるが、その段階はさまざまである。ネパール、マレーシア、タイ、韓国、バングラデシュ、パプァ・ニューギニア、モンゴルが挙げられる。ネパールは、国内人権機関に関する1996年法を制定した。しかし、現在までのところ、政府の意思の欠如により、この機関はまだ設立されていない。NGO団体が機関設立のための圧力を政府にかけているところである。さらに、ネパール最高裁判所は、命令を発して、政府がこの法律規定に従うよう要求している。イギリスの外務大臣（ロビン・クック）がネパールを訪問し、警察官や毛沢東主義の反体制集団による虐待を調査するために国内人権機関の即時の設置を公に促したことによって、国内人権機関の設置の圧力が国際的関心を引いた。そしてついに、人権NGO出身の人々をメンバーに含んだ国内人権機関が2000年6月に設置された。

マレーシアは、1999年、国内人権機関を設立する法律を制定した。政府は機関の人事および行政に関する組織作りに取り組み、2000年4月に国内人権機関を設置した。この分野でリーダー的存在である人物が機関の委員長に任命された。マレーシアではNGOとの対話が始まった。

タイは、1999年10月、1997年憲法に従って、国内人権機関に関する法律を制定した。機関の実際の設置が2000年の後半には開始される予定である。メンバーの指名はすでに始まっており、NGOの代表たちが指名リストに含まれている。

他方、韓国、バングラデシュ、パプァ・ニューギニア、モンゴルは、国内人権機関設置立法の起草段階にある。法案採択に向けたスケジュールは、未定である。

現在の国内人権機関がどのように機能しているかについて評価することは難しい。これらの機能について公平な判断をするためにはさまざまな要素を考慮しなければならない。しかし、これらが各国における人権状況についていくらかの影響を与えたことは否定できない。

3. 国内人権機関成功の重要要素としてのパリ原則遵守

ある政府が国内人権機関を設立するか否かを決定するにあたっては、他国による既存の国内人権機関の経験が1つの要素であることは明らかである。国内人権機関の設立にあたって、既存の機関の弱点を挙げつらって、機関設立の遅れやいまだ設立決定していないことの言い訳としている政府がある。

政府がパリ原則に沿って行動するかどうかが、このプロセスにおける重大な関心事である。パリ原則は国内人権機関の独立性を規定しているが、この独立性を欠いた機関を設立する傾向が諸政府の間に見て取れる。しかし、現在の地域状況から見て必要なのは、人権を客観的に助長し保護することのできる、信頼ある機関なのである。

（ジェファーソン・プランティリア／ヒューライツ大阪研究員、訳：窪誠／大阪産業大学経済学部助教授）

● アジア・太平洋地域の政府・NGOの動向

The 7th Asia-Pacific Regional Workshop on the Regional Arrangement for the Promotion and Protection of Human Rights

第7回アジア・太平洋地域における人権の伸長と保護の地域的取極に関するニューデリー・ワークショップ

アジア・太平洋地域に人権の伸長と保護の地域的取極の可能性とその実現に向けた域内諸国間の協力を進めるために、1990年のマニラ会議を皮切りに、第7回目を迎える会議が、1999年2月にインドのニューデリーで開催された。以下、同会議のねらいと経過そして結論と成果について概略的に紹介しておくことにする。

1.会議のねらい

ニューデリー会議の主要な目的は、前回のテヘラン会議で合意されてスタートした「アジア・太平洋地域の域内技術協力計画枠組み」の下でその後達成した進歩を検証することであり、この地域協力の文脈の中でとられる次のステップと提案される選択肢を確認することであった。つまり、ニューデリー会議は　①地域協力の枠組みに関連してとられた後続の行動を検証し、②人権の伸長と保護のための地域的協力と可能な地域的取極の設立過程を推し進めるためにとられる次の行動を確認することであった。そしてこの会議目的を達成するために、域内諸国における人権教育の国内行動計画と国内人権機関設立に向けた立法措置などに関連する資料が、国連人権高等弁務官事務所によって用意されて参加者に配布された。さらに、会議の基礎資料として、国連人権委員会の独立の地位にある専門家、A・セングパ氏が準備し提出した「発展の権利」に関する報告とC・ダイアス氏が提出した「人権の伸長と保護のための地域協力」に関する報告ならびに、国内人権機関フォーラムのマニラ会議の報告もあわせて配布された。

2.会議の経過

まず、ニューデリー会議には、アジア太平洋地域内の29カ国が参加し、オーストラリア、フィリピン、ニュージーランド、インドネシア、スリランカそしてインドの国内人権機関の代表と11のNGOおよび国連開発計画（UNDP）と国連難民高等弁務官事務所からも代表が参加した。

会議は、1999年2月16日、インドの外務大臣と国連人権高等弁務官の開会辞によって始まり、3日間の議論に入った。会議は、5つのセッションに分けられ、第1セッションは、「アジア・太平洋の地域

147

技術協力の枠組み」について、第2セッションが「人権の伸長と保護および国内力量の強化と人権教育のための国内行動計画」、そして第3セッションは「人権の伸長と保護のための国内人権機関」、第4セッションは「発展の権利および経済的、社会的および文化的権利の実現戦略」そして最後の第5セッションは「アジア・太平洋の地域協力の発展の展望と次に進むべき段階」であった。各セッションでは、専門家による基礎報告に続いて討議が行われた。

各セッションにおける討議をとおして、参加国代表の多数が、過去の会議の中で繰り返し確認してきた原則とガイドラインに言及している。なかでも、包括的、段階的、実際的で積み上げ方式のアプローチと、さらに地域内諸国政府のコンセンサスによって設定される進捗度と優先順位に従って、人権の伸長と保護のための地域協力が進められるべきであること、そして市民的、文化的、経済的、政治的、社会的権利ならびに発展の権利などすべての人権の普遍性、不可分性、相互依存性および相互補完性、さらには人権の伸長と保護のための国家の力量を国内条件に従って強化することが、人権分野における効果的で持続的な地域協力にとって最も堅固な基盤に資するという信念が繰り返し言及された（これは、結論の中で再確認されている）。

各セッションの中で多くの政府代表から自国でとられたさまざまな実践と経験について発言があった。それらは、要約すると、①人権教育行動計画、②人権分野における国内行動計画の策定と準備、③法改正、④国内人権機関の設立と強化、⑤発展の権利ならびに経済的、社会的および文化的権利の実現戦略、⑥国際人権文書の調印と批准、⑦人権の伸長と保護に寄与するNGO参加の増加、⑧技術協力の計画、などである。

3. 会議の結論（全訳）

　1999年2月16日から18日までニューデリー・ワークショップに参加したアジア・太平洋地域の政府代表は、

　前回のワークショップが、とりわけ1998年2月28日から3月2日までに開催されたテヘラン・ワークショップで合意された「地域内技術協力枠組」が果した重要な貢献を想起し、

　すべての人権、すなわち市民的、文化的、政治的、社会的権利と発展に対する権利の普遍性、不可分性、相互依存性および相互関連性を再確認し、

　民主主義、発展および人権と基本的自由の尊重は相互に依存し相互に補完し合うことを認めて、

　人権と基本的自由の普遍的尊重と遵守を伸長する地域的協力の増進に参加し、

　アジア・太平洋地域の広大さと多様性に留意し、

　国連人権高等弁務官がニューデリー・ワークショップに参加したことを歓迎し、

　ジャスワン・シン外相とメアリー・ロビンソン国連人権高等弁務官が開会会議で行った激励の辞に謝意を表し、

テヘランの合意による地域的技術協力枠組みの実施において達成した進歩を検証し、

ワークショップにおいて、発展の権利ならびに経済的、社会的および文化的権利の効果的実現について深度ある討論が行われたことを歓迎し、

国連人権委員会における発展の権利に関する独立の専門家であるA・セングパ氏によって提出された報告書に謝意を表し、

人権の伸長と保護のための地域協力の増進は、地域内の政府のコンセンサスにより設定される進捗度と優先順位に従って、包括的、段階的、実際的そして積み上げのアプローチが重要であることを繰り返し確認し、

人権の伸長と保護のための国家の力量を国内条件に従って発展させ強化することが、人権の分野における実効的かつ持続的な地域協力にとって最も堅固な基礎になることを再確認し、

すべての人権分野において力量を創出し効果的解決を確保するための発展的アプローチの基本的要件として、技術的協力活動の主流化と効果的調整を要請し、

現在推進中のプロセスの基本的目標は、国連の人権分野における技術的協力自発基金に基づく国際社会の支援を得て、とくに人権高等弁務官事務所が策定し実施している地域内の技術協力計画を基礎に、地域内諸国が力量の創出と経験の交流をとおして地域的協力を発展させることであることを確認し、

地域的技術協力計画内容の決定と、今後にこの計画に基づいて達成した進歩と評価ととるべき行動の決定に関連する中心的意思決定の役割は、ジュネーブ駐在のアジア・太平洋地域諸国政府の代表を含むジュネーブの自由な作業チームの支援を得て、既存の年次的政府間ワークショップが担うことを再確認し、

地域的協力とその実際的な成果を継続的に進めることが可能な地域的取極に関する討論にとって基本的なことであることを認め、

高等弁務官が、テヘランで採択された「アジア・太平洋地域の域内技術協力枠組」の下で予想される地域計画の実施のために73万米ドルの配分を決定したことを歓迎し、

国連人権高等弁務官が、加盟国の要請に応えて、地域的人権アドバイザーを、地域内技術協力枠組みに従ってアジア・太平洋地域内の技術的協力実施と関連する地域的プロジェクトの役員としての職務を利用可能にする決定を行ったことに留意し、

テヘラン・ワークショップ以降、地域的技術協力枠組みの4つの領域において実行した活動に関する国連人権高等弁務官事務所の報告を歓迎し、

タイと日本が4つの領域のなかの1領域について、年次会議の中間期に地域的ワークショップを招致する意向を表明したことを歓迎し、

人権高等弁務官事務所が、地域的技術協力枠組みの下に地域的技術協力活動に関する広報部署を設置するよう要請し、

年次的地域ワークショップが、ジュネーブの自由作業チームの同意を得て、地域的技術協力枠組みの下において指定された4つの領域の1領域に関連する特定のテーマを深度ある討議を行うために取り上げることを決定し、

　人権高等弁務官事務所が地域的技術協力枠組みの下における4つの領域についてニューデリーで行った提案を発展させ実施すること、ならびに達成した進歩についてジュネーブの自由作業チームに定期的に報告し次回のワークショップに報告することを要請する。

（金 東勲）

● アジア・太平洋地域の政府・NGOの動向

The 4th Asia-Pacific Regional Workshop of National Human Rights Institutions

アジア・太平洋地域国内人権機関フォーラム第4回年次会合

1.国内人権機関

　1980年代後半頃から、国内の人権問題や差別事象を調査し、被害者を救済するため、政府から独立した人権機関（国内人権機関）を設置する努力が各国で始まった。冷戦後、国連も国内人権機関の設置を諸国に奨励するようになり、1993年には国連総会が「国家機関の地位に関する原則」（いわゆる「パリ原則」）を採択し、国内人権機関の機能と権限についてガイドラインを示した。こうして世界各国では国内人権機関の設置がますます盛んになった。

2.アジア・太平洋国内人権機関フォーラム

　アジア・太平洋地域でも、1977年にニュージーランドに人権委員会が、1986年にオーストラリア人権および機会均等委員会が、1987年にはフィリピン人権委員会が設置された。また1993年には、インドとインドネシアで人権委員会が活動を始めた。そして、1996年には、オーストラリア・ニュージーランド・インド・インドネシアの国内人権機関の代表がオーストラリアのダーウィンで第1回アジア・太平洋国内人権機関ワークショップを開催し、この地域の国内人権機関の相互協力と情報交換などのため、アジア太平洋国内人権機関フォーラム（以下、「フォーラム」）を創設した。フォーラムは97年にはニューデリーで、98年にはジャカルタで年次会合を開催し、99年9月にマニラで4回目の年次会合（以下、「マニラ会合」）を開いた。

3.マニラ会合の概要

　マニラ会合にはオーストラリア・インド・インドネシア・ニュージーランド・フィリピン・スリランカ・フィジーの7カ国の国内人権機関代表、アジア太平洋地域の19カ国の政府代表、国連人権高等弁務官事務所代表、社会権規約委員会議長、国連子どもの売買に関する特別報告者など51名が出席した。このほか、地域外のカナダ・メキシコ・南アフリカの国内人権機関やユニセフ・ILOなどの国際機構の代表や地域の人権NGOなどから31名がオブザーバー参加した。なお、日本政府は正式代表を送らず、マニラ大使館の専門調査員を傍聴に派遣したにすぎなかった。

　マニラ会合はマニラ湾に面するトレー

ダーズ・ホテルを会場として、9月6〜8日の3日間の日程で開催された。しかし、初日6日はフォーラム加盟機関と国連人権高等弁務官事務所代表だけの非公開会合で、実質討議は7・8日の両日なされた。7日の冒頭で、フィジー人権委員会（99年発足）のフォーラムへの加盟が承認され、フォーラム構成機関が7機関に増えた。両日議論されたのは、「国内人権機関と経済・社会的権利」、「女性と人権」、「国内人権機関とNGO」、「死刑と人権」、「地域における人権の進展」、「フォーラム活動の検討」であった。各テーマには1時間半ほどがあてられ、基調報告などに続いて、質議がなされた。発言できるのは、原則として、国内人権機関と政府代表で、NGOは各テーマ別セッションの最後に声明を読み上げる機会しか与えられなかった。

4.最終声明

最終日には会合の成果を盛り込んだ最終声明が採択された。経済・社会・文化権に関しては、自由権に比べ軽視されてきた社会権の重要性に注目すべきとの認識から、地域内外の政府や国際金融機関などに、経済・社会・文化権を実現する責任を政策に反映するよう要請することなどが合意された。女性の人権をめぐっては、人身売買の問題を含む女性の人権に関わる活動拠点を各フォーラム加盟機関内に設置し、フォーラム事務局がそれらのネットワークを調整することを加盟機関に勧告し、女性の人権向上に関するワークショップを2000年に開催することなどが合意された。このほか、①パリ原則に合致する国内人権機関の設置プロセスに関する指針作りをフォーラム事務局に要請し、②2001年の国連反人種主義世界会議の準備段階と会議自体への国内人権機関の全面的参加の重要性を強調し、③パリ原則に合致する国内人権機関の設置および既存の機関の強化への多くの人々の関わりを歓迎し、④子どもポルノグラフィー（インターネット上のものを含む）に対し必要な措置をとる明確な国際人権法上の法的義務を確認した点が特記される。

フォーラムの組織面では、98年のジャカルタ会合で合意された法律家諮問評議会のメンバーが公表され、地域の国内人権機関および政府が死刑の適用の際にとった手法の検討という、会合で見解が分かれた微妙な問題の検討が早速この評議会に委ねられた。また、①アジア・太平洋地域における人権の価値、原則および規範の実施に関するハンドブック作りに関する作業グループと、②宗教間の寛容と尊重の研究に関する作業グループの設置が最終声明で明らかにされた。

5.フォーラムの意義

今回の会合でフォーラム加盟機関は7つとなった。現在この地域では、韓国、タイ、バングラデシュ、マレーシア、モンゴル、パプアニューギニアなどの諸国で国内人権機関の設置が検討されており、フォーラムはこれら諸国での国内人権機

関作りを支援している。

　この地域は多様なため、それぞれの国が抱える人権問題も多岐にわたり、既設の国内人権機関の活動手法もさまざまである。しかし、フォーラムは毎年9月に定期的に国際会合を繰り返し、地域諸国の国内人権機関の間で活動上の問題点を出しあい、経験やノウハウを交換し、それぞれの国内での人権状況の改善に向けて交流している。フォーラム活動のガイドラインは、政府から独立した人権機関に関するパリ原則であり、その活動は国連からも全面的に支援されている。このように、アジア・太平洋地域諸国では国内人権機関が着実に設置され、その相互協力関係も軌道に乗りつつある。

（山崎公士／新潟大学教授）

資料2

第4回アジア・太平洋地域国内人権機関ワークショップ結論

フィリピン・マニラ
1999年9月6～8日

1. フィリピン、インドネシア、オーストラリア、インド、ニュージーランド、スリランカおよびフィジーの国内人権委員会の代表からなるアジア・太平洋地域国内人権機関フォーラム（以下、「フォーラム」という）の第4回年次会合は、1999年9月6～8日にフィリピンのマニラで開催された。

2. フォーラムは会合を招請したフィリピン人権委員会に謝意を表明した。またフォーラムは、年次会合と会期間ワークショップを共催し、財政援助した人権高等弁務官事務所、財政援助したオーストラリア国際開発庁、ならびに会合の組織をしたフォーラム事務局に感謝した。

3. 国内人権機関の地位と責任は、国際連合総会（決議48/134）によって採択された「国家機関の地位に関する原則」（通常「パリ原則」と呼ばれる）と両立するものでなければならないことをフォーラムは確認した。国内人権機関はパリ原則に従って、独立、多元的であり、普遍的な人権基準に基礎を置くものとし、適切で包括的な協議プロセスを経て設置すべきであることをフォーラムは強調した。

4. 第3回年次会合の決定に従い、会合は3日間にわたって開催された。初日の加盟国内人権機関による非公開会合では、フォーラムの運営、機能およびこれからの要請について踏み込んだ議論がなされた。

5. フィジー人権委員会が正式にフォーラムに受け入れられ、フォーラムの加盟機関は7機関に増えた。フォーラムは、国内人権機関をもっているかパリ原則に合致する国内人権機関の設置を検討している政府代表のオブザーバー参加を歓迎した。またフォーラムは、その他の関連する機関代表、ならびに国際的、地域的および国内的NGO代表のオブザーバー参加を歓迎した。

6. フィリピン共和国司法長官のSerafin Cuevas 氏がフィリピン共和国大統領 Joseph Ejercito Estrada 閣下の代理で会合を開会した。大統領はメッセージの中で、経済発展の追求と人権の促進・保護との間に解決されない緊張が存在することに留意した。メッセージはこれまで開発指向と人権指向の集団に分かれていた社会のさまざまなセクターの間に幅広い合意を政府が作り上げる必要性を確認した。アジア・太平洋フォーラムは、グローバリゼーションと不均等な経済発展の挑戦に取り組む地域政府、市民社会および団体を支援する実践的な行動計画を工夫できる立場にあることを大統領メッセージは示唆した。

7. 会合の特別テーマは「国内人権機関と経済的および社会的権利」であった。フォーラムは、国際連合人権高等弁務官の地域代表で国際連合規約人権委員会の副議長であるP. N. Bhagwati 判事および国際連合経済、社会および文化的権利に関する委員会議長の Virginia Dandan 教授がこの問題の基調講演者として参加されたのを歓迎した。基調講演と質疑は、すべての人権に対する全体的アプローチを維持する必要性について注意を喚起した。多くの

政府は、経済的、社会的および文化的権利に対し、依然として市民的および政治的権利より低いレベルの優先順位しか与えていないことが留意された。フォーラムは地域内外の政府に対し、経済的、社会的および文化的権利の実現に向けての責任を、政策への反映、国際金融機関や国際的・地域的経済フォーラムの活動などあらゆる実現可能な手段によって、明示的に実施するよう要請した。

8.フォーラムは、人権の享有に悪影響を及ぼす国際金融機関や多国籍企業の政策や実行に関する継続的な関心を表明した。フォーラムは、これらの機関や組織は非国家的行為者であり、法律上国際人権諸条約の主体でなく、したがって、これら諸条約を遵守する責任がないことに留意した。フォーラムは、人権高等弁務官による国際連合の諸機関およびプログラム、国際金融機関、国際機構および非国家的行為者との対話を確立する試みを歓迎した。フォーラムは、人権高等弁務官事務所が対話の進展について次の年次会合に最新情報を提供することを歓迎する。またフォーラムは、経済的、社会的および文化的権利に関する委員会がその活動対象のすべての機関との対話を引き続き進めるよう奨励した。

9.フォーラムは、とくにこの主題に関する（フォーラム）事務局の背景文書で提起された行動提言に基づき行動することによって、経済的、社会的および文化的権利を促進し、保護する手段をさらに検討することに合意した。この作業を促すため、フォーラムは関連諸機関との密接な取決めを探求することを決意した。フォーラムは、この問題に関する調査と分析を続け、フォーラムのウェブサイトによるなど、これらの関連文書を利用可能とするよう事務局に要請した。

10.フォーラムは「女性の人権の向上における国内人権機関の役割」に関する事務局が準備した背景文書を検討した。フォーラムの加盟機関は、女性の人権侵害への取組みに引き続き高い優先順位を与えることを約束した。人権高等弁務官事務所がフォーラムのため準備した事例研究の主題であった、女性と少女の売買が会合でとくに注目された。フォーラムは、人身売買の問題を含む女性の人権に関わる活動拠点を各フォーラム加盟機関内に設置し、フォーラム事務局がそれらのネットワークを調整することを加盟機関に勧告することに合意した。法律、経済活動、政治制度、ならびに女性の人権を否定する優勢な文化的傾向における、女性に対する確立した形態の差別に対する実践的対応を促す調整された地域的アプローチの必要性も注目された。フォーラムは、地域のすべての諸国に、あらゆる形態の女性差別の撤廃に関する条約の批准を再度勧告し、すべての締約国にこの条約に付した留保を撤回するため措置をとるよう勧告した。フォーラムは、女性の人権の向上に関するワークショップを2000年に開催することに合意し、NGO共同体と協議し、このワークショップを準備するため適切な措置をとるよう事務局に要請した。フォーラムは事務局に対し、加盟委員会がこのワークショップの基礎として検討するための文書を準備するよう要請した。

11.「国内人権機関とNGO：提携による活動」というテーマの地域ワークショップで採択された行動計画（キャンディ行動計画）がフォーラム加盟機関と地域のNGO代表者によって率直かつ建設的な言葉で議論された。この行動計画は協力と提携が可能な分野に関する有益な一覧表であると両者は認識した。この行動計画には数多くの優先分野が列挙されている。すなわち、戦略的立案と活動計画、（苦情申立ての）調査と（公開）調査、実行の評価、行動計画の発展、職員の訓練、人権諸条約の批准と人権擁護者の保護、である。

12.（キャンディ）行動計画で勧告された

ように、フォーラムは「人権の促進と保護における公開調査の役割」というテーマに関する議論を支持し、人権高等弁務官事務所およびNGO共同体と協議し、このため適切な措置をとるよう事務局に要請した。フォーラムは、この行動計画で提案された活動を実行するため、国内人権機関およびNGOとともに、技術協力プログラムを通じて資金を結集するよう事務局に要請した。またフォーラムは、NGOおよび人権高等弁務官事務所と協議し、フォーラムの第5回年次会合における検討のため、パリ原則に合致する国内人権機関の設置プロセスに関する指針を準備するよう事務局に要請した。フォーラムは協力と共同活動に関する議論を年次会合の通常議事項目に入れることに合意した。

13. フォーラム加盟機関は、死刑ならびに地域の国内人権機関および政府が死刑の適用の際にとった手法に関し、見解と経験を交換した。加盟機関は法律家諮問評議会（Advisory Council of Jurists）へのこの問題の付託を検討することに合意した。事務局は、加盟機関による会合間の検討のため、この付託に関する提案を準備するよう要請された。

14. フォーラム加盟機関は、国際連合反人種主義世界会議の開催に留意し、その準備段階および会議自体への国内人権機関の全面的参加の重要性を強調した。

15. フォーラムは、オーストラリア、バングラデシュ、ビルマ、カンボジア、中国、インドネシア、イラン、日本、ヨルダン、ラオス、モンゴル、ネパール、ニュージーランド、パキスタン、フィリピン、韓国、シンガポール、タイ、ベトナムおよびイエメンからのオブザーバーの代表の声明を聴いた。フォーラムは、パリ原則に合致する国内人権機関の設置および既存の機関の強化への多くの人々の関わりを歓迎した。国内行動計画（訳注：1993年の世界人権会議で採択された

ウィーン宣言第Ⅱ部第71項で、同会議は、「国家が人権の促進と保護をすすめる措置を明らかにする『国内行動計画』策定の有効性を検討する」ことを各国に勧告した）の発展と実施に関する進展報告も提出された。

16. フォーラムは、国際人権法上、子どもポルノグラフィー（インターネット上のものを含む）に対し必要な措置をとる明確な法的義務が存在することを確認した。フォーラム加盟機関は、関連国際条約は表現の自由の行使に対する合理的制限を許容し、したがって、これらの制限は子どもポルノグラフィーと闘う行動を正当化するという暫定的見解をとった。加盟機関は、この問題を法律家諮問評議会に付託し、意見を求めることに合意した。事務局は、会合間に加盟機関のため付託草案を準備するよう要請された。

17. フォーラムは、1998年9月のジャカルタにおける第3回年次会合以降のフォーラム活動に関する事務局報告に感謝をもって留意した。

18. フォーラムは、1998年に開催された第3回年次会合で合意された、各国内での人権教育の促進における国内人権機関の役割に関する短いドキュメンタリー・ビデオを作成するという提案を引き続き追求することに合意した。加盟機関は、このプロジェクトのための資金提供者を引き続き求めるよう事務局に要請した。

19. 事務局は法律家諮問評議会に関する報告を提供した。フォーラムは以下の評議会構成員の指名を承認した。すなわち、Fali S. Nariman 氏、R. K. W. Goonesekere 氏、Sedfrey Ordonez 氏、J. E. Sahetapy 教授、Dame Silvia Cartwright 判事および Ronald Wilson 卿である。フォーラムは、評議会のため活動することを了承したこれらの方々に心からの感謝を表明した。フィジー人権委員会はこの指名を要請される。

フォーラムは、評議会の実効的な活動を可能にするため、できるだけ早く活動資源を確保するよう求めた。

20.フォーラムは、当分の間引き続き事務局をオーストラリアに置くことに合意した。フォーラムはニュージーランド委員会に引き続き地域コーディネーターとなるよう要請した。フォーラムは法的および運営上の仕組みを討議し、地域コーディネーターに関する作業グループ、人権高等弁務官事務所および事務局を受け入れている国内人権機関はこれらの問題を検討し、解決すべきことに合意した。またフォーラムは、フォーラム、人権高等弁務官事務所および国際連合ボランティア・プログラムの間の合意文書の枠内で、職員の交換を進め、調整するとの提案に合意した。フォーラムは、他の当事者が合意文書を検討した場合には、地域コーディネーターがフォーラムのためこれに署名することに合意した。

21.またフォーラムは、インドネシア国家人権委員会が提示した問題に関する2つの作業グループの設置を決定した。すなわち、アジア太平洋地域における人権の価値、原則および規範の実施に関するハンドブック作りに関する作業グループ、および宗教間の寛容と尊重の研究に関する作業グループである。

22.またフォーラム加盟機関は、国内人権機関国際調整委員会の活動および国際人権システムへのアジア太平洋の国内人権機関の関わりについて見解を表明した。

23.ニュージーランド人権委員会は、およそ12カ月以内に開催されるアジア太平洋国内人権機関フォーラムの第5回年次会合の招請を受諾した。

(訳：山崎公士)

資料3

キャンディー行動計画
国内人権機関とNGOの協力

スリランカ・キャンディ
1999年7月26〜28日

1.序文

1.1　アジア・太平洋国内人権機関フォーラム（以下、「フォーラム」という）を構成する国内人権機関と人権NGOは、この地域における人権の促進と保護における両者の協力を進めるため、国際連合諸機関、各国政府および国際的NGOからのオブザーバーの出席を得て、キャンディで会合した。このワークショップは、国内人権機関の強化とNGOの活動が日増しに活発化しつつあるなかで開催された。こうした活動としては、フォーラム自身の設置、アジア・太平洋地域における地域的取極に関する国際連合主催による一連のワークショップ、そして合意された技術協力プロジェクトの実施を目的とする種々の会合が列挙される。この地域の各国政府は、このワークショップを国際連合人権高等弁務官の後援による技術援助プログラムの一部と位置づけている。このことは人権の促進と保護のための種々の当事者間の協力の重要性を反映している。

1.2　ワークショップに参加した諸機関は、この会合を招請し、我々を厚遇したスリランカ人権委員会に対し感謝の意を表明する。ワークショップは、フォーラムおよびアジア太平洋NGO人権促進チーム（以下、「FT」という）とワークショップを共催した国際連合人権高等弁務官事務所にも感謝を表明する。ワークショップに財政援助を提供した人権高等弁務官事務所、ならびにニュージーランド政府およびオーストラリア政府にも感謝を表明する。

1.3　ワークショップに参加した諸機関は、発言者、司会者、報告者の貢献に感謝する。

1.4　ワークショップに参加した諸機関は、国内人権機関とNGOに十分な意見表明の機会が与えられ、協力的な態勢でワークショップが組織されたことに満足の意を表明する。ワークショップに参加した諸機関は、この協力精神が国内レベルおよび国際レベルでの国内人権機関とNGOの働きにも反映するように切望する。

1.5　ワークショップは国内人権機関とNGO間の協力が非常に重要であることを確信し、世界人権宣言、国際人権文書およびウィーン宣言に表明された、人権の普遍性と不可分性への共通のコミットメントを基礎として国内人権機関とNGOが共に活動する必要性を確認する。さらに、国内人権機関とNGOは、人権の促進と保護において違った役割を担っており、したがって市民社会、NGOおよび国内人権機関の独立性と自律性が尊重され、支持されるべきであることを確認する。

1.6　国内人権機関とNGOは、その性質や構成上多様であるが、人権の保護と促進を共通目的としているので、人権に関するプロジェクトや教育において、相互の意見交換と協力が必要であることに合意する。

1.7　ワークショップに参加した諸機関からの参加者は、自らが実施を約束する以下

の行動戦略が適切であることに合意する。

2.協力の構造と仕組み

2.1　国内人権機関とNGO間のよりよい意見交換プロセスの重要性を認め、これを実施する。このプロセスは定期的で、透明性を保ち、包括的かつ本質的なものでなければならない。NGOがその環境や自国の国内人権機関との関係で、どのようなプロセスと仕組みが最も適しているかを決めるよう奨励する。NGOとの関係を促進するため、焦点を定めるよう国内人権機関に奨励する。

2.2　共同でトレーニング・プログラムを実施する。

2.3　国内人権機関とNGOの間のメンバーの一時的人事交流を検討する。

2.4　政府や他の国家機関に勧告を行う場合に、できれば協力する。

2.5　国内人権行動計画の発展の奨励について、人権高等弁務官事務所と協力し、その助言を求める。

2.6　相互に関心ある特定の問題、とくに参加と組織についてバランスのとれたアプローチを確保することに焦点を当てたワークショップを開催する。

2.7　国内人権機関とNGOが、それぞれの活動、人権問題の監視から生ずる問題点、ならびに関連する勧告について、互いに情報を提供しあうため、情報技術の利用の可能性を最大化する目的で、両者間の討議のための仕組みを作る。

3.教育

3.1　実効的な人権教育はその国の人権状況の分析と世界人権宣言その他の国際人権文書に基づくものでなければならないことを認める。

3.2　すべての人々の人権が認められ、尊重され、個々人は人権をもち、その人権を確保する仕組みを利用できることを個人と社会が最大限認識できる環境作りを人権教育の目標とする。

3.3　国内レベルおよび地域レベルでの既存のプログラムを検討する。

3.4　教育計画の立案のための道具、たとえば、人権教育のための国際連合10年の枠組で準備された人権分野における国内行動計画に関する指針を活用する。

3.5　人権教育の計画立案やその実施を容易にし、政府に人権教育を提供する義務を遂行するよう促し、特定のプログラムを実施するのに最もふさわしい機関を定め、重複を避け、資金調達を調整し、プログラムの実効性を監視するため、人権教育に関し協議する。国内人権機関とNGOにとって潜在的に実り多い協力分野は、両者の人権教育活動の展開を容易にするため、資料や活動資源の交換であろう。

3.6　初等、中等または高等教育という主流をなす教育制度のためのカリキュラムの発展について協議する。

3.7　教師ならびに軍隊、警察、および矯正施設職員を含む公務員のトレーニング・プログラムを協力して展開し、これへの共同参加を促す。

3.8　教師や両親を含む人権教育を行う者のトレーニング・プログラムを協力して展開し、これへの共同参加を促す。

3.9　司法府の構成員のトレーニング・プログラムについて、司法当局と協力する。

3.10　政府職員へのトレーニングの提供を促進するため、政府機関との合意文書を締結する。

3.11　人権教育を実施できるNGOと国内人権機関の人材集団を確保する。

3.12　パリ原則や人権擁護者に関する宣言などの国際的・国内的人権文書に関する情報の普及のため協力する。

3.13　適切な場合には、個別または共同

で行われるパブリック・キャンペーンやメディア・キャンペーンによって、人権教育を進める。

3.14　人権問題に関する報道を促すため、メディア（とくに国営メディア）との関係を発展させる。

3.15　公的会合、会議やメディアの行事への共同参加を進める。

3.16　インターネットのウェブサイトへの相互リンクを確立する。

3.17　人権教育プログラムに関する提案について、国際連合人権高等弁務官事務所や国際連合開発計画（UNDP）といった、技術援助や資金援助機関への共同または個別のアプローチを進める。

3.18　国内人権機関、NGO、国際連合の人権機構および条約実施機関の報告を、民衆の意識を高め、特定問題のを追求する手段として協力しつつ利用する。

4.苦情申立てと調査

4.1　国内人権機関は独自の独立した調査能力をもつべきことの重要性が合意された。

4.2　NGOと国内人権機関が、それぞれの苦情申立てと調査システムの傾向について議論し、仕組みを改善し、国際的資料を考慮に入れ、また重複を避けるため、それぞれのシステムについて互いに知らせあう情報会議を準備する。

4.3　国内人権機関の苦情申立てシステムと調査システムの民衆への周知を進める。マニュアルや非識字者用の文字で書かれていない資料のような、関連資料の準備がこれに含まれる。不利な立場にある人々に特別の注意を払わなければならない。

4.4　国内人権機関の調査権限が狭すぎるか満足のいくものではない場合には、その国内人権機関の調査権限の改善を促す共同行動を検討する。

4.5　NGOと国内人権機関の間での、適当と思われる特定の事例に関する情報交換を進める。

4.6　特定の事例を調査する場合、地方レベルでのNGOと国内人権機関の協力を進める。

4.7　NGOが調査プロセスに関与できるよう、透明で包括的な仕組みを発展させる。

4.8　特定の事例に関する情報交換を促す情報技術の利用法を模索する。

4.9　苦情申立て、調査および報告システムの実効性を強化する目的で、共同トレーニング・コースを準備する。

5.公開調査

5.1　公開調査の概念、目的、仕組みとありうる主題を周知する目的で共同ワークショップを開催する。最善の慣行が実行されるよう、国内人権機関およびNGOと協議する。

5.2　公開調査の実施が考慮される場合には、その調査の権限と戦略の立案の展開について協議する。

5.3　国内人権機関が公開調査を実施する場合には、とくに情報交換と現地での活動について協議する。

5.4　立法府は国内人権機関の報告を一定時間内に審議しなければならず、この審議が不当に遅れた場合には、国内人権機関はその報告を公表する権限をもつことを確実にするため、立法府に働きかける。

5.5　メディアによる公開調査の報道を促すよう協力し、公開調査の報告を関連する国際連合機構に通知するよう協力する。

5.6　公開調査による勧告の実施を促すよう協力する。

5.7　参加した組織は、フォーラムがそのテーマ別年次ワークショップ・プログラムの一部として、公開調査に関する地域ワークショップを組織すべきことも勧告する。

6.立法府との関係

6.1　人権の促進と保護をめざし、立法府と立法者との建設的な関係および共同会合を進めるため協力する。

6.2　人権問題に関する立法府による特定の行動を促す目的のキャンペーンなど、立法府への実効的な働きかけをするため、国内人権機関とNGO職員の能力強化を目的としたワークショップの開催を検討する。

6.3　人権や国内人権機関とNGOの役割・機能について立法者により多くの情報を与える目的のワークショップへの共同参加を検討する。

6.4　立法府に人権委員会の設置を奨励する。適切な場合には、議会が人権をより強調するよう奨励するため、列国議会同盟（IPU）に働きかける。

6.5　政党の政策綱領の中に人権の保護と促進を盛り込むよう共に活動する。

7.立法

7.1　関連する国際人権法上の基準を含む人権法との整合性を確保するため、法律の効力をもつ現行の立法その他の文書を体系的に見直す。その際、人権の不可分性の原則に合致するよう（自由権と社会権を）一体として捉え、これらの原則に合致するよう適切な法改正の勧告を行うことを念頭に置く。

7.2　法律の効力をもつ立法その他の提案が人権やこれに関連する諸原則に合致するよう確保するため、これら諸原則に合致するよう適切な法改正の勧告を行うことを念頭に置きつつ、これらの提案について広く協議し、討議するための仕組みを発展させる。

7.3　新しい立法、現行法の見直し、および人権条約の交渉において、政府機関がNGOや国内人権機関に意見を求める仕組みを発展させるよう政府を奨励するにあたり協力する。

7.4　国内人権機関が政府に立法に関する勧告をする際、NGOに意見を求める仕組みを確立する。

7.5　国際人権規範に合致する国内立法を発展させるため協力する。

7.6　国際人権諸条約などの批准および履行、ならびにこれら諸条約に付した宣言、効力停止措置、および留保の撤回のための努力を調整する。

7.7　適切な場合には、立法の人権的側面を専門的に見直す広範な構成員からなる会議体の設置を奨励する。

8.新しい国内人権機関の設立

8.1　フォーラムはNGOと協議して、2000年の年次会合までに、パリ原則に従ったこの地域における新たな国内人権機関の設立に向けた仕組みとプロセスに関する最低基準を採択するよう勧告する。そのガイドラインは、新たな機関はその職務につき独立性を有し、NGOとのパートナーシップで（設置の）プロセスと仕組みを協力して発展させ、国内人権機関に関する立法提案を公聴会や公衆による検討に付し、ならびに国内人権機関の構成員の任命における透明性を確保する必要性にとくに注意を払わなければならない。かかる国内人権機関は提言、教育および調査機能をもつものでなければならない。

8.2　国内人権機関とNGOは、国際連合人権高等弁務官と協力して、パリ原則に従った国内人権機関の設立モデルに関し、他国の政府やNGOの要望に応じて、情報や助言を提供することに合意する。

9.アジア・太平洋国内人権機関フォーラム

9.1 フォーラム事務局に対し、NGOと協力して、この行動計画を各国政府、国内人権機関、NGO、国際連合ならびに他の国際的・地域的機構に広く普及することを要請する。

9.2 フォーラム事務局に対し、地域の国内人権機関やNGOと協力し、この行動計画で提案された活動に実効性を与えるため技術協力プログラムを通じて、資金を結集するよう要請する。

9.3 国内人権機関とNGOは、この行動計画に実効性を与えるためにとった措置について、フォーラムに簡単な年次報告を提供することに合意する。

9.4 1998年9月にジャカルタで開催された第3回フォーラム年次会合におけるNGOの参加に関する取決めに留意し、NGOの参加によってこれからのフォーラムの会合が引き続きよりよいものとなるよう、フォーラムが試みることを要請する。

10.国際活動

10.1 国際人権条約上の義務および条約実施機関による勧告、見解または意見の実施を監視し、政府に奨励するうえで協力する。条約実施機関への報告、ならびに実施機関の報告、勧告、見解および意見の普及について協力する。

10.2 国際連合の後援で開催される国際的・地域的な人権会合において、国内人権機関とNGOの参加援助に関し協議し、協力する。国際連合の機構強化に向けて、適切な場合には、政府と議会への働きかけを調整するなど協力する。

10.3 国際連合の人権保護メカニズムに関する情報会合を共同で開催する。人権侵害の申立てが適切な国際連合その他の政府間国際機構に提出されるようにするため、協力して活動する。

(訳:山崎公士)

● アジア・太平洋地域の政府・NGOの動向

Development of Human Rights Education in the Asia-Pacific Region in 1999

アジア・太平洋地域における人権教育1999年度の動き

1. 東南アジア・パイロット教師トレーニング・ワークショップ

　ヒューライツ大阪、インドネシア国家人権委員会、スラバヤ大学人権研究センターは、1999年4月26～29日、インドネシアのバリにおいて、トレーニング・ワークショップを共同開催した。制度的および法的発展のための東南アジア基金（SEAFILD）ならびにユネスコ・ジャカルタ事務局が、このトレーニングに財政支援を提供した。トレーニング・プログラムは、アセアンに焦点を置き、人権教育者と小地域関連機関との間におけるネットワーク作りを強調し、参加者中心の方法論を採用した。

　カンボジア、インドネシア、フィリピン、タイ、ベトナムから18人の参加者があった。参加者の多くは、教育省官僚であり、それに加えて、高等学校校長が1人、教育研究者2人、NGO職員2人、大学教員1人、教員養成担当者1人であった。インドネシア、フィリピン、タイ代表からなる助言者チームもトレーニングに参加した。トレーニングにおけるテーマは、人権概念、人権教育、人権教育者に関する討論、授業計画、授業実習からなっている。

2. 北東アジア・トレーニング・ワークショップ

　人権教育に関する第1回北東アジア・トレーニング・ワークショップが、国連人権高等弁務官事務局（OHCHR）ならびに韓国教育省の共同主催で、1999年12月1～4日、ソウルにおいて開催された。ユネスコ韓国国内委員会およびヒューライツ大阪もワークショップを支援した。

　ワークショップの目的は、学校における人権教育の共通理解を発展させること、人権教育を学校制度の中に効果的に取り入れるべく、他国から学んだ教訓をもとにして、戦略を討論すること、学校における人権教育プログラムにとって重要な要素は何かを明らかにし、小地域および国内における優先順位を確定すること、人権分野の関係者（政府、国家機関、教育機関、NGO）の小地域協力を促進すること、学校における人権教育のための国内および小地域計画を発展させることである。中国、韓国、日本、モンゴルから、31の政府とNGO代表が参加した。

　ワークショップは、ソウル宣言を採択した。この文書は、北東アジアの学校における人権教育計画を発展させる必要性

163

を強調している。この計画は、小地域の社会文化的背景に沿ったものでなくてはならない。これに関連して、政府が、学校における人権教育のために必要とされる財政面、基盤整備面、政策面、人材面での支援を提供することが要請された。

3. 人権教育のための国内行動計画に関する国連会期間ワークショップ

国連人権高等弁務官事務局（OHCHR）主催の第2回会期間ワークショップが、2000年1月17〜19日、東京で開催された。ワークショップの主な目的は、人権教育のための国内行動計画を発展させるにあたって、国連のガイドラインを示すこと、そのような計画作成にあたって、地域の既存の経験を理解すること、行動計画に関連した諸問題を議論することである。アジア・太平洋地域の25カ国を超える代表がワークショップに参加した。採択されたワークショップの声明（東京宣言）は、人権教育促進に向けた政府の努力を認めているが、よりいっそうの支援提供を可能とすべく、政府に対して、国内行動計画の発展を促している。

4. 人権教育に関するユネスコ地域会議

ユネスコ主催のアジア・太平洋地域の人権教育地域会議が、1999年2月3〜6日、インドのマハーラーシュトラ州プネで開催された。同会議は世界人権宣言の50周年記念の一部として開かれたものであり、「人権教育のための国連10年」（1995〜2004年）に沿ったものである。会議では次の3つの分野に焦点が当てられた。

①ノン・フォーマル教育制度（社会教育と呼ばれるようなかたちはあるが決まった型がない教育）における人権教育。

②フォーマル教育制度（学校教育）における人権教育。

③メディアなどその他のセクターにおける人権教育。

また、政府および国内人権機関の任務と義務についても取り上げられた。アジア・太平洋およびヨーロッパから150人以上の人々が参加した。

会議の参加者はアジア・太平洋の人権教育に関するプネ宣言を作成した。教育を一般的に促進する任務を有するユネスコは、教育が人権を促進させるという目的を示すために「人権のための教育」という言葉を使っている。

宣言は、次のことを通して人権教育の促進を促している。

・人権のために政府によって作られる教育組織（それは、あらゆるレベルおよび社会のあらゆる分野に人権教育を促進するであろう）。

・ユネスコが各地域にもっているキーパーソン、相互の連携を行っている学校、クラブ、地域団体の人権教育への積極的な関与。

・焦点の定まった地域ネットワークの創

造(それはカリキュラム、指導方法、その他の人権教育を技術に支援する教材、学生および教員の交換プログラム、フィールド調査などの開発や交換を確保するであろう)。

宣言は、「人権教育のための国連10年」の行動計画のみならずユネスコの「人権と民主主義の教育に関する世界行動計画」(モントリオール、1993年)および「平和・人権・民主主義教育に関する宣言および総合的活動要綱」(パリ、1995年)をも基礎にして人権教育プログラムを開発させることを提案している。

5.国連10年の地域会議

1999年11月12～13日にネパールで人権と開発に関するアジアフォーラム(FORUM ASIA)と人権教育のためのアジア地域リソースセンター(ARRC)は「人権教育のための国連10年」と「市民社会の参加」に対する地域取組みの開発と履行に関する地域人権教育会議を開催した。同会議は、地域の「人権教育のための国連10年」の国内行動計画の開発を支持した。参加者は他の政府および市民社会のメンバーがそれぞれの計画を開発し履行することを奨励するために国内行動計画の開発においてそれぞれの経験を発表した。また、アジアにおいて現在進行中の人権教育プログラムを見直した。

(ジェファーソン・プランティリア／ヒューライツ大阪研究員、訳:窪誠／大阪産業大学経済学部助教授)

資料4

社会権規約委員会
一般的意見11（1999）
初等教育に関する行動計画（第14条）

1999年5月10日第20会期
E/C.12/1999/4.

1.経済的、社会的および文化的権利に関する国際規約第14条は、無償の初等義務教育を確保するに至っていない各締約国に対し、すべての者に対する無償の義務教育の原則を、その計画中に定める合理的な期間内に漸進的に実施するための詳細な行動計画を2年以内に作成し、かつ採用することを約束するよう求めている。第14条による義務にもかかわらず、多くの締約国は無償初等義務教育に向けた行動計画の起草も実施も行っていない。

2.規約第13条および第14条ならびに子どもの権利条約や女性差別撤廃条約のような他のさまざまな国際条約で認められている教育への権利は、きわめて重要である。この権利は、経済的権利、社会的権利、文化的権利などさまざまに分類されてきた、そのすべてである。この権利は多くの点で市民的権利でもあり政治的権利でもある。教育への権利は、これらの権利の全面的かつ効果的な実現にとっても中心的なものだからである。この点で、教育への権利はすべての人権の不可分性と相互依存性の縮図となっている。

3.第14条に基づく明確かつ疑問の余地のない義務に従い、すべての締約国は、後述の8項で具体化された線に則って作成した行動計画を当委員会に提出する義務を負う。この義務は、発展途上国において現在、学齢期の子ども1億3000万人が初等教育にアクセスしておらず、その3分の2が女子であると推定されていることに照らし、徹底して遵守されなければならない（全般的状況についてユニセフ『1999年世界子供白書』参照）。委員会は、多くのさまざまな要因により、締約国にとって行動計画を作成する義務の履行が困難になっていることを充分に認識している。たとえば、1970年代に始まった構造調整プログラム、その後1980年代に生じた債務危機および1990年代後半の経済危機その他の要因によって、初等教育への権利が否定される度合いがきわめて悪化している。しかし、このような困難により、規約第14条で規定されている行動計画の採用および委員会への提出という義務を締約国が免除されることはない。

4.第14条に従って規約の締約国が作成する行動計画がとくに重要なのは、子どもたちは教育の機会が与えられないことによりしばしば他のさまざまな人権侵害にも服しやすくなることが委員会の活動により明らかにされてきたためである。たとえば、赤貧下で生活し、かつ健康的な生活を送っていないことがあるこのような子どもたちは、強制労働その他の形態の搾取の対象にとくにされやすい。さらに、たとえば女子の初等学校就学レベルと子どもの結婚の大幅な減少との間には直接的な相互関係がある。

5.第14条には、締約国報告書の審査における委員会の広範な経験に照らして若干の説明が許される多くの要素が含まれている。

6.義務的。義務の要素は、子どもが初等教育にアクセスできるべきかという決定を選

択の余地があるものとして扱う権利は親にも保護者にも国にもないことを浮き彫りにしている。同様に、規約第2条および第3条でも求められている、教育へのアクセスに関するジェンダー差別の禁止は、この要求によってさらに裏打ちされている。しかしながら、提供される教育は質的に十分であり、子どもの生活や将来等に関連しており、かつ子どもの他の権利の実現を促進するものでなければならないことが強調されるべきである。

7.<u>無償</u>。この要求の性質は明白である。この権利は、子ども、親または保護者に対して対価を要求することなく初等教育が利用可能となることが確保されるよう、はっきりとした規定の仕方になっている。政府、地方の公的機関または学校が課す料金およびその他の直接の費用はこの権利の享受に対する阻害要因となり、その実現を危うくする可能性がある。権利の実現を後退させる効果が強いことも多い。その解消は、本条で求められている行動計画によって取り組まれなければならない問題である。親に対する強制的負担要求（実際には任意ではないのに任意であるかのように説明されることもある）のような間接的な費用、あるいは比較的高価な制服の着用義務も、同じ範疇に含まれうる。他の間接的な費用は、委員会によるケース・バイ・ケースの審査に服することを条件として、許容される場合があるかもしれない。このような義務的初等教育の提供は、規約第13条第3項で認められた、「公の機関によって設置される学校以外の学校を児童のために選択する」親および保護者の権利と衝突するものでは決してない。

8.<u>詳細な計画の採用</u>。締約国は2年以内に行動計画を採用するよう求められている。これは、当該締約国において規約が発効してから2年以内、またはその後の状況の変化により関連の義務が遵守できなくなったときから2年以内という意味に解釈されなければならない。この義務は継続的なものであり、広く蔓延する状況によってこの規定が関連性を有する締約国は、過去において2年以内に行動しなかったことをもってこの義務を免除されることはない。計画は、この権利の必須要件1つ1つを確保するために必要な行動をすべて対象としなければならず、かつ、この権利の包括的実現を確保できるよう十分に詳細なものでなければならない。市民社会のあらゆる層が計画の作成に参加することはきわめて重要であり、進展を定期的に振り返りかつ説明責任を確保するためのなんらかの手段も不可欠である。このような要素がなければ、本条の重要性は損なわれてしまう。

9.<u>義務</u>。締約国は、必要な資源が利用可能でないという理由により、行動計画を採用するという疑問の余地のない義務を免れることはできない。この義務をそのようなかたちで回避しうるとしたら、そもそも不十分な財源が特徴である状況に適用されることがほぼ明らかな、第14条に掲げられた独特な要請の存在理由がなくなってしまう。同様に、かつ同じ理由により、規約第2条第1項における「国際的な援助および協力」への言及および第23条における「国際的措置」への言及はこの状況において特段の関連性を有する。詳細な計画を「作成しかつ採用する」のに必要な財源および（または）専門知識が締約国にないことが明らかな場合、国際社会は明確な援助義務を負うのである。

10.<u>漸進的実施</u>。行動計画は、第14条に基づき、無償の義務的初等教育への権利の漸進的実施を確保することを目的としたものでなければならない。しかし、第2条第1項の規定とは異なり、第14条は、目標期限は「合理的な期間内」でなければならないこと、およびさらにその期限は「計画中に定め」られなければならないことを明定している。すなわち、計画においては、計画を漸進

的に実施する各段階に関する目標実施期限を具体的に設定しなければならない。このことは、当該義務の重要性および相対的な非柔軟性の双方を強調するものである。さらに、これとの関連で、差別の禁止のような締約国の他の義務については全面的かつ即時的な実施を求められていることを強調しておかなければならない。

　11.委員会は、第14条が関連するすべての締約国に対し、その条項が全面的に遵守されること、および、その結果作成された行動計画が、規約に基づいて求められる報告書の不可欠な部分として委員会に提出されることを確保するよう、呼びかける。さらに、適切な場合には、委員会は締約国に対し、第14条に基づく行動計画の作成およびその後の実施のいずれに関しても、国際労働機関（ＩＬＯ）、国際連合開発計画（UNDP）、国際連合教育科学文化機関（ＵＮＥＳＣＯ）、国際連合児童基金（UNICEF）、国際通貨基金（IMF）、世界銀行を含む関連の国際機関の援助を求めるよう奨励するものである。委員会はまた、関連の国際機関に対し、締約国がその義務を緊急に履行することを最大限可能な範囲で援助するよう呼びかける。

（訳：荒牧重人／山梨学院大学助教授・平野裕二／ARC）

資料5

社会権規約委員会 一般的意見12（1999）
十分な食料に対する権利（第11条）

1999年12月5日第20会期
E/C.12/1999/5

序論および基本的前提

1.十分な食料に対する人権は、国際法の複数の文書において認められている。経済的、社会的および文化的権利に関する国際規約は、他のどの文書よりも包括的にこの権利を扱っている。規約第11条第1項に従い、締約国は「自己及びその家族のための十分な食料、衣類及び住居を含む十分な生活水準についての並びに生活条件の不断の改善についてのすべての者の権利」を認めている。また第11条第2項に従い、締約国は「飢餓と栄養不良から免れる基本的な権利」を確保するために、より即時的かつ緊急の措置が必要となりうることを認めている。十分な食料に対する人権は、すべての権利の享受にとり、決定的な重要性をもっている。それはあらゆる者に適用される。したがって、第11条第1項の「自己及びその家族」との言及は、個人または母子世帯へのこの権利の適用可能性に関するいかなる制限も含意するものではない。

2.委員会は、1979年以来の何年にもわたる締約国の報告書審査を通じて、十分な食料に対する権利に関係する重要な情報を蓄積してきた。報告書ガイドラインは十分な食料に対する権利との関連においても利用可能であるが、この権利に関する当該国の一般的な状況を決定し、その実現の障害を明らかにすることを委員会に可能にさせる、十分かつ正確な情報を提供した締約国はごくわずかであることに委員会は注目してきた。

この一般的意見の目的は、十分な食料に対する権利に関して、委員会が重要であると考える原則的事項のいくつかを明らかにすることである。その起草は、1996年の世界食料サミットにおいて、規約第11条の食料に関連する権利のよりよい定義を求める加盟国の要請と、規約第11条に規定される特定の措置の実施の監視において、サミット行動計画に特別の注意を払うという委員会に対する特別な要請とが契機となっている。

3.このような要請に応えて、委員会は人権としての十分な食料に対する権利に関する関連する人権委員会および差別防止少数者保護小委員会による報告書および関連文書を吟味し、1997年の第17会期の1日をこの問題に関する一般的討論にあてた。その際、国連食糧農業機関（FAO）の共催の下、1997年12月のジュネーブおよび1998年11月のローマで国連人権高等弁務官事務所（OHCHR）により設置された、人権としての十分な食料に対する権利に関する2回の専門家会議に参加した国際的なNGOが準備した十分な食料に対する人権に関する国際行動綱領案を考慮し、その最終報告書に留意した。1999年4月に委員会は、国連行政調整委員会／栄養小委員会のジュネーブでの第26会期に開催され、OHCHRにより主催された「食料・栄養政策および計画に対する人権アプローチの実体と政策」に関するシンポジウムに参加した。

4.委員会は、十分な食料に対する権利が人間の固有の尊厳に不可分に連結するも

169

のであり、国際人権章典に記された他の人権の実現に不可欠であることを確認する。それはまた、国内および国際レベルの双方において、社会正義と不可分であり、適切な経済、環境および社会政策の採用を要請し、貧困の根絶とすべての者のすべての人権の実現を指向するものである。

5.国際社会がしばしば十分な食料に対する権利の最大限の尊重の重要性を再確認してきたという事実にもかかわらず、規約第11条に規定された基準と世界の多くの地域で支配的な状況との間には、なおも権利の侵害となるような隔たりが存在する。世界中の8億4000万人以上の人々が慢性的に飢えており、そのほとんどが発展途上国にいる人々である。何百万もの人々が、自然災害、いくつかの地域における内紛や内戦の発生の増加、政治的な武器としての食料の利用の結果として、飢饉による被害を受けている。飢餓と栄養不良の問題がしばしば、発展途上国においてとくに深刻である一方、栄養不良や低栄養、十分な食料に対する権利や飢餓からの自由に対する権利に関連するその他の問題が、いくつかの最も経済的に発展した国々においても存在することを委員会は認めている。根本的に、飢餓や栄養不良の問題の原因は食料の不足ではなく、世界の人口の大部分の入手可能な食料への「アクセス」の欠如、とりわけ貧困を理由としているのである。

第11条第1項および第2項の規範的内容

6.十分な食料に対する権利は、あらゆる男性や女性、子どもが個人でまたは他の者と共同して、つねに十分な食料に対する物理的および経済的なアクセスとそれを調達するための手段を有する際に実現するものである。したがって「十分な食料に対する権利」は、最小限のカロリーやタンパク質、その他の特定の栄養分のパッケージと等しく考えるような狭く限定的な意味に解釈されてはならない。「十分な食料に対する権利」は、漸進的に実現されるものである。しかしながら、国家は自然災害やその他の災害のときであっても、第11条第2項に規定されるように飢餓を軽減し、緩和するために必要な行動をとる中核的な義務を有している。

食料の利用可能性とアクセスに関する適切性（adequacy）および継続可能性（sustainability）

7.「適切性」の概念は、入手しうる特定の食料または食生活が所定の状況において規約第11条の目的のために最も適当であるかを決定する際に、考慮しなければならない多くの要素を強調するのに役立つことから、十分な食料に対する権利に関してとくに重要である。「継続可能性」の概念は、十分な食料または食料の「安全」の概念に本質的に連結しており、現在と将来の両方の世代が入手しうる食料を含意している。「適切性」の正確な意味の大部分は、一般的な社会、経済、文化、気候、環境およびその他の条件により決定され、「継続可能性」は長期にわたる利用可能性および入手可能性の概念を結合したものである。

8.委員会は、十分な食料に対する権利の中心的な内容は次の点を含意するものと考える。

個人の食生活上の必要を十分に満たす量と質において、不利益な内容を伴わずに所定の文化内において受け入れることが可能な食料の利用可能性。

継続可能で、その他の人権の享受を妨げない手段によるそのような食料の入手可能性。

9.「食生活上の必要」とは、食生活が全体として、肉体的および精神的成長、発展

および維持ための栄養分の配合や、ライフサイクルのすべての段階とジェンダーや職業に従った生理学上の必要に応じた肉体的活動を含むことを含意している。したがって、食生活の多様性や適当な消費および母乳養育を含む摂取パターンを維持、適合または強化する措置がとられなければならない。また最小限の食料供給に対する利用可能性やアクセスにおける変化を確保することは、食生活の構成や摂取に否定的な影響を及ぼすものではない。

10.「不利益な内容」を伴わないこととは、公的および私的手段の両方による食料の安全と保護措置の範囲に対する、品質低下および／または食物連鎖の異なる段階での不衛生な環境や不適切な取扱いを通じた食料品の汚染を防止するという要請を示している。毒素の自然発生を明らかにし、それを避けまたは駆除することも注意されなければならない。

11.「文化的または消費者の許容性」は、食料および食料消費に付随する非栄養的価値を知覚的にわからせ、入手しうる食料供給の性質に関する消費者の関心に情報提供する必要を可能なかぎり考慮することも含意する。

12.「利用可能性」は、生産地またはその他の自然の供給源から直接的に調達すること、または生産地からの需要に従い、必要とされる場所への食料の移送を可能とする機能的な流通や加工処理、市場システムのどちらの可能性にもあてはまる。

13.「入手可能性」は、経済的および物理的な入手可能性の両方を含む。

経済的な入手可能性は、十分な食生活のための食料の入手につながる個人的なまたは家庭の費用負担が、その他の基本的な必要の達成や満足を脅かし、妥協させてしまうことのないようなレベルとされるべきことを含意する。経済的な入手可能性は、人々の食料の調達を通じたいかなる入手パターンまたは資格にもあてはまり、十分な食料に対する権利を享受する満足の度合いを測る尺度である。土地を所有しない者のような社会的に弱い立場にある集団やその他のとくに貧困層は、特別な計画を通じた注意を必要としうる。

物理的な入手可能性は、十分な食料が乳児や幼い子ども、高齢者、身体的障害をもつ者、末期症状の患者、精神病患者を含む永続的な医療上の問題をもつ者など、肉体的に弱い立場にある個人を含むあらゆる者に入手可能でなければならないことを含意する。自然災害の被害者や災害の発生しやすい地域に住む人々、その他の特別に不利な条件にある集団は、食料の入手可能性に関して、特別な注意と時には優先的な考慮を必要としうる。とくに、祖先からの土地へのアクセスが脅かされうる多くの先住民の集団は弱い立場にある。

義務と違反

14.締約国の法的義務の性質は規約第2条で規定され、委員会の一般的意見3（1990年）で取り上げている。原則的な義務は、十分な食料に対する権利の完全な実現を「漸進的に」達成するための措置をとることである。これは、その目的へ向けて可能なかぎり迅速に行動する義務を意図している。あらゆる国家は、その管轄下にあるすべての者に対して十分な数量と栄養があり、安全である最小限の不可欠な食料へのアクセスを確保し、飢餓からの自由を確保する義務がある。

15.その他のいかなる人権とも同様に、十分な食料に対する権利は、締約国に3つの類型またはレベルの義務を課している。それらは、「尊重（respect）」義務、「保護（protect）」義務および「充足（fulfil）」義務である。「充足」義務は「促進（facilitate）」義務と「提供（provide）」義

務に具体化される1)。

十分な食料に対する現在のアクセスの「尊重」義務は、締約国に対して、結果としてそのようなアクセスを妨げるようないかなる措置もとらないことを要請している。「保護」義務は、企業または個人が十分な食料へのアクセスを個人から奪わないことを確保する締約国による措置を要請している。「充足(促進)」義務は、人々のアクセスおよび資源の利用の強化を目的とした活動に締約国が積極的に従事し、食料の安全を含めた生活を保証することを意味する。最後に、個人または集団が自らが制することのできない理由のために、十分な食料に対する権利を自由な手段により享受できないいかなる場合においても、締約国には直接的にその権利の「充足(提供)」義務がある。この義務は、自然またはその他の災害の被害者である者に対しても適用される。

16.締約国のこのような異なるレベルの義務のいくつかは、食料に対する権利の完全な実現の漸進的な達成のために、一方ではより長期的な性格のものもあるが、より即時的な性質を有している。

17.規約の違反は、飢餓からの自由を要求する少なくとも最小限の不可欠なレベルの満足を国家が確保していない際に発生する。どのような行動または不作為が食料に対する権利の侵害となるかを決定する際には、締約国の遵守の非自発性と無能力を区別することが重要である。資源の制約が食料へのアクセスを自ら確保できない人々へのそのようなアクセスの提供を不可能にしているとある締約国が主張する場合には、その締約国は、優先的に最低限の義務を満たす努力において、すべての有する資源を利用してあらゆる努力がなされたことを証明しなければならない。これは規約第2条第1項に従っており、同規定は締約国に、自国の利用可能な資源を最大限に用いることにより必要な行動をとることを義務として課している。これは以前に、委員会による一般的意見3の第10パラグラフにおいても指摘されている。したがって、自ら制することのできない理由のために義務の不履行を主張する国家は、その事情および必要な食料の利用可能性と入手可能性を確保する国際的な支援を得ることができなかったことを立証する責任がある。

18.さらに、人種、肌の色、性、言語、年齢、宗教、政治的またはその他の意見、国民的または社会的出身、財産、出生、または経済的、社会的および文化的権利の平等な享受または行使を無効にし、障害となる目的または効果をもつその他の地位に基づく、食料に対するアクセスにおけるいかなる差別も、調達の手段および資格と同様に規約違反を構成する。

19.食料に対する権利の侵害は、国家の直接的な行為または国家による十分な規制を受けないその他の主体を通じて生じうる。これには以下のことが含まれる。

・食料に対する権利の継続した享受に必要な立法の正式な廃止または停止。
・当該差別が立法に基づくかどうかにかかわらず、特定の個人または集団に対する食料へのアクセスの否定。
・国内紛争またはその他の緊急的な状況における人道的な食料援助へのアクセスの妨害。
・食料に対する権利に関連する既存の法的義務に明白に両立しない立法または政策の採択。
・個人または集団の行為による他の者の食料に対する権利の侵害を防止するために、それらの行為を規制しないこと、または国家

---

1) 当初は、尊重、保護および援助(assist)／充足の3レベルの義務が提唱されていた(See Right to adequate food as a human right, Study Series No.1, New York, 1989(United Nations publication, Sales No.E.89.XIV.2))。「促進」の中間レベルが委員会のカテゴリーとして提唱されてきたが、委員会は義務を3つのレベルにすることに決定した。

が他の国家または国際組織との協定を締結する際に、食料に対する権利に関する国際的な法的義務を考慮しないこと。

20.国家のみが規約の当事者であることから、最終的にその遵守の責任がある一方で、すべての社会の構成員、個人、家族、地域コミュニティ、非政府組織（NGO）、市民社会組織は民間企業部門と同様に、十分な食料に対する権利の実現に責任がある。国家は、これらの責任の実施を促進する環境を提供すべきである。国内および多国籍の民間企業部門は、政府や市民社会と連帯して合意し、十分な食料に対する権利の尊重に資する行動綱領の枠内での活動に従事すべきである。

国内レベルでの実施

21.十分な食料に対する権利を実施する最も適当な方法および手段は、ある締約国と別の締約国とでは必然的にかなり異なるものとなる。あらゆる国家は、そのアプローチの選択に裁量の余地を有しているが、あらゆる者が飢餓から自由で、可能なかぎり速やかに十分な食料に対する権利を享受できることを確保するために必要などのような行動も各締約国がとることを、明らかに規約は要請しているのである。これは、目的を定義した人権の諸原則に基づくすべての者の食料および栄養の保障を確保する国内戦略の採用や、政策および対応する基準値の公式化を要請している。また目的に応じた利用可能な資源およびそれらを用いる最も費用効率のよい方法を明らかにすべきである。

22.戦略は、十分な食料に対する権利の規範的内容から導かれ、この一般的意見第15パラグラフで言及した締約国の義務のレベルおよび性質に関して詳細に述べたものとなるように、その状況や文脈に関連する施策および活動を体系的に証明しうるものに基づくべきである。これにより、省庁と地域および地方自治体との間の調整が促進され、関連する政策および行政上の決定が規約第11条の下での義務に従うことが確保される。

23.食料に対する権利のための国内戦略の公式化および実施には、説明責任や透明性、市民参加、地方分権化、立法能力、司法の独立の諸原則の完全な遵守が要請される。グッド・ガバナンスは、貧困の根絶やすべての者の満足な生活の確保を含めた、すべての人権の実現に不可欠なことである。

24.食料および栄養に関連した国内のすべての利用可能な専門技術を利用し、戦略の公式化に向けた代議制プロセスを確保する適当な制度的機構が考案されるべきである。戦略は必要な措置の実施の責任および期間を詳述すべきである。

25.戦略は、保健、教育、雇用、社会保障の分野における類似の措置と同様に、安全な食料の生産、加工、流通、売買、消費を含む食料システムの「すべての」局面に関する重大な問題および措置を取り扱うべきである。国内、地域、地方および家庭レベルでの食料の最も継続可能な管理および天然その他の資源の使用を確保するように注意されるべきである。

26.戦略は、食料やそのための資源へのアクセスにおける差別を防止する必要に対して、特別な注意を与えるべきである。これは、次のことを含む。

・相続権や土地およびその他の財産、信用、天然資源および適正技術の所有を含む、とくに女性に対する経済的資源への完全で平等なアクセスの保証。

・（規約第7条(a)(ii)で規定されているように）賃金労働者とその家族の一定水準の生活を確保する報酬を提供する自家経営および労働を尊重し、保護する措置。

・（森林を含む）不動産権の登記の維持。

27.人々の食料の資源基盤を保護する義務の一部として、締約国は民間企業部門お

よび市民社会の活動が食料に対する権利に適合することを確保する適当な行動をとるべきである。

28.国家が重大な資源の制約に直面している場合、それが経済的調整、景気後退、気候条件またはその他の要因の過程により生じたものであっても、十分な食料に対する権利がとくに弱い立場にある住民集団や個人に対して充足されることを確保する措置が約束されるべきである。

基準値および枠組立法

29.上述の国別戦略の実施の際に、国家はその後の国内的および国際的監視のための検証可能な基準値を設定すべきである。関連して、国家は食料に対する権利に関する国内戦略の実施における主要文書として、「枠組法」の制定を検討すべきである。枠組法にはその目的に関する規定に次のことが含まれるべきである。
・達成されるべき目標およびその目標の達成のための期間。
・目的の達成が可能となる広範囲な手段、とくに市民社会や民間部門および国際組織との目的をもった協調。
・目的達成の過程の制度上の責任。
・依拠可能な手続きと同様に、監視のための国内機構。
・基準値および枠組立法の発展において、締約国は積極的に市民社会組織を伴うべきである。

30.適当な国連の計画および機関は、要請に応じて、枠組立法の起草および分野別立法の再検討において援助すべきである。たとえばFAOは、食料および農業の分野の立法に関する相当な専門技術と蓄積した知識を有している。国連児童基金（UNICEF）は、母乳養育を可能にする立法を含む妊産婦と子どもの保護を通じた乳児および幼児のための十分な食料に対する権利や、母乳の代用品の売買の規制に関する立法に関して、相当な専門技術を有している。

監視

31.締約国は、すべての者の十分な食料に対する権利の実現へ向けた進歩を監視し、義務の実施の程度に影響する要因や困難を明らかにし、規約第2条第1項および第23条の下での義務を実施するための措置を含む調整的な立法や行政上の措置の採用を促進させる機構を発展および維持させる。

救済措置および説明責任

32.十分な食料に対する権利の侵害の犠牲者であるいかなる個人または集団も、国内および国際レベルの両方において、実効的な司法的またはその他の適当な救済措置に対するアクセスを有するべきである。そのような侵害のすべての犠牲者は、十分な賠償に対する権利を与えられ、それは弁償、補償、満足、または非反復の保証のかたちをとりうる。国家オンブズマンや人権委員会は、食料に対する権利の侵害を取り扱うべきである。

33.食料に対する権利を認める国際的文書の国内法体系への編入または適用可能性の承認は、救済措置の範囲および実効性を大きく高めることを可能とし、すべての事例において奨励されるべきである。裁判所は、規約の下での義務への直接的な言及により食料に対する権利の中核的内容の侵害に判決を下す能力を与えられるだろう。

34.裁判官およびその他の法曹は、その機能の行使における食料に対する権利の侵害に対してより大きな注意を払うよう求められている。

35.締約国は、十分な食料に対する権利の実現において、弱い立場にある集団を援助する人権擁護者およびその他の市民社会の

構成員の活動を尊重し、保護すべきである。

国際的義務

締約国

36.国連憲章第56条、規約第11条、第2条第1項、第23条および世界食料サミットのローマ宣言の精神から、締約国は国際協力の不可欠な役割を認め、十分な食料に対する権利の完全な実現を達成するための共同および単独の行動をとるコミットメントを遵守すべきである。このコミットメントの実施において締約国は、他の国々における食料に対する権利の享受を尊重し、その権利を保護し、食料へのアクセスを促進し、要請された際には必要な援助を提供するための行動をとるべきである。締約国は、関連する国際的な合意においてはいかなるときも、十分な食料に対する権利が相当な注意を与えられることを確保し、そのために後の国際法文書の発展を考慮すべきである。

37.締約国は、他の国々における食料生産や食料へのアクセスの条件を危険にさらす食料の禁輸または類似の措置をつねに控えるべきである。食料は決して政治的または経済的圧力の道具として使用されるべきではない。この点で委員会は、経済制裁と経済的、社会的および文化的権利の尊重との関係に関する一般的意見8で述べられた委員会の立場を想起する。

国家および国際組織

38.国家は、国連憲章に従い、難民および国内避難民への援助を含む緊急事態における災害救援および人道援助を提供する際に協力する共同および個別の責任を有している。各国家は、その能力に従い、この任務に貢献すべきである。世界食糧計画（WFP）および国連難民高等弁務官事務所（UNHCR）の役割や、UNICEFおよびFAOの増加する役割は、この点でとくに重要であり、強化されるべきである。食料援助は優先的に最も弱い立場にある住民に与えられるべきである。

39.食料援助は可能なかぎり、地方生産者や地方市場に不利な影響を及ぼさない方法で提供されるべきであり、受益者の食料自給への復帰を促進する方法で組織されるべきである。そのような援助は、意図される受益者の必要に基づくべきである。国際的な食料貿易または援助計画に含まれる生産品は安全で、受け取る住民が文化的に受け入れることが可能でなければならない。

国連およびその他の国際組織

40.国レベルでの国連開発援助フレームワーク（UNDAF）を通じたものを含む国連機関の役割は、食料に対する権利の実現を促進する際にとくに重要である。食料に対する権利の実現のために統合された成果は、市民社会のさまざまな構成要素を含むすべての関連する当事者間の結合と相互作用を高めるように維持されるべきである。国連開発計画（UNDP）やUNICEF、世界銀行、地域的な開発銀行とともに、FAOやWFP、国際農業開発基金（IFAD）のような食糧組織は、個別の権限に関しては当然として、各組織の専門技術を構築しながら、国内レベルでの食料に対する権利の実施に関してより実効的に協力すべきである。

41.国際的な金融機関、とくに国際通貨基金（IMF）や世界銀行は、その貸付政策および信用協定や債務危機を扱う国際的な措置において、食料に対する権利の保障により大きな注意を払うべきである。委員会の一般的意見2第9パラグラフに従い、いかなる構造調整計画においても、食料に対する権利が保障されることを確保するように注意すべきである。

（訳：藤本俊明／神奈川大学非常勤講師）

資料6

社会権規約委員会 一般的意見13（1999）
教育への権利（第13条）

1999年12月2日第21会期
E/C.12/1999/10．

1．教育はそれ自体で人権であるとともに、他の人権を実現する不可欠な手段でもある。エンパワーメントの権利としての教育は、経済的・社会的に周縁に追いやられた大人と子どもが貧困から脱し、地域に全面的に参加する手段を獲得する第一義的な媒介である。教育は、女性をエンパワーし、子どもを搾取的かつ有害な労働や性的搾取から守り、人権と民主主義を促進し、環境を保護し、人口増加を制御するうえできわめて重要な役割を有している。教育は国が利用可能な最高の財政的投資の1つであるという認識が高まっているが、教育の重要性は単に実用的かつ功利的なものにとどまらない。豊かな蓄えをもち、啓発された、自由にかつ幅広く広がることのできる積極的な精神は、人間存在の喜びと報償の1つなのである。

2．経済的、社会的および文化的権利に関する国際規約（ICESCR）は、第13条と第14条の2つの条文を教育への権利にあてている。規約のなかで最も長い規定である第13条は、国際人権法のなかで、教育への権利に関する最も広範かつ包括的な条文である。委員会はすでに第14条に関する一般的意見（初等教育のための行動計画）を採択した。一般的意見11とこの一般的意見は相互補完的なものであり、あわせて検討されなければならない。委員会は、世界中の数百万人の人々にとって、教育への権利の享受が依然としてはるか遠い目標であることを承知している。さらに、多くの場合にはこの目標がますます遠ざかりつつあるのである。委員会はまた、多くの締約国に、第13条の全面的実現を阻害する厄介な構造的その他の障害があることも認識している。

3．締約国による規約の実施およびその報告義務の履行を援助するため、この一般的意見では第13条の規範内容（第I部、4～42項）、そこから生じる義務の一部（第II部、43～57項）および若干の象徴的な違反（第III部、58～59項）に焦点を当てる。第III部では、締約国以外の主体の義務についても簡単に述べる。この一般的意見は、長年にわたって締約国の報告書を検討してきた委員会の経験に基づくものである。

I. 第13条の規範内容

第13条第1項：教育の目的および目標

4．締約国は、公教育か私教育か、フォーマルなものかインフォーマルなものかを問わず、あらゆる教育が第13条第1項に挙げられた目的および目標を指向することに同意している。委員会は、これらの教育目標が国際連合憲章第1条および第2条に掲げられた国連の基本的目的と原則を反映したものであることに留意する。また、そのほとんどは世界人権宣言第26条第2項にも見出されるものである。ただし、第13条第1項は3つの点で宣言になかった要素を付け加えている。すなわち、教育は人格の「尊厳についての意識」を指向し、「すべての者に対し、自由な社会に効果的に参加すること」を可能にし、かつ、諸国民、人種的および宗教

的集団のみならずすべての「民族的」集団の間の理解を促進しなければならない。世界人権宣言第26条第2項と規約第13条第1項に共通の教育目標のうち、おそらく最も基本的なのは「教育は人格の完成を指向」するというものであろう。

5.委員会は、国連総会が1966年に規約を採択して以来、教育が指向すべき目標が他の国際文書でさらに詳しく述べられてきたことに留意する。したがって委員会は、締約国は、万人のための教育に関する世界宣言（ジョンティエン、1990年）（第1条）、子どもの権利に関する条約（第29条1項）、ウィーン宣言および行動計画（33項および80項）ならびに人権教育のための国連10年行動計画（2項）に照らして解釈されるようなかたちで、第13条第1項に挙げられた目的および目標に教育が一致することを確保することを求められているという見解をとるものである。これらの条項はすべて規約第13条第1項に密接に対応しているものの、性の平等や環境の尊重に対する具体的言及のように、第13条第1項では明示的に規定されていない要素も含んでいる。こうした新しい要素は第13条第1項に黙示的に含まれ、かつその現代的解釈を反映したものである。委員会は、前述した条項が世界のあらゆる地域から広範な支持を得ていること[1]によって、このような立場が裏づけられていると考える。

第13条第2項：教育を受ける権利──若干の一般的言及

6.この条項の厳密かつ適切な適用は特定の締約国を覆っている条件次第ということになるが、あらゆる形態のおよびあらゆる段階における教育は、相互に関連するきわめて重要な以下の特徴を示すものでなければならない[2]。

a.利用可能性──機能的な教育施設およびプログラムが、締約国の管轄内で十分な量だけ利用できなければならない。そのような施設およびプログラムが機能するために何が必要かは、それがどのような発展段階のなかで運営されているかを含む無数の要因次第である。たとえば、あらゆる施設およびプログラムには、建物その他の雨風よけ、男女双方のための衛生設備、安全な飲料水、国内競争力のある給与で雇われた訓練を受けた教職員、教材等が必要になると思われる。なかには、図書室、コンピューター演習室および情報テクノロジーのような設備を必要とするものもあるだろう。

b.アクセス可能性──教育施設およびプログラムは、差別が行われることなく、締約国の管轄内のすべての者にとってアクセス可能（機会が与えられるもの）でなければならない。アクセス可能性には相互に重なりあう3つの側面がある。

差別の禁止──教育は、いかなる禁止事由に基づく差別もなく（差別の禁止に関する31～37項参照）、法律上も事実上も、すべての者にとって、とくに最も傷つきやすい立場に置かれた集団にとってアクセス可能でなければならない。

物理的アクセス可能性──教育は、合理的利便性があるいずれかの場所への出席（たとえば近所の学校）または現代的技術（たとえば「遠隔学習」プログラムへのアクセス）のいずれかによって、無理のない物

---

1) 万人のための教育に関する世界宣言は155カ国の政府代表によって採択された。ウィーン宣言および行動計画は171カ国の政府代表によって採択された。子どもの権利に関する条約は191カ国の締約国が批准または加入している。人権教育のための国連10年の行動計画は国連総会で全会一致で採択された（国連文書GA/RES/49/184参照）。
2) このアプローチは、十分な居住および食糧への権利に関わって採用された委員会の分析枠組み、および教育への権利に関する国連特別報告者の活動に対応するものである。委員会は一般的意見4で、「利用可能性」、「負担可能性」、「アクセス可能性」および「文化的適切さ」を含む、十分な居住への権利に関係する多くの要因を特定した。一般的意見12では、「入手可能性」、「受入れ可能性」および「アクセス可能性」のような、十分な食糧への権利の要素を特定した。教育への権利に関する特別報告者は、国連人権委員会に対する予備報告書のなかで、「初等学校が示さなければならない4つの必須の特徴、すなわち利用可能性、アクセス可能性、受入れ可能性および適合可能性」を提示している（国連文書E/CN.4/1999/49, para.50参照）。

理的範囲に存在しなければならない。

経済的アクセス可能性――教育は万人にとって負担可能なものでなければならない。アクセス可能性のこの側面は、第13条第2項において初等、中等および高等教育との関係で異なる文言が用いられていることの影響を受ける。初等教育は「すべての者に対して無償のもの」とされなければならないが、締約国は無償の中等教育および高等教育については漸進的導入を求められている。

c.受入れ可能性――学習課程および教育方法を含む教育の形式および内容は、生徒にとって、および適切な場合には親にとって受入れ可能な（たとえば、生活や将来と関連しており、文化的に適切であり、かつ良質な）ものでなければならない。これは、第13条第1項で求められている教育目標および国が承認する教育上の最低基準（第13条第3項および第4項参照）に従うことを条件とする。

d.適合可能性――教育は、変化する社会および地域のニーズに適合し、かつ多様な社会的・文化的環境に置かれている生徒のニーズに対応できるよう、柔軟なものでなければならない。

7.これらの「相互に関連するきわめて重要な特徴」の適切な適用について検討する際は、生徒の最善の利益が第一義的に考慮されなければならない。

第13条第2項(a)：初等教育

8.初等教育には、あらゆる形態のおよびあらゆる段階における教育に共通である利用可能性、アクセス可能性、受入れ可能性および適合可能性の要素が含まれる[3]。

9.委員会は、「初等教育」という文言の適切な解釈に関する指針を、万人のための教育に関する世界宣言から得るものである。同宣言は次のように述べる。「家庭外で子どもの基礎教育を提供する主要な制度は初等学校である。初等教育は、すべての子どもを対象とし、あらゆる子どもの基本的な学習ニーズが満たされることを確保し、かつ地域の文化、ニーズおよび機会を考慮に入れたものでなければならない」（第5条）。「基本的な学習ニーズ」は同世界宣言第1条で定義されている[4]。基礎教育は初等教育と同義ではないものの、この2つは緊密に対応している。これとの関連で、委員会は、「初等教育は基礎教育の最も重要な構成要素である」[5]というユニセフの立場を支持するものである。

10.第13条第2項(a)で規定されているように、初等教育には2つの顕著な特徴がある。「義務的」であり、かつ「すべての者に対して無償のもの」であるということである。2つの文言に関する委員会の所見については、規約第14条に関する一般的意見11の6項および7項を参照。

第13条第2項(b)：中等教育への権利

11.中等教育には、あらゆる形態のおよびあらゆる段階における教育に共通である利用可能性、アクセス可能性、受入れ可能性および適合可能性の要素が含まれる[6]。

12.中等教育の内容は締約国および時代によりさまざまであるが、そこには、基礎教育の修了と、生涯学習および人間的発達のための基盤の強化が含まれる。それは生徒に、職業上のおよび高等教育の機会に向けた準備をさせるものである[7]。第13条第2項(b)は「種々の形態の」中等教育に適用

---

3) 6項参照。
4) 同宣言は「基本的な学習ニーズ」を次のように定義している。「人間が生存し、その能力を全面的に発達させ、尊厳をもって暮らしかつ働き、発展に全面的に参加し、その生活の質を向上させ、十分な情報を得たうえで決定を行い、かつ学習を継続することができるために必要とされる必須の学習手段（識字、口頭表現、計算および問題解決の能力など）および基本的な学習内容（知識、スキル、価値観および態度など）」（第1条）。
5) Advocacy Kit, Basic Education 1999 (UNICEF), Section 1, page1.
6) 6項参照。
7) 国際標準教育分類1997年版（International Standard Classification of Education 1997）（ユネスコ）52項参照。

されるとされているので、中等教育においては異なる社会的および文化的環境の生徒のニーズに対応するために柔軟な学習課程および多様な提供システムが要求されることが認められている。委員会は、普通中等学校制度に並行して存在する「代替的」教育プログラムを奨励するものである。

13.第13条第2項(b)によれば、中等教育は「すべての適当な方法により、とくに、無償教育の漸進的な導入により、一般的に利用可能であり、かつ、すべての者に対して機会が与えられる(アクセス可能である)もの」とされる。「一般的に利用可能」という表現は、第1に、中等教育は生徒の外見上の理解力または能力に依存するものではないということを、第2に、中等教育はすべての者にとって平等に利用可能となるような方法で全国に展開されるということを、意味するものである。「機会が与えられる」(アクセス可能である)という言葉の委員会の解釈については、上記6項を参照。「すべての適当な方法」という表現は、締約国が、異なる社会的および文化的背景のなかで中等教育を提供することに対し、多様かつ革新的なアプローチを採用しなければならないという指摘を補強するものである。

14.「無償教育の漸進的な導入」とは、国は無償の初等教育の提供に優先順位を置かなければならないものの、無償の中等教育および高等教育の達成に向けて具体的な措置をとる義務もあるということを意味する。「無償」という言葉の意味に関する委員会の一般的所見については、第14条に関する一般的意見11の7項を参照。

技術的および職業的教育

15.技術的および職業的教育(technical and vocational education, TVE)は教育への権利と労働権(第6条第2項)にまたがるものである。第13条第2項(b)は、中等教育段階においてTVEがとりわけ重要であることを反映して、TVEを中等教育の一環として打ち出している。しかし、第6条第2項は特定の教育段階との関係でTVEに言及しているわけではない。同項は、TVEにはより幅広い役割があり、「着実な経済的、社会的および文化的発展を実現しならびに完全かつ生産的な雇用を達成する」一助となるものであると理解している。また、世界人権宣言も「技術教育および職業教育は、一般に利用できるものでなければなら」ないと述べている(第26条第1項)。したがって、委員会は、TVEはあらゆる段階の教育の不可欠な要素であるという見解をとるものである[8]。

16.技術へのおよび労働の世界への導入は特定のTVEプログラムに限定されるのではなく、一般教育の構成要素として理解されるべきである。ユネスコの技術的および職業的教育に関する条約(1989年)によれば、TVEは、「一般的知識に加え、技術および関連科学の学習、および、経済的および社会的生活のさまざまな部門の職業に関わる実践的スキル、ノウハウ、態度および理解の獲得を伴う、あらゆる形態の教育プロセス」から構成される。この見解は一部のILO諸条約[9]にも反映されているものである。このように理解すれば、TVEへの権利には以下の側面が含まれる。

a.生徒が、その人格の発達、自立および雇用適性に貢献するような知識およびスキルを獲得し、かつ、締約国の経済的および社会的発展も含む自己の家族および地域の生産性を高めることができるようにすること。

b.対象となる層の教育的、文化的および社会的背景、経済の諸部門で必要とされるスキル、知識および資格水準、ならびに職

---

8)ILOの人的資源開発条約(1975年、142号)および社会政策(基本的目的および基準)条約(1962年、117号)にも反映されている見解である。
9)注8)参照。

業上の健康、安全および福祉を考慮すること。

c.技術的、経済的、雇用状況的、社会的その他の変化により現在の知識およびスキルが時代に合わなくなった成人に対し、再訓練を提供すること。

d.技術の適切な移転および適合が行えるよう、生徒、とくに発展途上国の生徒に対して他国でTVEを受ける機会を与えるプログラムから構成されること。

e.規約の差別禁止条項および平等条項を踏まえ、女性、女子、学校に行っていない青少年、失業している青少年、移民労働者の子ども、難民、障害をもった者および不利な立場に置かれたその他の集団のTVEを促進するプログラムから構成されること。

第13条第2項(c):高等教育への権利

17.高等教育には、あらゆる形態のおよびあらゆる段階における教育に共通である利用可能性、アクセス可能性、受入れ可能性および適合可能性の要素が含まれる[10]。

18.第13条第2項(c)は第13条第2項(b)と同じ趣旨で規定されているが、この2つの規定の間には3つの違いがある。第13条第2項(c)には、「種々の形態」の教育への言及もTVEへの具体的な言及も含まれていない。委員会の見解では、この2つの欠落は、第13条第2項(b)と(c)の重点の置き方の違いを反映したものにすぎない。異なる社会的および文化的環境の生徒のニーズに高等教育が対応しようとするのであれば、そこには柔軟な学習課程と、遠隔学習のような多様な提供システムがなければならない。したがって、実際には中等教育も高等教育も「種々の形態」で利用可能とされなければならないのである。第13条第2項(c)で技術的および職業教育への明示的言及が行われていないことに関していえば、規約第6条第2項および世界人権宣言第26条第1項を踏まえ、TVEは高等教育も含むあらゆる段階の教育の不可欠な要素である[11]。

19.第13条第2項(b)と(c)の違いのうち3番目の、かつ最も重要なものは、中等教育が「一般的に利用可能であり、かつ、すべての者に対して機会が与えられる」ものであるのに対し、高等教育は「能力に応じ、すべての者に対して均等に機会が与えられる」ものとされていることである。第13条第2項(c)によれば、高等教育は「一般的に利用可能」とされるのではなく「能力に応じ」て利用可能とされるにすぎない。個人の「能力」は、当該個人が有するあらゆる関連の専門性および経験を踏まえて評価されるべきである。

20.第13条第2項(b)と(c)の文言が同じ(たとえば「無償教育の漸進的な導入」)点については、第13条第2項(b)に関する前述の意見を参照。

第13条第2項(d):基礎教育への権利

21.基礎教育には、あらゆる形態のおよびあらゆる段階における教育に共通である利用可能性、アクセス可能性、受入れ可能性および適合可能性の要素が含まれる[12]。

22.一般的にいえば、基礎教育(fundamental education)は万人のための教育に関する世界宣言に掲げられた基礎的教育(basic education)に対応するものである[13]。第13条第2項(d)に基づいて、「初等教育を受けなかった者またはその全課程を修了しなかった者」は、基礎教育、または万人のための教育に関する世界宣言で定義されている基礎的教育への権利を有する。

23.世界宣言により理解されるように「基本的な学習ニーズ」を満たす権利はすべての者が有しているので、基礎教育への権利

---

10) 6項参照。
11) 15項参照。
12) 6項参照。
13) 9項参照。

は「初等教育を受けなかった者またはその全課程を修了しなかった者」に限られるものではない。基礎教育への権利は、その「基本的な学習ニーズ」をまだ満たしていないすべての者に及ぶ。

24.基礎教育への権利の享受が年齢または性別によって限定されていないことを強調しておかなければならない。それは子ども、青少年、および高齢者を含む成人に及ぶ。したがって、基礎教育は成人教育および生涯学習の不可欠な構成要素である。基礎教育はあらゆる年齢集団の権利であるため、学習課程および提供システムはあらゆる年齢の生徒にふさわしいかたちになるよう工夫されなければならない。

第13条第2項(e):学校制度、適当な奨学金制度、教育職員の物質的条件

25.「すべての段階にわたる学校制度の発展を積極的に追求し」なければならないという要請は、締約国には学校制度に関する総合的発展戦略をもつ義務があるということを意味する。この戦略はすべての段階の学校を包含したものでなければならないが、規約は締約国に対して初等教育を優先するよう求めている（51項参照）。「積極的に追求」するというのは、この総合的戦略には政府による一定の優先順位が与えられるべきであり、かつ、いかなる場合にも精力的に実施されなければならないことを示唆するものである。

26.「適当な奨学金制度を設立し」なければならないという要請は、規約の差別禁止条項および平等条項とあわせて読まれるべきである。奨学金制度は、不利な立場に置かれた集団の個人による教育上のアクセスの平等を高めなければならない。

27.規約は「教育職員の物質的条件を不断に改善すること」を求めているが、実際には、近年、教職員の一般的労働条件が悪化し、かつ容認できないほど低水準に達している締約国が多い。これは第13条第2項(e)に一致しないのみならず、教育に対する生徒の権利の全面的実現にとって重大な障害である。委員会はまた、規約第13条第2項(e)、第2条第2項、第3条、および教職員の結社の権利および団結交渉権を含む第6～第8条の関係に留意し、ユネスコとILOが共同で行った教職員の地位に関する勧告（1966年）およびユネスコの高等教育職員の地位に関する勧告（1997年）に対して締約国の注意を促し、かつ、あらゆる教育職員がその役割に相応する条件および地位を享受することを確保するためにとっている措置を報告するよう締約国に促す。

第13条第3項および第4項:教育の自由への権利

28.第13条第3項には2つの要素がある。1つは、父母および保護者がその信念に従って子どもの宗教的および道徳的教育を確保する自由を尊重することを、締約国が約束していることである[14]。委員会は、第13条第3項のこの要素により、宗教および倫理の一般的歴史のような科目を公立学校で教えることは、それが意見、良心および表現の自由を尊重し、かつ偏見のない客観的な方法で行われるならば、容認されるという見解をとる。委員会は、特定の宗教または信念に関する授業を含む公教育は、親および保護者の希望に適合する差別的でない免除または代替的対応が行われないかぎり、第13条第3項に一致しないことに留意するものである。

29.第13条第3項の2番目の要素は、その学校が「国によって定められまたは承認さ

14）これは自由権規約第18条第4項を反映したものであり、自由権規約第18条第1項で述べられている、宗教または信念を教える自由とも関連している（自由権規約第18条に関する自由権規約委員会の一般的意見22（第48会期、1993年）参照）。委員会は、自由権規約第18条の基本的性格が、同規約第4条第2項で述べられているように公の緊急事態の場合でさえこの規定の違反は許されていないという事実に反映されていることに留意するものである。

れる最低限度の教育上の基準」に適合することを条件として、親および保護者が子どものために公立学校以外のものを選択する自由である。これは、補完的規定である第13条第4項とあわせて読まれなければならない。第13条第4項は、当該機関が第13条第1項に掲げられた教育目標および一定の最低基準に一致することを条件として、「個人および団体が教育機関を設置しおよび管理する自由」を確認したものである。これらの最低基準は、入学許可、学習課程および修了認定のような問題に関わってくる場合もある。逆に、これらの基準は第13条第1項に掲げられた教育目標と一致していなければならない。

30. 第13条第4項に基づき、国民ではない者を含むすべての者は教育機関を設置しかつ管理する自由を有する。この自由は「団体」、すなわち法人または機関にも及ぶものである。この自由には、保育園、大学および成人教育機関を含むあらゆるタイプの教育機関を設置しかつ管理する権利が含まれる。差別の禁止、機会均等およびすべての人の効果的な社会参加の原則を踏まえ、国には、第13条第4項に掲げられた自由によって社会の一部の集団の教育機会に極端な格差が生じないことを確保する義務がある。

第13条：幅広い適用に関わる特別な論点
差別の禁止および平等な取扱い

31. 規約2条第2項に掲げられた差別の禁止は、漸進的実現にも資源の利用可能性にも影響を受けない。これは教育のあらゆる側面に全面的かつ即時的に適用され、かつ国際的に禁じられたあらゆる差別事由を包含するものである。委員会は、第2条第2項および第3条を、ユネスコの教育における差別の禁止に関する条約、女性に対するあらゆる形態の差別の禁止に関する条約、人種差別の撤廃に関する条約、子どもの権利に関する条約および先住民および部族民条約（ILO条約第169号）の関連規定に照らして解釈するものであり、とくに次の問題に注意を促したい。

32. 男女および不利な立場に置かれた集団の事実上の平等を実現することを目的とした一時的な特別措置の採択は、そのような措置が異なる集団を対象とした不平等なまたは別個の基準の維持につながらないかぎりにおいて、かつ、その目的が達成された後にそのような措置が継続されないことを条件として、教育に関わる差別の禁止への権利の侵害とはならない。

33. 状況により、第2条第2項のカテゴリーにより定義された集団を対象とした別個の教育制度または教育機関は規約違反を構成しないものと見なされる。これとの関連で、委員会は、ユネスコの教育における差別の禁止に関する条約（1960年）第2条を支持するものである15)。

34. 委員会は、子どもの権利に関する条約第2条およびユネスコの教育における差別の禁止に関する条約第3条(e)に留意し、差別の禁止の原則が、締約国の領域内に居住する、国民でない者を含む学齢期のすべての者に、その法的地位にかかわりなく及ぶものであることを確認する。

35. 支出政策の際立った格差により、異

---

15) 第2条によれば次のとおりである（訳者注：国際教育法研究会編『教育条約集』（三省堂）の訳を参照した）。
「国内において許されているときは、次の事態は本条約第1条の意味における差別を構成するものとはみなされない。
(a)両性の生徒のための別々の教育制度または機関の設置または維持。ただし、この制度または機関が教育を受ける機会を均等に与え、同一水準の資格を有する教師ならびに同質の校舎および設備を備え、かつ同一または均等の学習課程を履修する機会を提供するときにかぎる。
(b)宗教上または言語上の理由により、生徒の親または後見人の願望にかなう教育を与える別々の教育制度または機関の設置または維持。ただし、その制度への参加または教育機関の利用が任意であり、かつ授けられる教育が、権限ある機関がとくに同一段階の教育について規定または承認する水準に合致するときにかぎる。
(c)私立の教育機関の設置または維持。ただし、その機関の目的がいずれかの集団の除外を保障するのではなく公的機関が設ける教育上の便益を増補することにあり、その機関がその目的に従って運営され、かつ授けられる教育が、権限ある機関がとくに同一段階の教育について規定または承認する水準に合致するときにかぎる」。

なる地理的場所に居住する者を対象として質の異なる教育が行われることになれば、規約に基づく差別となる場合がある。

36.委員会は、教育への権利の文脈で障害者の問題を取り扱った一般的意見5の35項、および第13〜第15条との関係で高齢者の問題を取り扱った一般的意見6の36〜42項を確認する。

37.締約国は、あらゆる事実上の差別を特定しかつ是正措置をとるために、教育——あらゆる関連の政策、機関、プログラム、支出傾向およびその他の慣行を含む——を緊密に監視しなければならない。教育上のデータは差別禁止事由に基づいて細分化されるべきである。

学問の自由および機関の自治16)

38.委員会は、多数の締約国報告書を審査してきた経験に照らし、教育への権利は職員および生徒の学問の自由が伴わなければ享受できないという見解をとるに至った。したがって、たとえこの問題が第13条で明示的に触れられていなくとも、委員会が学問の自由について若干の所見を述べることは適当かつ必要である。以下の所見は高等教育機関にとくに注意を払っている。委員会の経験では、高等教育の職員および生徒は学問の自由を阻害する政治的その他の圧力にとくに弱い立場に置かれているからである。しかし、委員会は、教育部門のすべてにわたる職員および生徒が学問の自由への権利を有しており、かつ以下の所見の多くは一般的に適用されるものであることを、強調したい。

39.学問の世界に属する者は、調査、教授、研究、討論、文献の利用、製作、創造または執筆を通じ、知識および考えを自由に追求し、発展させかつ伝達することができる。学問の自由は、個人が、個人的にまたは集団的に、自分が働く機関または制度について自由に意見を表明し、国またはその他のいかなる主体による差別または圧迫の恐怖もなく職務を遂行し、専門的なまたは代表制に基づく学術団体に参加し、かつ、同じ管轄に属する他の個人に適用される、国際的に承認されたあらゆる人権を享受する自由を含むものである。学問の自由の享受には、他の者の学問の自由を尊重し、反対意見の公正な議論を確保し、かつすべての者をいかなる禁止事由に基づく差別もなく取り扱う義務のような義務が伴う。

40.学問の自由の享受のためには高等教育機関の自治が必要である。自治とは、学問に関わる活動、基準、運営および関連の活動に関して高等教育機関が効果的な意思決定を行うために必要な程度の自己統治を指す。しかし、自己統治は、とくに国によって提供されている資金との関連で、公的説明責任の制度と一致したものでなければならない。高等教育において相当の公的投資が行われていることを踏まえ、機関の自治と説明責任との間に適切なバランスが見出されなければならない。単一のモデルはないものの、制度的取決めは公正、公平かつ衡平であるべきであり、かつ、できるかぎり透明かつ参加型のものであるべきである。

学校における規律17)

41.委員会の見解では、体罰は、世界人権宣言および2つの国際人権規約の前文に掲げられた国際人権法の基本的指導原則、すなわち個人の尊厳に一致しないものである18)。学校における規律の維持の他の側面も、人前で屈辱を与えることのように、人間

---

16) ユネスコの高等教育職員の地位に関する勧告（1997年）参照。
17) この項を作成するにあたり、委員会は、子どもの権利に関する条約第28条第2項についての子どもの権利委員会の解釈および自由権規約第7条に関する自由権規約委員会の解釈のような、国際人権システムの他の分野で発展しつつある慣行に留意した。
18) 委員会は、世界人権宣言第26条第2項では人格の尊厳が触れられていないものの、社会権規約の立法者がそれをあらゆる教育が指向すべき義務的目標の1つに明示的に含めたこと（第13条第1項）に留意する。

の尊厳に一致しない場合がある。また、いかなる形態の規律の維持も、食糧への権利のような、規約に基づく他の権利を侵害すべきではない。締約国は、その管轄下にあるいかなる公的または私的教育機関においても規約に一致しない規律の維持が生じないことを確保するための措置をとることが求められる。委員会は、一部の締約国によって行われている、学校における規律の維持に対する「積極的」な、非暴力的なアプローチを導入するよう積極的に学校に奨励する取組みを歓迎するものである。

第13条の制限

42.委員会は、規約の制限条項である第4条が、国が制限を課すことを容認することよりも個人の権利を保護することを主たる目的としていることを強調したい。したがって、国の安全または公共の秩序の維持などを理由として大学その他の教育機関を閉鎖する締約国は、そのような重大な措置を、第4条に掲げられた各要素との関係で正当化する責任を負う。

II. 締約国の義務および違反

43.規約は漸進的実現を規定し、かつ利用可能な資源の限界による制約を認めているものの、締約国に対し、即時的効果を有するさまざまな義務も課している[19]。締約国は、教育への権利に関して、この権利が「いかなる差別もなしに行使される」という「保障」（第2条第2項）および第13条の全面的実現に向けて「行動をとる」義務（第2条第1項）のような即時的義務を負っているのである[20]。そのような行動は、教育への権利の全面的実現に向けた「計画的、具体的かつ明確に目標づけられた」ものでなければならない。

44.時間をかけて、すなわち「漸進的に」教育への権利を実現するということは、締約国の義務から意味のある内容をすべて奪うものとして解釈されるべきではない。漸進的実現とは、締約国には第13条の全面的実現に向けて「できるかぎり迅速にかつ効果的に行動する」具体的かつ継続的な義務があることを意味する[21]。

45.教育への権利および規約に掲げられた他の権利との関連でなんらかの後退的措置をとることについては、その許容性を認めない強い推定が存する。いかなる意図的な後退的措置がとられる場合にも、締約国には、そのような措置が、あらゆる代替策を最大限慎重に検討した後に導入されたこと、および、規約に定める諸権利の全体を参照しかつ締約国が利用可能な最大限の資源を全面的に用いることを踏まえて、完全に正当化されることを証明する責任がある[22]。

46.教育への権利は、他のすべての人権と同様、締約国に対して3種類のまたは3段階の義務、すなわち尊重する義務、保護する義務および履行する義務を課すものである。さらに、履行する義務には促進する義務および提供する義務の双方が組み込まれている。

47.尊重する義務は、締約国に対し、教育への権利の享受を阻害するまたは妨げる措置をとらないよう求めるものである。保護する義務は、締約国に対し、第三者が教育への権利の享受に干渉することを防止するための措置をとるよう求めるものである。履行（促進）する義務は、締約国に対し、個人および地域が教育への権利を享受することを可能にしかつ援助する、積極的措置をとるよう求めるものである。最後に、締約国には

---

19) 委員会の一般的意見3の1項参照。
20) 委員会の一般的意見3の2項参照。
21) 委員会の一般的意見3の9項参照。
22) 委員会の一般的意見3の9項参照。

教育への権利を履行（提供）する義務が存する。一般的原則として、締約国には、個人または集団が、その統制の範囲を超えた理由により、みずから利用可能な手段を用いて自分自身で規約の特定の権利を実現できない場合、その権利を履行（提供）する義務がある。しかしながら、この義務の範囲はつねに規約の条項に従って決定されなければならない。

48.これとの関連で、第13条の2つの特徴を強調しておく必要がある。第1に、第13条が、ほとんどの状況下で教育を直接提供する主たる責任は国が有すると見なしていることである。締約国は、たとえば、「すべての段階にわたる学校制度の発展を積極的に追求」することを認めている（第13条第2項(e)）。第2に、初等、中等、高等および基礎教育との関連で第13条第2項の文言が異なることを踏まえ、締約国の履行（提供）義務の範囲はあらゆる段階の教育で同じではないということである。したがって、規約の条項に照らし、教育への権利に関して締約国は高い履行（提供）義務を有するものの、この義務の範囲はあらゆる段階の教育で同じというわけではない。委員会は、第13条に関わる履行（提供）義務をこのように解釈することは、多数の締約国の法律および慣行に符合すると考えるものである。

具体的な法的義務

49.締約国は、あらゆる段階の教育制度の学習課程が第13条第1項に挙げられた目標を指向することを確保するよう求められる23)。また、教育が実際に第13条第1項に掲げられた教育目標を指向しているかどうかを監視する、透明かつ効果的なシステムを確立しかつ維持する義務もある。

50.第13条第2項との関係で、締約国は、教育への権利の「きわめて重要な特徴」（利用可能性、アクセス可能性、受入れ可能性および適合可能性）の1つ1つを尊重し、保護しかつ履行する義務を負う。例を挙げれば次のとおりである。国は、私立学校を閉鎖しないことによって教育の利用可能性を尊重しなければならない。親および雇用者を含む第三者が女子を学校に行かせないようにしないことを確保することにより、教育のアクセス可能性を保護しなければならない。教育がマイノリティおよび先住民にとって文化的に受入れ可能であり、かつ、すべての者にとって質が高いものであることを確保するために積極的措置をとることにより、教育の受入れ可能性を履行（促進）しなければならない。変化する世界における生徒の現代的ニーズを反映した学習課程を立案し、かつその課程に必要な資源を提供することにより、教育の適合可能性を履行（提供）しなければならない。教室の建設、プログラムの実施、教材の提供、教員の養成および教員に対する国内競争力のある給与の支払いを含めて学校制度を積極的に発展させることにより、教育の利用可能性を履行（提供）しなければならない。

51.前述したとおり、初等、中等、高等および基礎教育に関わる締約国の義務は同一ではない。第13条第2項の文言を踏まえ、締約国は義務的かつ無償の初等教育の導入を優先させる義務を負う24)。第13条第2項のこのような解釈は、第14条で初等教育が優先されていることによって補強される。すべての者に初等教育を提供する義務はあらゆる締約国の即時的義務である。

---

23)この点に関しては、ユネスコの「国際教育における学習課程および教科書の発展のための指針」（ED/ECS/HCI）のように、締約国に役立つ資源が多数存在する。第13条1項の目標の1つは「人権および基本的自由の尊重を強化」することであるが、この点に関しては、締約国は人権教育のための国連10年の枠組みのなかで発展している取組みを検討すべきである。とくに有益なものとして、総会が1996年に採択した「人権教育のための国連10年行動計画」と、人権教育のための国連10年に対応しようとする国を援助するために人権高等弁務官事務所が作成した「人権教育に関する国内行動計画のための指針」がある。

24)「義務的」および「無償」の意味については、第14条に関する一般的意見11の6項および7項参照。

52.第13条第2項(b)～(d)との関連で、締約国は、その管轄下にあるすべての者を対象とした中等、高等および基礎教育の実現に向けて「行動をとる」(第2条第1項) 義務を負う。最低限、締約国は、規約に従った中等、高等および基礎教育の提供を含む国家的教育戦略を採択しかつ実施するよう求められる。この戦略には、教育への権利に関する指標および基準点のような、進展が緊密に監視できるようにするための仕組みが含まれるべきである。

53.第13条第2項(e)に基づき、締約国は、不利な立場に置かれた集団を援助するために教育上の奨学金制度が設置されることを確保する義務を負う[25]。「すべての段階にわたる学校制度の発展」を積極的に追求する義務は、ほとんどの状況下で教育の直接提供を確保する国の主たる責任を強化するものである[26]。

54.締約国は、第13条第3項および第4項に従って設置されるあらゆる教育機関が適合することを求められる「最低限度の教育上の基準」を定める義務を負う。締約国は、そのような基準を監視する透明かつ効果的なシステムも維持しなければならない。締約国には、第13条第3項および第4項に従って設置される機関に拠出する義務はない。しかし、国が私立の教育機関に財政的貢献を行うことを選ぶのであれば、いかなる禁止事由に基づく差別もなく行わなければならない。

55.締約国は、地域および家族が児童労働に依存しないことを確保する義務を負う。委員会は、とくに、児童労働の解消における教育の重要性、およびILOの最悪の形態の児童労働条約(1999年)第7条第2項に掲げられた義務[27]を支持するものである。加えて、第2条第2項を踏まえ、締約国は、女子、女性その他の不利な立場に置かれた集団の教育上のアクセスを阻害する、ジェンダーその他の事由に基づくステロタイプを取り除く義務を負う。

56.一般的意見3において、委員会は、教育への権利のような規約で認められた権利の全面的実現に向けて「個々にならびに国際的な援助および協力、とくに経済上および技術上の援助および協力を通じて」行動をとる義務がすべての締約国にあることに注意を促している[28]。規約第2条第1項および第23条、国際連合憲章第56条、万人のための教育に関する世界宣言第10条ならびにウィーン宣言および行動計画34項はすべて、教育への権利の全面的実現のための国際的援助および協力の提供に関わる締約国の義務を強化するものである。国際的取決めの交渉および批准との関係では、締約国は、これらの文書が教育への権利に悪影響を与えないことを確保するために行動をとらなければならない。同様に、締約国は、国際金融機関も含めた国際機関の加盟国としての行動が教育への権利を正当に考慮に入れたものであることを確保する義務を負う。

57.一般的意見3において、委員会は、締約国が、「最も基礎的な形態の教育」も含め、規約に掲げられた各権利の「少なくとも最低限の不可欠なレベルの充足を確保する最低限の中核的義務」を負うことを確認している。第13条の文脈においては、この中核には、公的な教育機関およびプログラ

---

[25] 適切な場合には、そのような奨学金制度は2条1項で予定されている国際的援助および協力のとくにふさわしい対象となろう。
[26] 基礎教育に関してユニセフは次のように述べている。「すべての要素を総合して一貫した柔軟な教育制度にまとめることができるのは国だけである」(『1999年世界子供白書：教育』ユニセフ駐日事務所訳、63頁)。
[27] 第7条第2項によれば次のとおりである。「各加盟国は、児童労働の廃絶における教育の重要性を考慮しつつ、以下の目的を達成するために、効果的で期限を定めた措置を講じる。(c)最悪の形態の児童労働から解放されたすべての児童のために、無償の基礎教育、および可能かつ適当であれば職業訓練を受ける機会を確保する」(ILO第182号条約・最悪の形態の児童労働条約、1999年、ILO東京支局訳)。
[28] 委員会の一般的意見3の13～14項参照。

ムにアクセスする権利を無差別に確保する義務、教育が第13条第1項に掲げられた目標に適合することを確保する義務、第13条第2項(a)に従ってすべての者に初等教育を提供する義務、中等、高等および基礎教育の提供を含む国家的教育戦略を採択しかつ実施する義務、および、「最低限の教育上の基準」（第13条第3項および第4項）に適合することを条件として、国または第三者による干渉を受けることのない教育の自由な選択を確保する義務が含まれる。

違反

58. 第13条の規範内容（第I部）を締約国の一般的および具体的義務（第II部）に適用すると、教育への権利の侵害の特定を促進するダイナミックなプロセスが作動する。第13条の違反は、締約国の直接的行動（作為）または規約によって求められる行動をとらないこと（不作為）を通じて生じうる。

59. 例を挙げれば、第13条の違反には次のようなものが含まれる。教育の分野において、いずれかの禁止事由に基づいて個人または集団を差別する立法を導入すること、またはそのような立法を廃棄しないこと。事実上の教育差別に対応する措置をとらないこと。第13条第1項に掲げられた教育目標と一致しない学習課程を用いること。第13条第1項との適合を監視する透明かつ効果的なシステムを維持しないこと。義務的でありかつすべての者が無償で利用できる初等教育を優先的に導入しないこと。第13条第2項(b)～(d)に従い、中等、高等および基礎教育の漸進的実現に向けた「計画的、具体的かつ明確に目標づけられた」措置をとらないこと。私立の教育機関を禁ずること。私立の教育機関が、第13条第3項および第4項が求める「最低限の教育上の基準」に従うことを確保しないこと。職員および生徒の学問の自由を否定すること。第4条に適合しないかたちで、政治的緊張が生じた際に教育機関を閉鎖すること。

III. 締約国以外の主体の義務

60. 規約第22条を踏まえ、国際連合開発援助枠組（UNDAF）を通じた国レベルのものも含めた国際連合諸機関の役割は第13条の実現との関連でとくに重要である。市民社会のさまざまな構成要素も含めたすべての関係当事者の間で一貫性および交流を向上させるため、教育への権利を実現するための調整のとれた努力が維持されなければならない。UNESCO、UNDP、UNICEF、ILO、世界銀行、地域開発銀行、IMFおよび国連システム内の他の関連機関は、その特定の権限を正当に尊重し、かつそれぞれの専門性に基づきながら、国レベルにおける教育への権利の実施のためにいっそうの協力を行うべきである。とりわけ、国際金融機関、なかんずく世界銀行およびIMFは、その融資政策、信用供与の取決め、構造調整プログラムおよび債務危機への対応措置において、教育への権利の保護にいっそうの注意を払わなければならない[29]。締約国報告書の審査の際、委員会は、締約国以外のあらゆる主体が提供した援助が、第13条に基づく義務を履行する国の能力にどのような影響を与えているか検討する。国連の専門機関、プログラムその他の国連機関が人権を基盤としたアプローチを採用することは、教育への権利の実施を大いに促進することになろう。

（訳：荒牧重人・平野裕二）

---

29) 委員会の一般的意見2の9項参照。

資料7

自由権規約委員会 一般的意見27（1999）
移動の自由（第12条）

1999年11月2日第67会期
CCPR/C/21/Rev.1/Add.9

1. 移動の自由は、個人の自由な発展にとって、不可欠な条件である。この権利は、締約国からの報告書や個人からの通報を検討する委員会の実践の中で示されているように、規約が定める他のいくつかの権利と相互に影響しあっている。さらに、委員会は一般的意見15（規約の下での外国人の地位、1986年）で、第12条と第13条の特別なつながりについて言及している。

2. 第12条が保護する権利に課しうる制約は、移動の自由の原則を無効にするものであってはならず、第12条第3項が定める必要性に該当し、規約が認めているその他の権利と合致するものでなければならない。

3. 締約国は、この一般的意見において議論されている問題を考慮しながら、その報告書において、本条が保護する権利に関連する国内法規、行政上および司法上の業務についての情報を委員会に提供しなければならない。その報告には、これらの権利が制約された場合に利用可能な救済手段についての情報も含まねばならない。

移動の自由と住居選択の自由（1項）

4. 国家の領域内に合法的にいるすべての者は、その領域内において、自由に移動し、自己の住む場所を選択する権利を享受する。一国家の市民は原則的に、いつでもその国家の領域内に合法的にいることになる。外国人が国家の領域内に「合法的」にいるかどうかは、国内法によって規定される問題である。国内法は、国家の国際的義務に従っているならば、国家領域内への外国人の入国に制限を課すことができる。この点において、委員会は、非合法的に入国した外国人であっても、その資格が正規化された者については、第12条の目的に鑑みて、合法的に領域内にいるものとみなすべきだと考える。個人がいったん国家内に合法的にいるに至った場合は、第12条第1項および第2項が保障する彼・彼女の権利に対するいかなる制約も、国民に対するのと異なる取扱いも、第12条第3項が定める規則の下で正当化されなければならない。それゆえに締約国は、この観点から、外国人に対し国民と異なる取扱いをしている状況、およびその取扱いの違いをどのように正当化しているかについて、その報告書において示すことが重要である。

5. 自由に移動する権利は、連邦国家のあらゆる部分を含む、国家のすべての領域に及ぶ。第12条第1項に従って、人はある場所から別の場所へ移動すること、そして自らが選んだ場所に定住することを保障されている。移動したり、ある場所にとどまろうとする人にとって、この権利の享受はいかなる特定の目的または理由によっても左右されてはならない。いかなる制約も第3項に従ったものでなければならない。

6. 締約国は、第12条が保障する権利は、公によってだけではなく、私的な妨害からも保護されることを確保しなければならない。

この保護義務は女性の場合についてとくに関係がある。たとえば、女性が自由に移動し住居を選択する権利が、法律あるいは慣例によって、親類を含む他者の決定に従わされることは、第12条第1項と合致しない。

7.第12条第3項の規定を条件として、領域内で自己が選んだ場所に居住する権利は、あらゆる形態の国内強制移住に対する保護を含むものである。それはまた、領域内の限定された部分への人々の入国や滞在を妨げることを除外する。しかしながら、法律に従った拘禁は、より特定的に個人の自由に対する権利に影響を及ぼし、規約第9条で保障されている。ある状況下では、第12条と第9条を合わせて考慮しなければならない。

自国を含むいずれの国からも離れる自由

8.国家の領域を離れる自由は、いかなる特定の目的または個人が国外に滞在することを選択した期間の長さに左右されるものではない。こうして、国外旅行も、永続的な出国のための出発も同様に保障される。同様に、個人が行き先の国を決める権利は、法的な保障の一部である。第12条第2項の適用範囲は、国家の領域内に合法的にいる個人に限定されるものではないから、国から法律に基づいて追放された外国人は、相手国の合意の下で、行き先の国を選ぶ権利が与えられている。

9.個人が第12条第2項で保障されている権利を享受しうるには、居住国と国籍国の双方に義務が課せられる。国際的な旅行はしばしば適切な文書、とくに旅券を必要とするので、国を離れる権利は、必要な旅行文書を取得する権利を含まなければならない。旅券の発行は通常個人の国籍国が行うものである。国家が旅券の発行を拒否したり、国外に住む国民に対してその効力を引き伸ばしたりすれば、個人が居住国を離れ、どこかへ旅行する権利を奪うであろう。自国民はその領域に旅券を所持せずに帰ることができるのだと国家が主張することは正当化されない。

10.国家の実施状況は、法規や行政措置が、逆に出国権、とくに自国を離れる権利に影響を与えていることをしばしば示している。それゆえに、締約国が、国を離れる権利に関して、国民と外国人に適用しているあらゆる法的慣例的制約に関して報告することは、委員会がこれらの規則や実施と第12条第3項との一致を評価できるようにするために、最も重要である。締約国は、自らの領域内に要求された文書を所持していない人々を運び込む国際的な旅客運送業者に対して制裁を科す手段に関する情報を、それが別の国を離れる権利に影響を及ぼす場合、その報告書に含めるべきである。

制約（3項）

11.第12条第3項は、1項と2項の下での権利が制約される例外的な状況を規定する。この規定は、国の安全、公の秩序、公衆の健康もしくは道徳、他者の権利と自由を保護する場合に限って、国家がこれらの権利を制約する権限を認めている。制約が許されるためには、法によって定められ、これらの目的を保護するために国内社会において必要であり、規約で認められているその他のすべての権利と一致していなければならない（18段落を参照）。

12.権利を制約する条件は、法律自体によって定められなければならない。そのため国家の報告書は、制約の根拠となる法的規範を詳しく記すべきである。法律で定められていない制約や、第12条3項の要件に合致しない制約は、第1項と第2項が保障する権利を侵害するものとなる。

13.第12条第3項が認める制約を規定す

る法律を採択する際には、国家はつねに制約は権利の本質を損なうものであってはならない——権利と制約、標準と例外の関係を逆にしてはならない——という原則によって行動しなければならない。制約の適用を正当化する法律は、明確な判断基準を用いるべきであり、その執行における責任において自由な裁量を認めるものであってはならない。

14.第12条第3項は、制約が認められる目的のためのものであるだけでは十分ではなく、それがこれらの目的を守るために必要なものでなければならないことを明らかに示している。制約的手段は、調和の原則と一致しなければならず、保護的機能を達成するうえで適切なものでなければならず、望まれた結果を達成するもののなかで、最も非強制的な手段でなければならず、また守られるべき利益と調和のとれたものでなければならない。

15.調和の原則は、制約を形作る法律の中だけでなく、法を用いる行政および司法当局によっても尊重されなければならない。国家は、これらの権利の行使または制約に関するいかなる手続きも、迅速で、制約措置を適用する理由が示されるよう確保すべきである。

16.締約国は、第12条第1項、第2項が保障する権利を制約する法律の適用が、第12条第3項で言及するあらゆる要求に従ったものであることを示さないことがよくある。いかなる個人に対する制約の適用も、明確な法的根拠に基づくものでなければならず、必要性の基準と、均衡性の要件を満たすものでなければならない。たとえば、個人が、「国家機密」の所持者であるという理由だけで、国を離れることを妨げられたり、個人が特別の許可がなければ、国内を旅行することを妨げられる場合などは、その要件を満たさない。一方、国の安全の観点から軍事地帯へのアクセスを制約したり、先住民族やマイノリティのコミュニティが住む地域への移住の自由を制約することなどは、その条件を満たすものである。

17.懸念の主要な原因は、個人が自由に移動し、自国を含む国を離れ、住居を定める権利を十分に享受することに対し不必要に影響を及ぼす、多岐にわたる官僚政治の障壁である。委員会は国内における移動の権利に関して、個人に住居を変更するために許可を申請したり、移転先の地方当局の認可を得るよう要求する規定、またそうした書面による申請の手続き進行の遅さを批判してきた。国家の行為は、国を離れること、とくにその国民が国を離れることをより困難たらしめている障害の事例を豊富に提示している。これらの規則と実施は、とくに以下のものを含む。申請者が適切な当局へアクセスできなかったり、必要条件に関する情報が欠如していたり、特別な様式を申請することを求め、それにより旅券発行のための適切な申請書類が得られるようにしたり、雇用主や家族の同意を必要としたり、旅行経路の詳細な記述を求めたり、行政が提供するサービスのコストを大きく超える高額の費用を支払った場合に限り旅券を発行したり、旅行文書の発行が不当に遅れたり、一緒に旅行する家族を制限したり、送還の寄託金や帰りのチケットの要求、行く先の国やそこに住む人々からの招聘状を必要条件としたり、身体的な脅迫、逮捕、失業、子どもの学校や大学からの追放など申請者への嫌がらせを行ったり、申請者が国家の名誉を傷つけたといわれているとして旅券の発行を拒否する、などである。これらの実行に照らして、締約国は、国が課しているあらゆる制約が、第12条第3項に十分に従ったものであることを明確にすべきである。

18.第12条第3項の下で許容される制約の適用は、規約が保障する他の権利や平等および非差別の基本的原則と一致する必要がある。こうして、第12条第1項と第2

項が定める権利が、人種、皮膚の色、性、言語、宗教、政治的意見その他の意見、民族的（national）もしくは社会的出身、出生または他の地位等あらゆる種類の区別によって制約された場合は、規約の明らかな侵害となる。委員会は、締約国の報告書の審議において、女性が自由に移動したり国を離れることを、男性の同意や同伴を得ることを要求することによって妨げている措置が、第12条の侵害にあたることを何度か発見している。

自国に戻る権利（4項）

19.自国に戻る個人の権利は、当該国家に対する個人の特別な関係から生じている。この権利はさまざまな側面を持っている。それは自国にとどまる権利を含んでいる。また、自国を離れた後、帰ってくる権利だけを含んでいるのではなく、個人が当該国（もしその国が当該個人の国籍国であれば）の外で生まれ、初めて当該国に来ることも保障している。帰る権利は、自発的帰国を求めている難民にとってとくに重要である。それは強制的な人口移動や他国への大量追放の禁止を含んでいる。

20.第12条第4項の用語は、「何人も」として、国民と外国人とを区別していない。そのため、この権利の行使を認められる個人は、「自国」という言葉の意味を解釈することによってのみ確認される。「自国」の範囲は「国籍国」という概念より広い。それは、法形式的な意味における国籍――すなわち出生や付与によって取得された国籍――だけに限られるのではなく、少なくとも、彼・彼女のその国との特別なつながり、あるいはその国に対する権利から、ただの外国人だとはみなされない個人を含む。これは、たとえば、一国の国民が国際法の侵害によって国籍を剥奪された場合や、国籍国が別の国家に併合あるいは譲渡された個人で、その国籍が否定された場合などが挙げられる。第12条第4項の用語は、さらに、長期居住者（long-termresidents）――居住国の国籍取得権を恣意的に奪われた無国籍者を含み、またそれだけに限定されないが――というカテゴリーも包含する、広い解釈を認めるものでもある。他の要因も、特定の状況の下で、個人と国の密接かつ永続的なつながりの確立をもたらすのであり、締約国は、定期報告書で、永住者の居住国に帰る権利に関する情報を含まなければならない。

21.いかなる場合においても、個人は自国に戻る権利を恣意的に奪われない。この意味で、恣意性という概念への言及は、それが立法、行政、司法面における締約国のあらゆる行動に適用されるよう強調することを意図している。それは、法律によってもたらされた障害であっても、規約の規定や目的に従ったものでなければならず、またいずれにしろ特定の状況の下で合理的でなければならないことを保障している。委員会は、自国に戻る権利の剥奪が合理的であるとされる状況は、たとえあるとしても、ほとんどないと考える。締約国は、個人の国籍を剥奪したり、個人を第三国に追放するなどして、その者が自国に帰ることを恣意的に妨げてはならない。

（訳：岡本雅享／在日韓国人問題研究所（RAIK）国際人権部会）

資料8

女性差別撤廃条約選択議定書

国際連合第54回総会
1999年10月6日採択
2000年12月20日効力発生

この議定書の締約国は、

国連憲章が基本的人権、人間の尊厳と価値および男女の同権に対する信念を再確認していることに留意し、

世界人権宣言が、すべての人間は、生まれながらにして自由であり、かつ、尊厳および権利について平等であること、ならびに、何人も、性別に基づく差別を含むいかなる差別を受けることなく、その中に掲げられたあらゆる権利と自由を享有することができることを宣明していることに留意し、

国際人権規約およびその他の国際人権基本文書が、性別による差別を禁止していることを想起し、

また、女子に対するあらゆる形態の差別の撤廃に関する条約(「条約」とする)において、その締約国が、女性に対するあらゆる形態の差別を非難するとともに、すべての適切な手段により、女性に対する差別を撤廃する政策を遅滞なく追及する旨合意していることも想起し、

女性によるあらゆる人権と基本的自由の完全かつ平等な享受を確保し、これらの権利と自由の侵害を防止するために効果的な行動をとる決意を再確認し、以下のとおり合意した。

第1条

この議定書の締約国(「締約国」)は、第2条に基づき提出された通報を、女子差別撤廃委員会(「委員会」)が受理しおよび審議する権限を有することを認める。

第2条

通報は、締約国の管轄下にある個人または集団であって、条約に定めるいずれかの権利が侵害されたと主張するものにより、またはそれに代って提出することができる。個人または集団に代わって通報を提出する場合は、当該個人または集団の同意を得て行うものとする。ただし、かかる同意がなくとも申立人が当該個人または集団に代わって行動することを正当化できる場合は、この限りでない。

第3条

通報は、文書で行うものとし、匿名であってはならない。委員会は、条約の締約国ではあるがこの議定書の締約国でないものに関するいかなる通報も受理してはならない。

第4条

1.委員会は、利用しうるすべての国内的救済措置が尽くされたことを確認した場合を除き、通報を検討しない。ただし、かかる救済措置の適用が不当に引き延ばされたり、効果的な救済の見込みがない場合は、この限りでない。

2.委員会は、次の場合、通報を受理することができないと宣言する。

(i) 同一の問題が委員会によってすでに審議されており、もしくは他の国際的調査または解決手続きの下ですでに審議され、または審議中である。

(ii) 通報が条約の規定に抵触する場合。

(iii) 通報が明らかに根拠を欠いており、または十分に立証されない。
(iv) 通報提出の権利の濫用である。
(v) 通報の対象となった事実が、当該締約国について本議定書が発効する以前に発生している。ただし、かかる事実がこの期日以降も継続している場合は、この限りでない。

第5条
1.通報が受理されてから理非の決定に到達するまでのいずれかの時点で、委員会は、該当する締約国に対し、通報の対象となった権利侵害の被害者に取り返しのつかない損害が及ぶ可能性を回避するために必要となりうる暫定的な措置を講ずるよう要請し、その緊急な検討を求めることができる。
2.委員会による本条第1項に定める裁量権の行使は、該当する通報の受理可能性または理非に関する決定を示唆するものではない。

第6条
1.委員会が該当する締約国に対する照会を行わずに、通報が受理不可能と判断する場合を除き、かつ、通報の本人である個人または集団が当該締約国に対するその身元の開示に同意していることを条件に、委員会は、この議定書に基づき提出された通報に関して、極秘に当該締約国の注意を喚起するものとする。
2.通報を受理する締約国は、6カ月以内に、委員会に説明書または声明書を提出し、事実関係および当該締約国によってとられた救済措置がある場合には、これを明らかにする。

第7条
1.委員会は、個人または集団により、もしくはそれらに代わり、ならびに関係締約国によって提出されたあらゆる情報に照らして、この議定書に基づき受理した通報を検討するものとするが、この場合、この情報が当事者に伝達されていることを条件とする。
2.委員会は、この議定書に基づく通報を検討する際には、非公開の会合を開くものとする。
3.委員会は、通報を検討した後、通報に関する意見を、勧告があればこれとともに当事者に送付する。
4.当該締約国は、委員会の意見をもしあればその勧告とともに十分に検討したうえで、6カ月以内に、委員会に委員会の意見および勧告に照らしてとられたいかなる行動に関する情報も含め、回答書を提出するものとする。
5.委員会は、当該締約国に対し、同国がその意見またはもしあれば勧告に応じて講じたいかなる措置に関してもさらに情報を提出するよう促すことができるが、委員会が適切と判断する場合、かかる情報は、条約第18条に基づき当該国が後に作成する報告書に含めることができる。

第8条
1.委員会は、締約国による条約に定める権利の重大または組織的な侵害を示唆する信頼できる情報を受理した場合には、当該締約国に対し、情報の検討における協力および、この目的のために関係情報に関する見解の提出を促す。
2.委員会は、当該締約国から提出された見解およびその他の信頼できる情報があれば、これらを考慮したうえで、調査を実施し、委員会に緊急の報告を行うよう1人または複数の委員を指名することができる。十分な根拠および当該締約国の同意がある場合、調査に同国領域への訪問を含めることができる。
3.かかる調査の結果を検討したうえで、委員会は、何らかの註釈および勧告があれば

これを添えて、これらの調査結果を当該締約国に送付する。

4.当該締約国は、委員会が送付した調査結果、註釈および勧告の受理から6カ月以内に、その見解を委員会に提出する。

5.かかる調査は極秘に行うものとし、手続きのあらゆる段階において、当該締約国の協力が求められる。

第9条

1.委員会は、関係締約国に対し、この議定書第8条に基づき行われた調査を受けて講じられたいかなる措置も、条約第18条に基づく報告書に含めるよう促すことができる。

2.委員会は、必要に応じ、第8条4項にある6カ月の期間の満了後も、当該締約国に対し、かかる調査に応えて講じられた措置について通知するよう促すことができる。

第10条

1.各締約国は、この議定書の署名または批准、もしくはこれへの加入の際に、第8条および第9条に定める委員会の権限を認めない旨宣言することができる。

2.本条1項に基づく宣言を行った締約国は、事務総長に対する通告により、いつでもこの宣言を撤回することができる。

第11条

締約国は、その管轄下にある者が、この議定書に従って委員会へ通報を行った結果として、虐待あるいは脅迫を受けないよう、あらゆる適切な措置を講ずる。

第12条

委員会は、条約第21条に基づくその年次報告の中に、この議定書に基づくその活動の概要を含める。

第13条

各締約国は、条約およびこの議定書を公表し、および広く周知させ、ならびにとくに当該締約国が関係する事案についての委員会の見解および勧告に関する情報へのアクセスを容易にすることを約束する。

第14条

委員会は、自らの手続規則を定め、この議定書によって与えられた権限を行使する際には、これに従う。

第15条

1.この議定書は、条約に署名し、これを批准またはこれに加入した国による署名のために開放しておく。

2.この議定書は、条約の批准国および加入国による批准に付されるものとする。批准書の寄託先は国際連合事務総長とする。

3.この議定書には、条約を批准、またはこれに加入した国のために開放しておく。

4.加入は、加入書を国際連合事務総長に寄託することによって効力を生ずる。

第16条

1.この議定書は、国際連合事務総長に10番目の批准書または加入書が寄託された日から3カ月後に効力を生ずる。

2.この議定書の発効後に批准または加入を行う各国について、この議定書は、自国の批准書または加入書の寄託の日から3カ月後に効力を生ずる。

第17条

この議定書に対しては、いかなる留保も認められない。

第18条

1.いずれの締約国も、この議定書に対する修正を提案し、これを国際連合事務総長に提出することができる。事務総長は、これ

を受け、いかなる修正案も締約国に通報するとともに、当該修正案に関する討議および票決を目的とした締約国会議の開催を望むか否かを同人に通知するよう要請する。締約国の3分の1以上がかかる会議を望む場合には、事務総長は、国際連合の主催によりこの会議を招集する。会議に出席し、かつ、投票する締約国の過半数によって採択されたいかなる修正案も国際連合総会に提出され、その承認を受ける。

2.修正条項は、国際連合総会によって承認され、かつ、この議定書の締約国の3分の2により、各国の憲法に定める過程を経て受け入れられた時点で、効力を生ずる。

3.修正条項は、その発効の時点で、これを受け入れた締約国に対して拘束力を有するが、その他の締約国については、この議定書の規定および以前に受け入れた修正条項があればその修正条項が引き続き拘束力を有する。

第19条

1.いずれの締約国も、国際連合事務総長に対して書面による通告を行うことにより、この議定書を破棄することができる。破棄は、同事務総長が通告を受理した日から6カ月後に効力を生ずる。

2.第2条に基づき提出された通報、または破棄の発効期日以前に第8条に基づき開始された調査がある場合、破棄はこれらに対するこの議定書の条項の適用の継続を妨げない。

第20条

国際連合事務総長は、次の事項をすべての加盟国に対し通知する。

（a）この議定書の規定による署名、批准および加入

（b）この議定書の発効の日および第18条の規定による修正条項がある場合には、その発効の日

（c）第19条の規定による破棄

第21条

1.この議定書は、アラビア語、中国語、英語、フランス語、ロシア語およびスペイン語をひとしく正本とし、国際連合の公式記録保管所に寄託される。

2.国際連合事務総長は、この議定書の認証謄本を条約第25条にあるすべての国に送付する。

（訳：国連広報センターによる非公式訳）

資料9

女性差別撤廃委員会
一般的勧告24（1999）
女性と健康（第12条）

1999年2月5日第20会期
A/54/38

序

1. 女性差別撤廃委員会は、リプロダクティブ・ヘルスを含む保健サービスの利用が女性差別撤廃条約に基づく基本的権利であることを確認し、条約第21条に従って、条約第12条に関する一般的勧告を作成することを第20会期に決定した。

背景

2. 締約国が条約第12条を遵守することは、女性の健康と福祉の中核をなす。条約第12条は、締約国に対して、生涯を通した保健サービスの利用、とりわけ家族計画、妊娠、出産の分野および出産後の期間における女性に対する差別を撤廃することを要請する。条約第18条に従って提出された報告書の検討から、女性の健康は女性の健康と福祉を促進するにあたっての中心的な関心事項として認識されている問題であることがわかる。締約国および女性の健康をめぐる諸問題に特別の関心をもつ人々のために、この一般的勧告は、第12条についての委員会の理解を形成し、到達しうる最高水準の健康に対する女性の権利を実現するために差別を撤廃するための措置を扱おうとしている。

3. 近年の国連世界会議もまたこれらの目的を考察してきた。この一般的勧告を準備するにあたり、委員会は国連世界会議、とりわけ1993年の人権世界会議、1994年の人口と発展に関する国際会議、1995年の第4回世界女性会議で採択された関連する行動計画を考慮した。委員会はまた、WHO、UNFPA（国連人口基金）およびその他の国連諸機関の活動に注目した。また委員会は、この一般的勧告を準備するにあたり女性の健康に特別の専門的知識をもつ多くのNGOとも共同して研究した。

4. 委員会は他の国連文書が健康および健康が得られる条件に対する権利を強調していることに注目する。そのような文書には、世界人権宣言、社会権規約、子どもの権利条約および人種差別撤廃条約がある。

5. 委員会はまた、女性の性器切除、HIV/AIS、障害をもつ女性、女性に対する暴力および家族関係における平等、条約第12条の完全な遵守に欠くことのできない諸問題に言及しているすべてのことについて、委員会が以前に採択した一般的勧告にも言及する。

6. 女性と男性の生物的差異は健康状態においての差異に通じることもある一方で、女性と男性の健康状態に決定的であり、かつ女性の間でも多様でありうる社会的要因が存在する。そのため特別の注意が、移住女性、難民および国内の避難民女性、女児、老齢女性、売春に従事する女性、先住民女性、身体的または精神的障害をもつ女性のような権利を侵害されやすく、かつ不利な立場にあるグループに属する女性の健康に関わるニーズや権利に与えられるべきで

ある。

7.委員会は、健康に対する女性の権利の完全な実現は、締約国が安全で栄養のある、地域の状況に適応した食料の供給によって生涯を通した豊かな福祉に対する女性の基本的な人権を尊重し、保護しかつ促進する義務を遂行してのみ得られることに注目する。

第12条
1.締約国は、男性と女性の平等を基礎として保健サービス(家族計画に関連するものを含む)を享受する機会を確保することを目的として、保健の分野における女性に対する差別を撤廃するためのすべての適当な措置をとる。

2.1の規定にかかわらず、締約国は、女性に対し、妊娠、分娩および産後の期間中の適当なサービス(必要な場合には無料にする)ならびに妊娠および授乳期間中の適当な栄養を確保する。

8.締約国は、女性の生涯を通した健康の問題に取り組むように奨励される。それゆえ、この一般的勧告のために、女性には女児と青年期の女性が含まれる。この一般的勧告は、第12条の主要な要素についての委員会の分析を述べるものである。

主要な要素

第12条第1項
9.締約国は、その国の女性に影響を与える最も重要な健康問題について報告する最適の立場にある。したがって、委員会が保健の分野における女性差別を撤廃するための措置が適当か否かを評価することができるために、締約国は、女性の健康に関する立法、計画、政策について、女性の健康と栄養に有害な疾病および状況の発生率と深刻度、予防および治療措置の利用度および費用効果性についての男女別の信頼できる統計を添えて報告しなければならない。委員会へのレポートは、健康に関する立法、計画、政策が、その国の女性の健康状態とニーズについての科学的、倫理的調査および評価に基づいており、倫理的、地域的多様性あるいは宗教、伝統または文化を基礎とした慣行を考慮していることを示さなければならない。

10.締約国は、レポートの中に女性あるいは男性とは異なる女性の一定の集団に影響を与える疾病、健康状況および健康に有害な状況についての情報を、この点に関してありうる干渉についての情報と同様に含めることが奨励される。

11.女性差別を撤廃するための措置は、もし保健制度が女性に特有の病気を予防し、発見し、扱うためのサービスを欠いている場合は不適当であると見なされる。締約国が、女性のために一定のリプロダクティブ・ヘルス・サービスを行うことを法的に拒否することは差別である。たとえば、保健サービスの提供者が良心的な反対に基づいてこのようなサービスの実行を拒否する場合は、女性は別の保健サービス提供者を紹介されるように確保するための措置が導入されるべきである。

12.締約国は、保健に関する政策や措置が女性のニーズや関心という観点から女性の健康の権利にどのように取り組んでいるかについて、また男性と比較して女性にとって異なる特徴や要素にどのように取り組んでいるかについての締約国の理解について報告すべきである。そのような要素には以下のようなものがある。

(a)生理周期や生殖機能、月経閉止のような男性と比較して異なる生物学上の要素。女性が直面する性感染症にさらされるより高い危険は、別の例である。

(b)一般に女性、とりわけ女性のある集団によってさまざまである社会経済的要素。た

とえば、家庭や職場における男女の不平等な力関係は女性の栄養や健康に否定的に影響するだろう。彼女たちはまた、健康に影響を与えるさまざま形態の暴力にさらされているかもしれない。女児および青年期の女性は、しばしば自分たちより年輩の男性や家族構成員による性的虐待にさらされやすい。それによって、彼女たちは身体的、精神的損害を被ったり、望まないかつ早期の妊娠にさらされる危険がある。女性の性器切除のようないくつかの文化的または伝統的習慣もまた、女性を死に至らしめたり、障害を招く高い危険にさらす。

(c)拒食症や過食症のような摂食障害を導くようなその他の心理的状況と同様に、一般的な憂うつやとりわけ産後の憂うつを含む男女間で異なる心理社会的要素。

(d)患者の秘密を尊重しないことは男女双方に影響を与えるが、そのような秘密不保持のために、女性は助言や処遇を求めることをためらい、それによって彼女たちの健康と福祉に悪影響が及ぼされることがある。そのため、女性は生殖器官の疾病、避妊、不完全な中絶について、また性的または身体的暴力を被った場合に、すすんで医学的なケアを求めることを男性以上にしないであろう。

13.男女の平等に基礎を置く保健サービスの利用、情報および教育を確保する締約国の義務は、保健に対する女性の権利を尊重し、保護し、充足する義務を意味する。締約国は、立法や行政行為がこれら3つの義務に従うように確保する責任を有する。締約国はまた、効果的な司法的行為を確保するシステムを設けなくてはならない。それをしないことは第12条違反となるであろう。

14.権利を尊重する義務は締約国に女性が健康の目標を追求するにあたってとる行為を妨げることを差し控えることを要求する。締約国は、公的および私的な保健サービスの提供者が、保健サービスを享受する女性の権利を尊重する義務をどのように満たしているかについて報告すべきである。たとえば、締約国は女性が保健サービスやこれらのサービスを提供するクリニックを利用することを、夫、パートナー、両親あるいは保健当局の許可を得ていないことを理由に、未婚1)あるいは女性であることを理由に、制限すべきではない。女性が適当な保健サービスを享受することを妨げるもう1つの障壁には、女性のみに必要とされる医療手続きを犯罪化し、これらの手続きを受ける女性を処罰する法律が含まれる。

15.女性の健康に関する権利を保護する義務は、締約国、公的機関および公務員が、私人や組織による権利侵害を予防し制裁を科すために行動することを要請する。ジェンダーに基づく暴力は女性の重大な健康問題であるので、締約国は次のことを確保すべきである。

(a)立法および効果的な法の執行、政策の策定（女性に対する暴力、女児の虐待に取り組むための保健サービスに関する協約書や病院の手続き、適当な保健サービスの提供を含む）。

(b)保健サービス従事者がジェンダーに基づく暴力の健康に与える重大な影響を見抜き、扱うことができるためのジェンダーに敏感なトレーニング。

(c)女性患者の性的虐待についての申立てを聴聞し、有罪となった保健サービスの専門家に適当な制裁を科すための公正かつ保護的な手続き。

(d)女性の性器切除および女児の婚姻を禁止する立法および効果的な法の執行。

16.締約国は、トラウマの処遇やカウンセリングを含む適切な保護および保健サービスが、武力紛争下に置かれた女性および難民女性のようなとくに困難な状況にある女性に提供されるように確保するべきである。

---

1) 国連総会公式記録、49会期、Supplement No.38 (A49/38)、第1章、セクションA、一般的勧告21、29節。

17.権利を充足する義務は、女性が保健サービスを享受する権利を実現することを確保するために利用可能な最大限の資源を使って適当な立法上、司法上、行政上、予算上の措置、経済的その他の措置をとる義務を締約国の側に置く。

18.HIV/AIDSおよびその他の性感染症の問題は性的な健康に対する女性および青年期の女児の諸権利の中核をなす。多くの国で青年期の女児および女性は、性的健康を確保するために必要な情報やサービスの適切な利用を欠いている。ジェンダーに基づく不平等な力関係の結果、女性および青年期の女児はしばしばセックスを拒否したり、安全かつ責任のある性的実行を主張することができない。夫婦関係における強姦と同様、女性の性器切除、一夫多妻制のような有害な伝統的慣行もまた、女児や女性をHIV/AIDSおよびその他の性感染症にかかる危険にさらすだろう。売春に従事する女性もとくにこれらの病気にかかりやすい。締約国は偏見および差別なく性的健康に関する情報、教育およびサービスに対するすべての女性と女児（たとえその国に合法的に居住していなくとも、人身売買された人々を含む）の権利を確保すべきである。とりわけ締約国は、プライバシーの権利および秘密保持を尊重する特別に策定されたプログラムにおいて適切に訓練を受けた人によって、性的および生殖の健康教育に対する青年期の女性および男性の権利を確保すべきである。

19.締約国は、レポートにおいて第12条の遵守を示すために男性と女性の平等を基礎として、女性が保健サービスを享受する機会を享受しているかを評価する基準を示すべきである。これらの基準を適用する場合、締約国は条約第1条の規定に留意すべきである。したがってレポートには、保健政策、手続き、法律および協約が男性と比較した場合の女性に対して及ぼす影響についてのコメントを含めるべきである。

20.女性は、適切な訓練を受けた者によって、自己の取扱いまたは調査に合意する場合の選択肢（申し出された手続きおよび利用可能な代貸手続きを含む）について十分に知らされる権利を有する。

21.締約国は、保健サービスを享受する機会を得るにあたって女性が直面する障害を撤廃するためにとられた措置、およびそのようなサービスを女性が時期を得て享受できることを確保するためにどのような措置をとったかについて報告すべきである。障害には、保健サービスの利用料の高さなど女性の享受を阻む要件または条件、夫、親または病院当局によるサービスの利用に至るまでの予備的許可に関する要件、保健施設までの距離、利用にあたって便利かつ可能な公的交通手段の欠如を含めるべきである。

22.締約国はまた、質の高い保健サービスの享受を、たとえばそれらを女性が受け入れられるようにすることによって、確保するための措置について報告すべきである。受け入れられるサービスとは、女性に十分なインフォームドコンセントを与え、女性の尊厳を尊重し、秘密保持を保証し、女性のニーズや視点に敏感であることを確保するような方法で女性に提供されるものである。締約国は、同意のない不妊手術、インフォームドコンセントや尊厳に対する女性の権利を侵害する雇用条件としての強制的な性病感染症のテストまたは強制的な妊娠テストのような強制形態を容認するべきではない。

23.レポートでは、締約国は家族計画、とりわけ一般的な性と生殖に関する健康に関連するサービスを時期を得て享受する機会を確保するためにどのような措置がとられたかについて述べるべきである。家族計画のすべての方法に関する情報および相談を含む青年の健康教育に特別な注意が払われ

るべきである2)。

24.委員会は、女性が男性よりしばしば長生きであり、骨粗しょう症や老人性痴呆症といった障害者となる退行性の慢性疾患に男性よりも罹りやすいという理由のみならず、しばしば高齢の配偶者の介護責任を有しているという理由から、老齢女性に対する保健サービスの条件について関心をもっている。したがって締約国は、加齢に伴う障害に取り組む保健サービスを高齢女性が享受する機会を確保するための適切な措置をとるべきである。

25.すべての年齢の障害をもつ女性は、保健サービスを享受することが身体的に困難である場合がしばしばある。精神的障害をもつ女性は、性差別、暴力、貧困、武力紛争、秩序崩壊、その他の社会的排除の結果として女性が圧倒的に被りやすい精神的健康に対する広範囲の危険について、一般に限られた理解しかないために、とくに権利を侵害されやすい。締約国は保健サービスが、障害をもつ女性のニーズに敏感であり、および彼女たちの人権および尊厳を尊重したものであることを確保するために適切な措置をとるべきである。

第12条(2)

26.レポートはまた、締約国が妊娠、出産および産後期間に関連して適切なサービスを女性に確保するためにどのような措置をとったかについて述べるべきである。これらの措置がその国で妊婦死亡率および疾病率を一般に、およびとりわけ社会的に弱い立場にあるグループ、地域および共同体においてどの程度減少させたかについての情報も含めるべきである。

27.締約国はレポートの中に、安全な妊娠、出産および産後期間を女性に確保するために必要な場合には、どのようにして無料のサービスを提供しているかについても含めるべきである。多くの女性は、出産前、妊娠中および出産後のサービスを含む必要なサービスを得または利用するための資金に欠けているために、妊娠に関連した原因から死亡または障害者となる危険にある。委員会は、安全に母親となる女性の権利および緊急の産科サービスを受ける女性の権利を確保することは締約国の義務であることに注目する。また締約国はこれらのサービスを利用可能な資源をもって最大の範囲に配置すべきである。

その他の関連条項

28.第12条を遵守するためにとった措置について報告する場合、締約国は女性の健康に関係する他の条項との相互関連性を認識するように促される。これらの条項には次のものが含まれる。第5条(b)（締約国は家庭についての教育に、社会機能としての妊娠・出産への適切な理解を含めることを確保するように要請されている）、第10条（締約国は、女性が保健サービスをより容易に利用できるようにしたり、しばしば若年期の妊娠による女子学生の中途退学を減少させることによって、教育を受ける平等な機会を確保するように要請されている）、第10条(h)（締約国は、女性と女児に家族計画に関する情報と助言を含む家族の福祉を確保することを助けるための特別な教育上の情報を提供することを規定している）、第11条（生殖機能の保護、妊娠中の有害業務からの特別な保護、有給休暇の提供を含む労働条件における女性の健康と安全の保護に関連する規定がある）、第14条第2項(b)（締約国は、農村の女性が家族計画に関する情報、カウンセリングおよびサービスを含む適切な保健サービスを享受するように確保することが要請されている）、第14条

---

2) 青年のための健康教育はジェンダーの平等、暴力、性感染症の予防、生殖および性に関わる健康の権利にさらに取り組むべきである。

第2項(h)(締約国は、適切な生活条件、とくに住居、衛生、電力および水の供給、運搬ならびに通信に関する条件を確保するためのすべての適当な措置をとることが義務づけられている。これらのすべては疾病予防および良好な保健サービスの促進にとってきわめて重要である)、第16条第1項(e)(締約国は子の数および出産の間隔を自由にかつ責任をもって決定する同一の権利ならびにこれらの権利の行使を可能にする情報、教育および手段を享受する同一の権利を女性に確保することを要請されている)。第16条第2項も児童の婚約および婚姻について規定しており、若年期の出産から生じる身体的、精神的障害を防ぐうえで重要な要素である。

政府の行動に関する勧告

29.締約国は女性の生涯を通した健康を促進するために包括的な国内戦略を履行すべきである。これには、女性に対する暴力への対応と同様に、女性に影響を与える疾病および条件の予防と処遇の両方を目的とした政府の介入が含まれるであろう。これらは、すべての女性が高質で入手可能な保健サービス(性と生殖に関する保健サービスを含む)を十分な範囲で偏りなく享受できるように確保するだろう。

30.締約国は、女性のための保健が男性のそれと同様の保健に関する予算全体からの割当てを受け取るように確保するために、適切な予算上、人材上および行政上の資源を割り当てるべきである。

31.締約国はまた、とくに次のことをすべきである。

(a)女性の健康に影響を与えるすべての政策および計画の中核にジェンダーの視点を置くこと。そのような政策や計画の計画、履行、監視、および女性への保健サービスの提供においては女性を関わらせるべきである。

(b)保健サービス、教育および情報(性と生殖に関する健康の分野を含む)を女性が享受するうえでのすべての障害を取り除くことを確保すること。とくに性病感染症(HIV/AIDSを含む)の予防と処遇のための青年を対象とした計画に資源を割り当てること。

(c)家族計画および性教育による望まない妊娠の予防を優先課題とし、無事に出産できるためのサービスおよび出産前の援助を通して妊産婦死亡率を減少させること。可能な場合は、中絶を犯罪とする立法は中絶を行う女性に科せられた刑罰規定を取り除くために修正されることができるだろう。

(d)保健サービスを享受する平等な機会および質を確保するために、公的機関、非政府組織および私的組織による女性への保健サービスの提供を監督すること。

(e)すべての保健サービスが女性の人権(自己決定権、プライバシーの権利、秘密が保持される権利、インフォームドコンセントおよび選択を含む)に合致するように要求すること。

(f)保健に関わる仕事をする者への訓練課程に、女性の健康と人権、とくに、ジェンダーに基づく暴力に関する包括的で、義務的な、かつジェンダーに敏感なコースを含むように確保すること。

(訳:米田眞澄)

資料10

人種差別撤廃委員会 一般的勧告24（1999）
異なる人種、民族的／種族的集団
または先住民に属する者に関する報告
（第1条）

1999年8月27日第55会期
A/54/18, Annex V.

1.委員会は、「あらゆる形態の人種差別の撤廃に関する国際条約」第1条第1項が定める定義に従い、条約が異なる人種、民族的もしくは種族的集団または先住民に属するすべての者に関係するものであることを強調する。委員会が締約国の定期報告書の適切な審議を確保しようとする場合には、締約国が自国領域内におけるかかる集団の存在に関する情報を、可能なかぎり委員会に提供することが不可欠である。

2.「あらゆる形態の人種差別の撤廃に関する国際条約」第9条に基づき委員会に提出された定期報告書、および、委員会が受理したその他の情報からみれば、多くの締約国は、自国領域内においていくつかの民族的もしくは種族的集団または先住民が存在することを認める一方で、その他の集団または先住民を無視している。一定の基準、とくに、関係する個人の数や、自国の住民のなかの多数者または他の集団とは異なる人種、皮膚の色、世系または民族的もしくは種族的出身をもつことといった基準は、すべての集団に統一的に適用されるべきである。

3.いくらかの締約国は、その市民または自国領域内に居住するその他の者の種族的または民族的出身に関するデータを収集しておらず、自らの裁量により、どのような集団が種族的集団または先住民として承認され、かつ、そのようなものとして取り扱われる集団を構成するかを決定している。委員会は、当該集団に属する個人の特定の権利に関する国際基準が存在すること、および、「あらゆる形態の人種差別の撤廃に関する国際条約」に含まれた規範を含む、すべての者に対する平等の権利および非差別に関する一般的に認められた規範が存在することを確信している。同時に、委員会は、次のことについて締約国の注意を喚起する。すなわち、種族的集団または先住民の確定のために異なった基準を適用し、あるものは承認するが、他のものは承認しないという結果を導くことは、国家の住民のなかに存在するさまざまな集団の異なった取扱いを生じさせるおそれがあるということである。

4.委員会は、条約第1条の規定に照らして自国の住民の住民構成に関する関連情報（すなわち、適当な場合には、人種、皮膚の色、世系、民族的または種族的出身に関する情報）をその定期報告書に含める努力を行うよう締約国に求めた、1973年の委員会第8会期が採択した「一般的勧告4」および条約第9条第1項に基づき締約国により提出される報告書の形式および内容に関する一般的ガイドライン（CERD/C/70/Rev.3）の第8パラグラフを想起する。

（訳：村上正直／大阪大学助教授）

資料11

子どもの権利委員会が採択した勧告
少年司法の運営

1999年9～10月第22会期
CRC/C/90

　子どもの権利委員会は、

　子どもの権利条約第37条、第40条および第39条の実施は、条約の他のすべての規定および原則と関連して検討しなければならず、かつ、少年司法の運営に関する国際連合最低基準規則（北京規則、1985年11月29日の総会決議40/33により採択）、少年非行の防止に関する国際連合指針（リャド・ガイドライン、1990年12月14日の総会決議45/112により採択）、自由を奪われた少年の保護に関する国際連合規則（1990年12月14日の総会決議45/113により採択）および刑事司法制度における子どもに関する対応の指針（1997年7月21日の経済社会理事会決議1997/30 付属文書）のような他の既存の国際基準を考慮に入れるべきであることに留意し、

　少年司法の運営は、委員会の活動の当初から、締約国報告書との関連で採択される結論的見解における具体的勧告というかたちで、委員会の一貫したかつ体系的な注意を引きつけてきたことを想起し、

　子どもの権利条約の実施に関して締約国が提出した報告書を審査してきた委員会の経験から、世界のあらゆる地域でかつあらゆる法体系との関連で、少年司法の運営に関する条約の規定は多くの場合国内法または国内実務に反映されていないことがわかり、そのことが深刻な懸念を生ぜしめていることに留意し、

　また、委員会が第10会期（1995年）において「少年司法の運営」というテーマに関する一般的討議に1日を割き、既存の基準の実施、および国際連合システム内外の国際協力を強化する必要性を強調したこと（CRC/C/46, paras.203-238）も想起し、

　技術的助言および援助の提供に携わっている国際連合システムの関連機関ならびに非政府組織、専門家グループおよび学界がこの分野で行っている活動の調整を促進するため、少年司法についての技術的助言および援助に関する調整委員会が設立されたこと（1997年7月21日の経済社会理事会決議1997/30）を歓迎し、

　1.諸国に対し、条約および少年司法の運営に関わる既存の基準の規定を全面的に実施することを目的としたあらゆる適切な立法上、行政上その他の措置をとることに、緊急の注意を向けるよう呼びかける。

　2.条約および少年司法の運営に関わる既存の基準の規定の全面的実施を妨げる法的、社会的、財政的その他の障害を特定しかつ理解すること、および、意識を高めることおよび技術的援助を強化することを含めてこれらの障害を克服する方法および手段を立案することの重要性を強調する。

　3.人権高等弁務官に対し、国際連合機関その他のパートナーと協力しながら、条約および少年司法の運営に関わる既存の基準の規定の実施を促進することに優先順位を与え、その全面的実施を妨げる障害を特定するためにどのような措置がとれるかを

203

検討し、かつ、意識を高めることおよび技術的援助を強化することを含めてこれらの障害を克服する方法および手段を立案するよう、要請する。

4. 人権高等弁務官が、国際連合システムで人権の促進および保護の活動を調整する役割を担う者として（1993年12月20日の総会決議48/141）、あらゆる適切な国連機関が少年司法の運営の領域における活動を強化することおよびこの目的を達成する主要な手段として子どもの権利条約を活用することを促進しかつ奨励するよう、提案する。

5. 高等弁務官に対し、この領域における進展を委員会に知らせるよう求める。

(訳：平野裕二)

資料12

子どもの権利委員会が採択した勧告
武力紛争における子ども

1998年9〜10月第19会期
CRC/C/80

子どもの権利委員会は、

委員会が第2会期（1992年）において「武力紛争における子ども」というテーマに関する一般的討議に1日を割き、既存の基準の関連性および相当性について議論したことを想起し、

武力紛争が子どもに与える悪影響に関して、「武力紛争が子どもに与える影響」と題された1996年の研究（A/51/306 and Add.1）で示された事務総長任命の専門家による結論と、武力紛争が子どもに与える影響に関する事務総長特別代表による結論が似通っていることに留意し、

委員会が、第3会期において子どもの権利条約の選択議定書の予備草案（E/CN.4/1993/91, annex）を作成して、人権委員会第50会期に提出したことを想起し、

その後、人権委員会が、武力紛争への子どもの関与に関する子どもの権利条約の選択議定書草案を優先事項として作成する、期間および参加資格を制限しない会期間作業部会の設置を決定したこと（決議1994/91）を歓迎し、

作業部会が1995年以来毎年会合していること、および、1998年2月に開かれた第4会期において、コンセンサスで採択しうる草案に関して合意に達することができなかったことに留意し、

人権委員会決議1998/76 、および、とくに作業部会の報告書に関するコメントおよび提案を提出するよう委員会に求められたいという事務総長への要請を歓迎し、

子どもの権利条約の実施に関する多数の締約国報告書を審査してきて、武力紛争への子どもの関与がもたらすきわめて悲劇的な結果に対する危機感が募りつつあることをあらためて述べ、

1.武力紛争への子どもの関与に関する子どもの権利条約の選択議定書の起草および採択のプロセスが遅延に直面していることに、懸念を表明する。

2.選択議定書の機能は、より要求の高い基準を採用することに前向きな国々がそうできるようにすることによる、国際法の漸進的発展の促進であることを想起する。

3.条約が確保する保護の水準を強化するため、この新たな法的文書が緊急に必要とされているという信念を再確認する。

4.子どもの最善の利益を指針とする、最も保護に役立つ解決策を模索することに関して、子どもの権利条約の締約国が特別な責任を負っていることを強調する。

5.あらゆる形態による子どもの軍隊への徴募の年齢を18歳に引き上げることおよび敵対行為への子どもの関与を禁止することの基本的重要性に関する、委員会の重要な勧告を想起する。

6.また、選択議定書の採択は、批准または加盟によってその規定を受け入れる立場にある締約国に対し、かつその締約国に対してのみ、そうする機会を提供するものであることも想起する。

205

7.まだ18歳という年齢制限を受け入れる立場にない国が他の政府による選択議定書の採択を妨げることがないよう、希望を表明する。

8.締約国に対し、武力紛争への子どもの関与に関する選択議定書が子どもの権利条約の採択10周年記念日までに採択されることを促進するため、あらゆる努力を行うよう求める。

(訳:平野裕二)

㈶アジア・太平洋人権情報センター
（ヒューライツ大阪）

国連憲章や世界人権宣言の精神にもとづき、アジア・太平洋地域の人権の伸長をめざして、1994年に設立されました。ヒューライツ大阪の目的は次の4点です。
（1）アジア・太平洋地域における人権の伸長を図る
（2）国際的な人権伸長・保障の過程にアジア・太平洋の視点を反映させる
（3）アジア・太平洋地域における日本の国際協調・貢献に人権尊重の視点を反映させる
（4）国際化時代にふさわしい人権意識の高揚を図る

この目的を達成するために、情報収集、調査・研究、研修・啓発、広報・出版、相談・情報サービスなどの事業を行っています。資料コーナーは市民に開放しており、人権関連の図書や国連文書、NGOの資料を閲覧したり、ビデオを観賞できます。またコピーサービスも行っています。

センターの開館時間●
平日（月〜金）の午前9時30分より午後5時
コピーサービス●
来館：1枚10円
郵送：B5・A4は1枚30円、B4・A3は1枚40円（送料別）

〒552-0007　大阪市港区弁天1-2-1-1500
（JR環状線・地下鉄「弁天町」駅下車すぐ）
TEL.06(6577)3577-8　FAX.06(6577)3583
webmail@hurights.or.jp
http://www.hurights.or.jp

アジア・太平洋人権レビュー2000
アジア・太平洋地域における社会権規約の履行と課題

2000年11月30日　第1版第1刷発行

編者●㈶アジア・太平洋人権情報センター（ヒューライツ大阪）
発行人●成澤壽信
編集人●西村吉世江
発行所●株式会社 現代人文社
〒160-0016 東京都新宿区信濃町20 佐藤ビル201
電話●03-5379-0307（代）
FAX●03-5379-5388
E-mail●genjin@gendaijinbun-sha.com

発売所●株式会社 大学図書
電話●03-3295-6861
FAX●03-3219-5158

印刷●株式会社シナノ
装丁●スタジオ・ポット
検印省略　Printed in JAPAN
ISBN4-87798-030-X C3030
Ⓒ2000　by Asia-Pacific Human Rights Information Center